Cornelia Coenen-Marx

Die Seele des Sozialen

Diakonische Energien für den sozialen Zusammenhalt

Neukirchener Theologie

Dieses Buch wurde auf FSC-zertifiziertem Papier gedruckt.
FSC (Forest Stewardship Council) ist eine nichtstaatliche,
gemeinnützige Organisation, die sich für eine ökologische und
sozialverantwortliche Nutzung der Wälder unserer Erde einsetzt.

Bibliografische Information der Deutschen Nationalbibliothek

Die Deutsche Nationalbibliothek verzeichnet diese Publikation in der Deutschen
Nationalbibliografie; detaillierte bibliografische Daten sind im Internet über
http://dnb.d-nb.de abrufbar.

© 2013
Neukirchener Verlagsgesellschaft mbH, Neukirchen-Vluyn
Alle Rechte vorbehalten
Umschlaggestaltung: Andreas Sonnhüter, Düsseldorf
Umschlagabbildung: america365/shutterstock.com
Lektorat: Ekkehard Starke
DTP: Dorothee Schönau
Gesamtherstellung: Hubert & Co., Göttingen
Printed in Germany
ISBN 978–3–7887–2660–7 (Print)
ISBN 978–3–7887–2771–0 (E-Book-PDF)
ISBN 978–3–7887–2811–3 (EPub)

Den Diakonissen

Ruth Felgentreff, Agnes Bröcker und Hilde Robiné

und den vielen anderen, die mit ihrer Leib- und Seelsorge in Krankenhäusern und Pflegestationen, in Schulen, Gemeinden und Wohnquartieren unsere Sozialkultur geprägt haben

Danksagung

Ohne starke Frauen wie Schwester Agnes Bröcker und Schwester Hilde Robiné hätte es dieses Buch nie gegeben. Eine Altenpflegerin, eine Hebamme, auch im Feierabend noch hoch engagiert für die internationalen Partner der Kaiserswerther Diakonie – die Schwesternschaft in Brasilien, das Pflegenest in Rumänien. Die beiden Diakonissen gehören zur immer kleiner werdenden Gruppe der Schwesternschaft in dem großen diakonischen Unternehmen; sie werden von vielen bewundert, aber ihren Weg will kaum noch eine gehen. Warum das so ist und was geschehen muss, um die Traditionen von Engagement, Spiritualität und Gemeinschaft in unsere Zeit zu übersetzen, das hat mich in den letzten 15 Jahren beschäftigt. Drei haben mir besonders geholfen zu verstehen: Schwester Ruth Felgentreff, die Leiterin des Archivs, die keine Scheu hatte, auch den dunklen Seiten der Diakonissengeschichte nachzugehen, und Dr. Norbert Friedrich, ihr Nachfolger und Leiter der Fliedner-Kulturstiftung und des Kaiserswerther Pflegemuseums, deren Gründung ich vor mehr als 10 Jahren mit anstoßen durfte. Ihnen beiden danke ich ganz herzlich. Ein besonderer Dank gilt auch Prof. Andreas Heller, dessen Impulse und Begleitung für den Veränderungsprozess zu Ethik und Spiritualität in der Kaiserswerther Diakonie entscheidend wichtig waren.

Aber für ein Buch genügt es nicht, Impulse zu bekommen und Wissen zu sammeln. Es muss geschrieben, sortiert und geordnet werden. Und es braucht kritische Gesprächspartner und Leser. Ein herzliches Dankeschön geht deshalb an meine Kaiserswerther Sekretärin, Birgit Wolsky-Fischer, die die ersten Texte zusammengestellt hat. Und ein ganz besonderer Dank geht an meine Freundin Dr. Gesine Palmer vom Büro für besondere Texte in Berlin, die mir über zwei Jahre eine wichtige Gesprächs- und Sparringspartnerin war.

Einzuordnen, was ich in den Veränderungsprozessen von Diakonie und Gesellschaft erlebt habe, haben mir auch die vielen Gesprächs- und Dialogpartner in der EKD geholfen: das Team des Sozialwissenschaftlichen Instituts unter der Leitung von Prof. Gerhard Wegner, aber auch die Teams des evangelischen Verbandes Kirche-Wirtschaft-Arbeitswelt unter Leitung von Dr. Axel Brassler und der Evangelischen Arbeitsgemeinschaft Familie unter Leitung von Dr. Insa Schöning. Vor allem aber bei der Erarbeitung gesellschaftspolitischer Schriften in Kammern und Kommissionen der EKD habe ich seit nun bald 20 Jahren unendlich viel gelernt. Ich danke besonders den Mitgliedern der Kammer für Soziale Ordnung unter Leitung von Prof. Gustav Horn und Bischof Dr. Heinrich Bedford-Strohm und den Ad-hoc-Kommissionen für Gesundheit, Altern, Familie und Inklusion und deren jeweiligen Vorsitzenden: Prof. Dr. Peter Dabrock, Prof. Dr. Andreas Kruse, Dr. Christine Bergmann und Prof. Dr. Ute Gerhard sowie Prof. Dr. Annette Scheunpflug und Vizepräsident Klaus Eberl. Ein herzlicher Dank geht auch an das Bündnis für Bürgerschaftliches Engagement und seinen Vorsitzenden, Prof. Dr. Thomas Olk, für die vielfältigen Gedankenanstöße aus der Zivilgesellschaft, und an Dr. Sabine Schössler vom Zentralkommittee der Deutschen Katholiken, meiner ökumenischen Kollegin und »Mitstreiterin« für ehrenamtliches Engagement in den Kirchen.

Solche Diskussionen erinnern mich gelegentlich an die, die ich Anfang der 90er Jahre in dem inspirierenden und fachlich kompetenten Team der Abteilung Sozialwesen im Diakonischen Werk Rheinland hatte. Kolleginnen und Kollegen wie Dr. Moritz Linzbach, Gabriele Winter, Karen Sommer-Loeffen, Ingrid Dürr-Monzel, Dorothea Bender-Lubej und Hartmut Bröcker verdanke ich viele Reflexionen über Grundlagen und Professionalität des Sozialwesens in Deutschland. Wie könnte Wandel gelingen ohne solche Teams und Netzwerke? Und wie ohne die ökumenischen Kontakte, die mich von Kaiserswerth aus bis in den Nahen Osten begleitet haben?

Nach wie vor aber begeistern mich vor allem Menschen und ihre Projekte. Wie Petra Vogt, die Leiterin des Wickrather Gemeindeladens, der bald schon 30 Jahre besteht, und ihr Ehrenamtlichen-Team aus der Kirchengemeinde, Bettina Wietzker von der Jugendberatungsstelle in Neuss oder die Hebammen aus der Geburtsstation in Kaiserswerth, die mir zum Abschied ein »Moseskörbchen« schenkten. Männer und Frauen, die heute Anfänger und Initiatoren sind – beruflich oder auch ehrenamtlich engagiert, so wie einst die Diakonissen. Ich denke besonders an Dr. Mitri Raheb, dessen Projekte in Palästina für viele Menschen Hoffnungszeichen setzen, an Friederike und Uwe Weltzien mit ihrem friedens-und versöhnungsorientierten Gemeindeaufbau in Beirut, an Martin Schenk und seine partizipativen Armuts- und Quartiersprojekte in Wien, aber auch an Reinhard Thies, den Initiator von »Kirche findet Stadt«, der ökumenischen Projektplattform für kirchliche Quartiersarbeit in Deutschland. Nicht zuletzt aber danke ich den vielen Initiatorinnen und Initiatoren aus meinem »alten« Kaiserswerther Team: Elke Auracher vom Erich-Plauschinat-Haus, Hilde Benninghoff-Giese von der ambulanten Jugendhilfe, Jörg J. Schmitz, meinem Mit-Geschäftsführer bei »FairDienst«, und Thomas Behlmer mit seinen immer neuen sozialpsychiatrischen Initiativen, Karen Rothenbusch,

Danksagung

der es gelang, die Kultur der »Feierabendhäuser« mit der Altenhilfe zu verknüpfen, Susanne Reitze-Jehle und Hans Bartosch von Spiritual Care und Ethik, Volker Gläser und Dr. Michael Schmidt mit ihren innovativen Ideen zur Personal- und Qualitätsentwicklung und nicht zuletzt Godje Berning, die nach wie vor Leiterin des neu gestalteten Mutterhaus-Hotels ist. Viele sind, wie wir, längst weitergezogen, aber ihre Initiativen haben Spuren hinterlassen und die Verbundenheit bleibt. Alle, die ich kennengelernt habe, haben in mir das Gefühl geweckt, dass die Seele des Sozialen quicklebendig ist. Dafür bin ich von Herzen dankbar. Last, but noch least, danke ich meinem Mann, Michael Marx, für die vielen Gespräche, in denen wir gemeinsam die Höhen und Tiefen des kirchlich- diakonischen Alltags so bedacht haben, dass sich persönliche und gesellschaftliche Veränderungen, Glauben und Leben verknüpfen konnten.

Cornelia Coenen-Marx

Inhalt

Einleitung 15
1. Die leere Mitte – Diakonie ohne Spiritualität? 18
   1.1 Keine halbe Stunde mehr für Stundengebete 19
   1.2 Keine Sinne mehr für Spiritualität 21
   1.3 Fast vergessen: Eine diakonische Liturgie 22
   1.4 Eine neue Suche: Religion als Energie und Widerstandskraft der Spiritualität 23
2. Auf die Beziehung kommt es an – Zur Ökonomisierung der Pflegebranche 26
   2.1 Anspruch und Wirklichkeit: Eine Problemanzeige 27
   2.2 Das Krankenhaus als »Schule Gottes« – An der Wiege diakonischer Pflege 29
   2.3 Brüche und Aufbrüche 31
   2.4 Keine Zeit für die Seele? Pflege als Dienstleistung 33
   2.5 Hellhörig bleiben – Zur Bedeutung der Pflegekultur 35
3. Eine Frage der Würde – Abhängigkeit, Humanität und Selbstbestimmung 39
   3.1 Der demographische Wandel – Eine unterschätzte Herausforderung 41
   3.2 Eine lebenswerte Gesellschaft – Inklusion als Leitziel 42
   3.3 Wie muss sich Pflege verändern? Ein engagiertes Plädoyer 44
   3.4 Die Fürsorgekräfte stärken – Zur Reform des Gesundheitssektors 46
   3.5 Gemeinsam mit Grenzen leben – Die Mentalität verändern 50
4. Gesellschaftliche Spaltung und neue »Arbeitsteilung« 54
   4.1 Kinderarmut in einem reichen Land – Ein Skandal 55
   4.2 Familien stärken: Für eine neue Arbeitsteilung 59
   4.3 Die Größten im Himmelreich: Kinderrechte ernst nehmen 64
   4.4 Milieuüberschreitung gefragt – Armut in der Mittelschichtkirche 67
5. Markt und Quartier 73
   5.1 Arme und reiche Quartiere 75
   5.2 Diakonische Markenentwicklung 79
   5.3 Die Gesundheitsbranche als Dienstleistungsmotor 81
   5.4 Strategien für Markt und Quartier 86

6. Geld allein reicht nicht – Verbindlichkeit in einem neuen
   Sozialgewebe 90
   6.1 Alte Netze neu verknüpfen: Ausbildungsketten,
       Arbeitsmigration, öffentliche Verantwortung in einem
       sozialen Europa 93
   6.2 Subsidiarität neu gestalten: Die Wurzeln der Diakonie im
       freiwilligen Engagement 97
   6.3 Wirtschaft, Sozialwirtschaft und soziale Verantwortung –
       Corporate Social Responsibility hat eine Geschichte 99
   6.4 Freiwilliges Engagement und Beruflichkeit auf dem Markt:
       Zwei Seiten einer Medaille 102
   6.5 Engagement und Spiritualität auf dem Sozialmarkt –
       Über die Grenzen der Funktionalisierung 108
7. Spannungsfelder diakonischer Führung 114
   7.1 Diakonie auf dem Sozialmarkt:
       Ein unverwechselbarer Beitrag 120
   7.2 Geld oder Liebe – Werte im Konflikt 125
   7.3 Die neuen Dienstleister: Motivation und Zusammenarbeit
       stärken 127
   7.4 In der Vielfalt der Werte: Der diakonische »Mehrwert« .. 131
   7.5 Pluralität respektieren – Entscheidungen im Dialog treffen:
       Zur Bedeutung von Ethikberatung 135
   7.6 Orientierung, Halt und Geborgenheit: Zur Bedeutung von
       Ritualen in der Diakonie 137
   7.7 Vom Diakonissenbuch zum integrierten Studiengang:
       Diakonie als spirituelle Bildungsbewegung 141
8. Dienstgemeinschaft als Stütze der Freiheit 149
   8.1 Subjekt des eigenen Lebens werden:
       Gemeinschaft in Freiheit 151
   8.2 Ungeteilte Aufmerksamkeit: Warum Gemeinschaft nicht
       funktionalisiert werden darf 153
   8.3 Das Projekt vom gemeinsamen Leben – Sakrales braucht
       soziale Form 158
   8.4 Was nicht kalkuliert werden kann 161
   8.5 Mein Traum von einem neuen Netzwerk 163
9. Die verborgene Schrift – Vergessene Aspekte einer Kultur des
   Sozialen 166
   9.1 Auf der Seite der Loser: Kirche als Motor für die
       neue Stadt 167
   9.2 Erinnern und Durcharbeiten:
       Das Gedächtnis der Religionen 170
   9.3 Grenzen überschreiten: Ökumene und Interkulturalität .. 173
   9.4 Arbeit an der Identität: Zur Bedeutung von Bildung
       und Personalentwicklung 176

Inhalt

10. In uns allen ist Diakonie – Unterwegs zu einer neuen
   Sozialkultur 178
   10.1 Die eigene Stimme zum Klingen bringen: Von Chören,
       Lebensmittelpunkten und gerechter Teilhabe 179
   10.2 Zwischen Autonomie und Angewiesenheit –
       Zur Bedeutung stützender Netze 181
   10.3 Aufbruch von unten – Eine Engagement-Perspektive 185
   10.4 Wahlverwandtschaften und Netzwerke – Auf den Spuren
       der Solidarität 189
   10.5 Heaven oder Das neue Jerusalem 193

Schluss: Fangen wir also an! 195

Literatur und Lesehinweise 198
   1. Im Text erwähnte oder verwendete Literatur 198
   2. Texte von Cornelia Coenen-Marx 207

Anhang: Anfänger, Impulsgeber und Reflexionsorte 209
   Diakonische »Leuchtturm«-Projekte 209
   Social Entrepreneurs 209
   Ökumenische und internationale Projekte 209
   Preise für hervorragende Projekte 210
   Bildung, Beratung, Organisationsentwicklung 210
   Retraiten, Einkehrhäuser 210
   Gemeinschaften und Netzwerke 211
   Diakonie-Museen, Geschichtswerkstätten und Archive 211
   Interessante Websites zu Bürgergesellschaft, Sozialpolitik und
   Nachhaltigkeit 211

Einleitung

»Ich bin mit Diakonissen aufgewachsen«, sagten mir oft begeisterte Besucher während meiner Zeit als Vorsteherin der Kaiserswerther Diakonie. Ich muss zugeben, ich konnte diesen Satz lange Zeit nicht hören; er war mir zu sentimental, obwohl – oder vielleicht weil – auch ich mit Diakonissen aufgewachsen bin. Die geliebten Kindergärtnerinnen und Gemeindeschwestern meiner Kindheit waren Schwestern mit Pünktchenkleid und Haube. Wann immer ich Freunde und Fremde in Kaiserswerth zu Besuch hatte, war zu spüren: Sie werden bis heute vermisst – in den Gemeinden, aber auch in den inzwischen technisch weit besser ausgestatteten diakonischen Einrichtungen. Sie waren das Symbol einer diakonischen Kirche, vor allem aber ein Zeichen von Schwesterlichkeit und Barmherzigkeit.
Seit 1984 war und bin ich in der diakonischen Arbeit aktiv – zunächst in Gemeinde und Kirchenkreis, später in der Geschäftsführung des Diakonischen Werks im Rheinland, schließlich von 1998–2004 als Vorstand der Kaiserswerther Diakonie und Vorsteherin der Kaiserswerther Schwesternschaft und heute ehrenamtlich in zwei Kuratorien diakonischer Unternehmen. In der EKD bin ich unter anderem als Geschäftsführerin der EKD-Kammer für Soziale Ordnung mit den Herausforderungen des sozialen Wandels in unserer Gesellschaft beschäftigt. Im Rückblick ist mir klar geworden: Den Spannungsfeldern, die ich während meiner Zeit in Kaiserswerth kennengelernt habe, verdanke ich wesentliche Impulse zur Auseinandersetzung. Dabei ging und geht es vor allem um die Auswirkungen der gesellschaftlichen Umbrüche auf die diakonischen Unternehmen – es hat ja seine Gründe, dass es kaum noch Diakonissen gibt.
Es geht aber auch um die Bedeutung von Spiritualität, Gemeinschaft, Bildung und sozialem Engagement für die soziale Arbeit der Kirchen. Diese Wurzeln aller diakonischen Kultur haben gelitten, und den Früchten scheint gelegentlich der Markenkern zu fehlen – wie einer tauben Nuss. Ich bin aber überzeugt davon, dass die Gesellschaft darauf angewiesen ist – und dass die Kirche eine Verpflichtung hat –, die verborgene Schrift unserer Sozialkultur wieder erkennbar zu machen, damit das Soziale nicht seine Seele verliert. Das hat mich in den letzten Jahren immer wieder beschäftigt – in Vorträgen und Artikeln, aber

auch bei der Beratung diakonischer Träger und Gemeinschaften. Dieses Buch ist der Versuch, die wichtigsten Überlegungen zusammenzufassen.

Keine Frage: Die soziale Struktur unserer Gesellschaft ist im Umbruch. Dabei geht es um mehr als um die fiskalische Krise der sozialen Sicherungssysteme angesichts einer globalisierten Wirtschaft. Zwar wirken sich prekäre Beschäftigungsverhältnisse, unterbrochene Erwerbsbiografien und Teilzeitbeschäftigungen auf die Stabilität der Sozialsysteme aus – aber der demographische Wandel und die Veränderung von Familien und Geschlechterrollen reichen tiefer: Sie verändern das Design unseres Zusammenlebens grundlegend. Die alte Rollenaufteilung, nach der die erwerbstätigen Männer das Geld für diesen Sozialstaat erarbeiten, während ihre Frauen sich in Familie und freier Zeit ehrenamtlich und kostenlos fürs Soziale engagieren, trägt nicht mehr. Diese Arbeitsteilung spiegelte sich aber auch in der so großartigen Diakonissengeschichte, die zugleich ein Stück Kirchengeschichte ist. Die Vorstellung, dass vor allem der Staat mit den Verbänden und Einrichtungen der Freien Wohlfahrtspflege, auskömmlich finanziert, dafür zuständig ist, sozialstaatliches Handeln professionell zu gestalten, trägt ebenfalls nicht mehr. Der Bedarf an sozialen und gesundheitlichen Dienstleistungen steigt, zugleich aber stoßen Professionalisierung und Ökonomisierung personell wie finanziell an ihre Grenzen. Auch wenn der neu entstandene Sozial- und Gesundheitsmarkt die Chance bietet, den zahlungskräftigen Kunden passgenaue Angebote zu machen: Diejenigen, die in prekären Beschäftigungsverhältnissen sind, an der Armutsgrenze leben oder denen es einfach an Reflexionskraft, Bildung und Netzwerken fehlt, ihre Bedürfnisse ins Spiel zu bringen, fallen zunehmend heraus aus der Gesellschaft der Steuerbürger und Konsumenten. Es wird Zeit, dass wir soziale Gerechtigkeit neu definieren – mit dem Ziel der gerechten Teilhabe auch für Kinder, Menschen mit Behinderung oder für ältere Pflegebedürftige. Zu lange waren sie Objekte unserer Fürsorge – selbst in der Diakonie.

Dabei brauchen wir einen neuen Mix aus Professionalität und bürgerschaftlichem Engagement, aus bezahlbaren Leistungen und sozialem Einsatz – eine aktive Bürgergesellschaft, die die Exklusion ganzer Bevölkerungsgruppen überwindet. Die sozialen Bewegungen zielen seit langem in diese Richtung, nämlich seit in den 70er Jahren der Wunsch nach Emanzipation und die Suche nach Integration die gesellschaftlichen Debatten bestimmte. Von der Frauenbewegung, der Kritik an der Heimerziehung und der Psychiatrieenquete nach 1968 bis zur Hospizbewegung in den 80er und 90er Jahren stand die Würde jedes und jeder Einzelnen im Mittelpunkt: Von der Entstehung der Sozialpsychiatrie, der Ambulantisierung der so genannten Anstalten für behinderte und psychisch kranke Menschen bis zur Entwicklung der Quartierspflege in der Altenhilfe ging es von Anfang an und bis heute um die Rückführung der Hilfebedarfe in den Sozialraum. Dahinter stehen immer das Wissen um die Verantwortung der Gemeinschaft, die Anerkennung von Verschiedenheit und der Respekt vor der Autonomie. In Bürgergesellschaft und Quartier geht es um gesellschaftliche Teilhabe aller Bürgerinnen und Bürger. Dabei können Kirche und Diakonie auch heute eine Schlüsselrolle spielen. Sie müssen allerdings anerkennen, dass sie nur noch manchmal die Regisseure der Veränderung, die Gastgeber anderer Gruppen sind. In der pluralen Gesellschaft werden sie oft nur noch Mitspieler oder, wenn es gut geht, Initiatoren sein. Aber gerade in dieser Rolle können sie zu Chance-Agents werden.

Eine besondere Bedeutung werden dabei, wie zu Beginn der neuzeitlichen Diakonie, die ehrenamtlich Engagierten bekommen. Soziale Bürgerbewegungen sind die »Detektoren« für neue soziale Notlagen und offene gesellschaftliche Fragen. Sie leben vom Engagement vieler Einzelner, die sich ihrer sozialen Verantwortung bewusst sind. Was wären die Palliativstationen und Hospize ohne die Bereitschaft von Menschen, sich Sterblichkeit aktiv zu stellen, um das Leben neu zu entdecken? Wie sähe die Integration behinderter Kinder aus ohne den wunderbaren Einsatz der Eltern, die sie trotz vieler schmerzhafter Erfahrungen zur Welt gebracht und erzogen haben? Wer würde die Alzheimer-Erkrankung zum gesellschaftlichen Thema machen, wenn nicht die Angehörigen? Wer würde Veränderung von Tageseinrichtungen und Schulen vorantreiben, wenn nicht die Eltern, die auf ein neues soziales Gewebe in der Gesellschaft angewiesen sind? Immer neu schließen sich Angehörige, Nachbarn und ehrenamtlich Engagierte zusammen, weil sie ein Problem anpacken wollen, das gesellschaftlich verdrängt wird – und sie engagieren sich quer zu den alten, konfessionell oder weltanschaulich geprägten Verbändestrukturen. Zum Teil von Sponsoren aus der Wirtschaft unterstützt, wie bei der Tafelbewegung, geben sie auch Kirche und freier Wohlfahrtspflege neue Anstöße. Ein aktiver Sozialstaat braucht eine engagierte Zivilgesellschaft.

Wenn aus Hilfeempfängern Helfer werden sollen, wenn es um Mitmenschlichkeit und Beteiligung geht, sind Christinnen und Christen gefragt. Und damit meine ich nicht nur die Institution Kirche oder die Träger der Diakonie, sondern vor allem die Gruppen und Initiativen, die Notlagen frühzeitig aufspüren und kreative Lösungen suchen. Diakonie hat nicht nur eine Rolle auf dem Sozialmarkt, wie sie heute im Vordergrund steht, sie ist vor allem ein Kristallisationspunkt für die Erneuerung unserer Sozialkultur.

Dabei können die Akteure durchaus anknüpfen an die Initiativen und Bewegungen des 19. Jahrhunderts, als Wichern und die Fliedners, Amalie Sieveking und Bodelschwingh, Kolping und Ketteler aus ihrer Glaubensüberzeugung Vereine gründeten, mit Wirtschaft und Politik kooperierten, Sponsoren fanden, neue Berufe gründeten und schließlich auch die Kirche veränderten. Gerade in Deutschland leben Zivilgesellschaft und Sozialstaat bis heute aus diesen oft vergessenen Wurzeln. Mir scheint es wichtig, daran zu erinnern, weil ich überzeugt bin: Die Sozialkultur ist auf engagierte Menschen angewiesen, und es ist unumstritten, dass religiöse Bindungen für soziales Engagement eine große Rolle spielen. Mit ihren Gemeinden, Gruppen, Initiativen und Verbänden können die Kirchen verlässliche und vielfältige Strukturen für freiwilliges Engagement bieten.

»Diakonie als teilendes, heilendes und versöhnendes Amt der Kirche gehört unabdingbar zum Wesen der Kirche. Sie fordert von dem einzelnen und von der Kirche, dass sie nicht von dem geben, was sie haben, sondern aus dem, was sie sind. Diakonie muss die bestehenden Grenzen ... durchbrechen und durch die Gemeinschaft des Volkes Gottes zum teilenden und heilenden Wirken des Geistes in der Welt werden,« so die ökumenische Versammlung von Vancouver.[1] Die Überlegungen dieses Buches betreffen das Selbstverständnis der Diakonie und ihren unverwechselbaren Beitrag zu einer Gesellschaft im Transformationsprozess. Ich beginne mit einer Frage, die mitten hinein zielt in das zentrale Problem: Wo sind in der sozialwirtschaftlich aufgestellten Diakonie die theologischen Kennzeichen diakonischer Arbeit – Engagement und Spiritualität?

1. Die leere Mitte – Diakonie ohne Spiritualität?

Der holländische Theologe Jan Hendriks[2] versteht Gemeinde als Herberge auf dem Weg – ein Bild, das auch zur diakonischen Arbeit passt. Seine konkrete Utopie für das 21. Jahrhundert sieht Wesen und Auftrag der Kirche in einer dreifachen Begegnung: Begegnung mit Gott, Begegnung miteinander und Begegnung mit der Gesellschaft. Alle drei Dimensionen sind unauflöslich miteinander verbunden. Fällt eine weg, fallen alle. Die moderne Definition von Jan Hendricks erinnert an das grundlegende Selbstverständnis der Diakonissengemeinschaften im 19. Jahrhundert. Die Kaiserswerther Diakonissen verstanden sich als Gemeinschaft im Dienst für den Nächsten, im Dienst an Gott und im Dienst aneinander. Dieses diakonische Selbstverständnis ist heute zerbrochen. Diakonische Unternehmen sind Träger in der Sozialbranche, ihre Arbeit ist professionell, funktional und ökonomisiert. Die Schwestern- und Brüdergemeinschaften sind klein und zumeist alt geworden. Zugleich erlebe ich Kirchengemeinden, die sich gegen die gesell-

---

[1] *Gill, David,* Gathered for life. Official report of the 6th Assembly of the WCC, Vancouver/Canada, Grand Rapids 1983.
[2] *Jan Hendriks,* Gemeinde als Herberge – Kirche im 21. Jahrhundert. Eine konkrete Utopie, Gütersloh 2001.

schaftlichen Herausforderungen abschotten; viele sprechen in diesem Zusammenhang von Milieuverengung.³ Gemeinden, die in Betrieb und Vereinsleben aufgehen, und diakonische Unternehmen, die sich nur noch als Dienstleister am Markt verstehen, verlieren gleichermaßen ihre innere Kraft, den Zugang zu den erneuernden Quellen der Spiritualität, die so nötig sind, um den aktuellen Herausforderungen standzuhalten und Zukunft zu gestalten.

1.1 Keine halbe Stunde mehr für Stundengebete

Ein sprechendes Bild dafür ist die Mutterhauskirche in Kaiserswerth, in der ich viele Jahre regelmäßig gepredigt habe. Sie steht mitten auf dem schönen alten Parkgelände, zwischen Krankenhaus und Altenwohnungen, zwischen Hauptverwaltung und dem stilvoll modernisierten Mutterhaus-Hotel. Hier wurden bis in die 60er Jahre des letzten Jahrhunderts große Gruppen von Diakonissen eingesegnet und in den Dienst gestellt. Hier fanden die Stundengebete und wöchentlichen Abendmahlsfeiern statt, hier war die Kraftquelle der diakonischen Arbeit, die damals noch für ein Taschengeld geleistet wurde. Ohne diese »Liebestätigkeit«, den unbezahlten Dienst von Generationen von Schwestern, hätten die damaligen diakonischen Anstalten nicht so expandieren können, wie es geschah.

Als Mitte der 60er Jahre auch in den Schwesternschaften eine Emanzipationsbewegung begann, wurde klar, dass nur wenige Kirchengemeinden bereit waren, die tatsächlichen Personalkosten der Gemeindeschwestern zu tragen. Es war der aufkommende Wohlfahrtsstaat, der es dann ermöglichte, weiterhin professionelle Mitarbeiterinnen in der Pflege zu beschäftigen und mit einem angemessenen Entgelt zu bezahlen. Die Gemeinden wurden Träger von Diakoniestationen, wie sie Träger der Kindergärten waren – zu großen Teilen allerdings refinanziert durch Mittel aus Kommunen und Sozialversicherungen. Als Rekrutierungsorte für Diakonissen aber, als Basisstationen diakonischen Handelns, mussten sie sich nun nicht mehr verstehen. Kein junges Mädchen träumte mehr davon, Gemeindeschwester zu werden. Immer weniger Schwestern traten in die Gemeinschaften ein, und nur noch selten gab es Einsegnungen in der Mutterhauskirche. Und mit den Diakonissen in Tracht ging schließlich eine sichtbare Bindung zwischen Kirche und Diakonie verloren. Noch immer läuten die Glocken dreimal am Tag. Aber die große Kirche, die einst Mittelpunkt und Kraftquelle der Diakonissenanstalt war, ist zu einer finanziellen Belastung für das diakonische Unternehmen geworden. Aus Kranken- und Pflegeversicherung lässt sie sich nicht finanzieren; und die nahe Kirchengemeinde hat ohnehin zu viele Gebäude. So ist die Kirche eine Erinne-

---

3 Vgl.: www.bfg-muenchen.de/cms/media/pdf/Sinus-Studie2013.pdf (zuletzt aufgerufen am 27.5.2013).

rung an die Geschichte der »Anstaltsdiakonie«, die mit den Emanzipationsbewegungen der 60er Jahre zu Ende ging – und zugleich ein räumliches Zeichen für die offene Frage, wie es in Zukunft gelingen kann, Kirche und Diakonie im Quartier zu vernetzen; was sich ändern muss, damit die Fürsorgearbeit von Männern und Frauen auch finanziell die Wertschätzung erfährt, die sie verdient; und was nötig ist, um die sinnstiftende Mitte, die tragende Motivation, die Kräfte der Gemeinschaft, um Spiritualität neu zu entdecken.

Wie in einem Gegenbild habe ich die Situation in Thailand erlebt, als ich nach dem Tsunami 2004 dorthin gereist bin. An der Küste in Khao Lak trafen wir auf ein neu errichtetes buddhistisches Kloster, um das eine Siedlung von hilfebedürftigen Menschen entstanden war – Menschen, die heimatlos geworden waren, weil ihre Häuser von den Wellen mitgerissen wurden. Ganz selbstverständlich war das Kloster der Mittelpunkt der einfachen Siedlung, der Ort, an dem man geistliche Zuflucht wie soziale Hilfe fand. Ein Ort, an dem eine neue Gemeinschaft entstand; Heimat auf Zeit, in der die Selbsthilfekräfte wieder wachsen konnten. Ganz ähnlich ging es mir in den Slums von Kairo, die wild am Rand der Großstadt wuchern. Wo die Häuser alle illegal errichtet wurden, die Analphabetenquote hoch ist, das nächste Krankenhaus weit entfernt, da hat die katholische Gemeinde Schulen und eine Krankenstation, Läden und Alphabetisierungsprogramme für Erwachsene eingerichtet. Mittendrin aber wurde eine neue Kirche gebaut. Unter dem Altar liegen Reliquien der Märtyrer aus der Kathedrale in der Stadt. Sie geben der Gemeinschaft einen Mittelpunkt und jedem Einzelnen seine Würde. Hier wird deutlich, wie Kampf und Kontemplation, Anbetung und soziale Arbeit zusammengehören. Hier wird sichtbar, wie Spiritualität die Gemeinschaft konstituiert und stärkt.

Diese Erfahrung stand auch an der Wiege der Mutterhausdiakonie, als die Diakonissenanstalten gegründet wurden, um auf den Spuren Jesu dem Elend der beginnenden Industrialisierung zu begegnen. Für die Gründerväter und -mütter stand nicht in Zweifel, dass Gott selbst bei den verwahrlosten Kindern, bei den unversorgten Kranken und Sterbenden, bei den überforderter Familien zu finden war, wie es im Gleichnis vom großen Weltgericht erzählt wird. »Wo ich bin, da soll mein Diener auch sein«,[4] steht in der Eingangstür des Kaiserswerther Mutterhauses. In dieser Haltung entstanden die Hospitalkirchen in den Krankenhäusern, auf diesem Hintergrund wuchs die Bereitschaft, immer neu aufzubrechen, dahin, wo Not war.

---

4 Johannes 12,26.

1.2 Keine Sinne mehr für Spiritualität

»Spiritualität ist eine Haltung, die das Leben in ihren Mittelpunkt nimmt und es gegen alle Mechanismen des Todes schützt und fördert«; schreibt der brasilianische Befreiungstheologe Leonardo Boff.[5] So gesehen erwächst diakonische Motivation in einem umfassenden Sinne aus Spiritualität. Diakonie lebt von der Achtsamkeit, die immer neu unterscheidet zwischen dem, was lebensdienlich, und dem, was lebensgefährlich ist, zwischen Fluch und Segen. Es kommt darauf an, auf Lebenszeichen zu achten, die Apathie zu durchbrechen und damit auch anderen zum Leben zu helfen. Hermann Josef Silberberg spricht in diesem Zusammenhang von der inneren Fähigkeit, »zu sehen, zu hören, zu schmecken, was von Gott kommt.«

Aber auch im Alltag der Pflege bleibt heute wenig Zeit und Raum für Spiritualität. Dabei brauchen gute Ärzte und Pflegende diese tiefer gehende Wahrnehmung – trotz aller Professionalisierung und modernen Technik in unseren Krankenhäusern und Pflegeeinrichtungen. »Professionalität braucht entwickelte Menschlichkeit«, sagt Friedemann Schulz von Thun. »Professionalisierung allein läuft Gefahr, Perfektion und Kontrolle zum alleinigen Maßstab werden zu lassen.«[6] Wie Ausstrahlung, Geruch, Körpertemperatur und Stimme eines Patienten sich verändern, wie es mit Lebenswille und Lebenskraft aussieht, gilt es mit allen Sinnen wahrzunehmen: zu sehen, zu riechen, zu spüren. Ärztliche und pflegerische Be-handlung zielt nicht nur auf eine Krankheit oder eine Störung, sondern auf den ganzen Menschen, auf sein ganzes Leben. In der medizinischen Intervention, in der diakonischen Zuwendung entsteht eine Beziehung, die über das professionelle Hilfeverhältnis hinausgeht. Der Augenblick, in dem Menschen einander ganzheitlich und mit allen Sinnen wahrnehmen, stellt die Hilfebeziehung in einen größeren Lebenszusammenhang und macht sie transparent für die Gottesbeziehung.

Diakonische Arbeit hält spirituelle Erfahrungen bereit, die die Helfenden herausfordert und sie verändern kann. Manche Erlebnisse sind ermutigend, andere erschütternd – und oft gehört beides zusammen. Wir werden mit Schönheit und Sterblichkeit konfrontiert, erfahren Nähe und bleibende Fremdheit. »Jeder echte Kontakt mit einem Menschen aus Fleisch und Blut macht uns verletzlich«, schreibt Sam Keen.[7] Alle, die in der Diakonie arbeiten, wissen das nur zu gut. Die meisten bauen deshalb Schutzmechanismen gegen die Verletzlichkeit auf. Wenn es gut geht, lernen sie sich abzugrenzen. Sie entwickeln Routine, aber

---

5   *Boff, Leonardo*, Die Erde ist uns anvertraut, Kevelaer 2010.
6   »Die Balance der Werte«: Interview mit Friedemann Schulz von Thun, in: *Psychologie heute*, Februar 2012.
7   *Keen, Sam*, Es lohnt sich nur der Weg nach innen, Hamburg 1992.

auch Gleichgültigkeit und Apathie. »Das Krankenhaus hat eine apathische Kultur«, sagte mir einmal ein Oberarzt. »Darin kann niemand gesund werden.«

Verflüchtigt sich also die Spiritualität der Diakonie, weil der Alltag immer mehr funktionalisiert und durchgetaktet wird, weil kaum noch Zeit bleibt für Begegnungen? Wer genau beschriebene Module »abzuarbeiten« hat und nach Fallpauschalen planen muss, hat es jedenfalls schwer, in größeren Zusammenhängen zu denken, den ganzen Menschen wahrzunehmen, wachsam zu bleiben und gegebenenfalls auch ethische Konsequenzen zu ziehen, wo das Leben verletzt wird.

1.3 Fast vergessen: Eine diakonische Liturgie

Gleichwohl: Auch frühere Generationen hatten es mit der Unerträglichkeit menschlicher Schicksale und mit innerer Leere zu tun, sie kannten die Spannungsfelder ethischer Fragen. Die Betstunden-Litanei der Kaiserswerther Schwesternschaft erzählt davon. Sie hält Worte bereit, die die verwundete Seele bergen, aufrichten und stärken können. In dieser diakonischen Liturgie, die jahrzehntelang auf allen Schwestern-Stationen gebetet wurde, werden Alltagserfahrungen mit dem Evangelium »ver-sprochen«.

»Vor Gleichgültigkeit gegen dein Wort und Kreuz,
vor unseligem Großwerden, vor aller Selbstgefälligkeit,
vor unnötiger Verlegenheit,
vor Verwirrungen,
vor Unwahrheit und Unzufriedenheit,
vor Trägheit und unheiligem Eifer
behüt uns, lieber Herr und Gott.

Deine menschliche Geburt, Gott,
Deine Armut und deine Knechtsgestalt,
Deine Sanftmut und Demut,

Deine dienende Liebe beim Fußwaschen,
Deine Versuchungen, Deine Tränen und Angstgeschrei,
tröste uns, lieber Herr und Gott.«

Noch immer kommen einige alte Kaiserswerther Diakonissen am Sonntagabend um sechs Uhr zusammen, um die schöne alte Liturgie zu beten. Um diese Zeit wird im Krankenhaus und in den Pflegeeinrichtungen gerade das Essen abgeräumt. Schwestern und Pfleger bereiten sich auf das Ende der Schicht und die häuslichen Aufgaben vor. Kaum jemand wohnt noch auf dem Diakoniegelände. Im täglichen Balanceakt zwischen Teamgeist und Familienaufgaben bleibt wenig Zeit, nach der eigenen inneren Mitte zu fragen. Gemeinsame Gebetszeiten, von denen die Glocken noch erzählen, gehören in eine andere Wirklichkeit.

Der selbstverständliche Zweiklang zwischen Aktion und Kontemplation, von Gottes- und Weltbezug ist zerbrochen. In den Gesundheits- und Pflegeeinrichtungen bestimmt der Schichtdienst den Zeittakt. Mit dem Auseinanderfallen von Arbeit und Leben zerfiel die Dienstgemeinschaft. Neue, familiäre Bindungen traten neben die dienstlichen. Mit dem Zwang, mobil und flexibel zu sein, nahm die Individualisierung zu. Mit der Säkularisierung wurden die Bibelworte über den Eingangstüren zur Fremdsprache. In den Häusern zerfiel mit dem Catering auch die Tischgemeinschaft, mit der Entkirchlichung die Kultur der Sterbebegleitung. Gerade in der Hospizbewegung zeigt sich aber auch ein gegenteiliger Trend: Die Sehnsucht nach Religion ist ungestillt. Freunde, Verwandte, Ehrenamtliche setzen ihre ganze Phantasie ein, um einem Menschen zu helfen, dem Sinn des eigenen Lebens, dem Glück auch im Abschiednehmen noch auf die Spur zu kommen. Und angesichts der Zerrissenheit des täglichen Lebens sind Auszeiten im Kloster gefragt. Nicht nur christliche Therapeuten empfehlen Rituale, um dem Leben Gestalt zu geben.

1.4 Eine neue Suche: Religion als Energie und Widerstandskraft der Spiritualität

Die innere Fähigkeit zu sehen, zu hören, zu schmecken, was von Gott kommt, kann man schulen – das gilt auch für die diakonische Arbeitswelt. Eine Klangschale aufstellen, die zur Stille einlädt, Tücher in den unterschiedlichen Farben des Kirchenjahrs drapieren, eine Schale mit Steinen, Blumen oder eine Kerze ins Zentrum rücken, einem Sterbenden die Hände falten – das lässt sich lernen und weitergeben, so wie man Farbtherapie oder Feng Shui lernen kann. In den letzten Jahren wurde vielerorts die Schönheit und Bedeutung spiritueller Räume wieder entdeckt. Nun werden Abschiedsräume und Räume der Stille neu gestaltet. In einer Arbeitsgruppe des Kaiserswerther Florence-Nightingale-Krankenhauses wurde die »Lade« entwickelt: ein Holzgefäß mit Kreuz und Osterkerze, mit Decke und Karten für den Nachttisch, das auf den Abschiedsstationen bereitsteht und von allen Mitarbeitenden genutzt werden kann. Solche Zeichen und Symbole, die Gestaltung eines Raumes und die Einübung elementarer ritueller Gesten machen Spiritualität körperlich und sinnlich erfahrbar. Sie laden zum Innehalten ein und können damit mitten im diakonischen Alltag zu einem Rahmen für die Gottesbegegnung werden. Die Kraft, die von solchen Momenten der Stille und Vertiefung ausgeht, kann die alltägliche Arbeit leichter machen.

Viele sehnen sich nach diesem »Mehrwert« der Diakonie – und fürchten zugleich, sich verletzlich zu machen, wenn sie sich in einem oft gnadenlosen Alltag auf diese spirituelle Dimension einlassen und ihre Seele öffnen. Religion bleibt auch in diakonischen Unternehmen in der Regel Privatsache und hat mit dem Beruf nichts zu tun. So wie es zur Professionalität gehört, eine gewisse Distanz zu den Hilfebedürftigen zu wahren, so bleibt die Gottesfrage auf Abstand. Auch in diakonischen Krankenhäusern kann man eine »apathische« Kultur erleben; eine manchmal geradezu erschreckende Selbst- und Seelenvergessenheit. Wer Mauern der Apathie durchbrechen will, muss bereit sein, Gewohnheiten in Frage zu stellen, andere zu irritieren, über die eigenen Werte und Emotionen zu reden, der inneren Stimme Gewicht zu geben, selbst wenn sie sich dem Alltag widersetzt. Und auch einmal Nein zu sagen.

Die sogenannten evangelischen Räte, Armut, Keuschheit und Gehorsam, die die Tradition der Diakonissengemeinschaften geprägt haben, können, neu verstanden, dabei helfen. Sie bieten Widerstandspotenzial, wenn sie denn als Freiheit wahrgenommen werden. Gegen das Machen und die Machtgier heißt Gehorsam, hellhörig zu bleiben für die Wirklichkeit Gottes, die uns anspricht. Gebet, Meditation, Bibellesen sind in diesem Sinne Schulen des inneren Hörens – genauso wie die Praxis des orthodoxen »Herzensgebets«, die in jüngster Zeit von vielen wiederentdeckt wird.[8] Sich dafür Zeit zu nehmen kann helfen, die innere Mitte wiederzufinden. In einer Welt der Habgier kann Armut auch die Bereitschaft zum Verzicht auf materiellen Gewinn bedeuten. Dazu allerdings braucht es eine auskömmliche Sicherung, eine freie Entscheidung und einen Gegenwert, der mehr verspricht als Konsum. Keuschheit schließlich markiert die Achtung vor den Grenzen – den eigenen und denen des anderen – und die Ehrfurcht vor dem Leben gegen jede Verobjektivierung. Die eigenen Grenzen achten, verzichten und auf die innere Stimme hören – viele nutzen neuerdings die Fastenzeiten im Advent oder vor Ostern, um sich darin zu üben. Während aber die Praxis des Fastens, Meditierens und das Pilgern sich wachsender Beliebtheit erfreuen, stehen Keuschheit, Gehorsam und Armut nicht eben hoch im Kurs. Schuld daran ist auch ihre Missbrauchsgeschichte in den geistlichen Gemeinschaften. Zu viel Normierung, zu viel Gesetz – zu wenig Freiheit. Hat nicht die sexuelle Keuschheit, die so lange von Diakonissen gefordert wurde, viele Lebensläufe in Sackgassen enden lassen, Beziehungen zerbrochen? War es nicht zynisch, von Verzicht zu reden, während die Unternehmen auf dem Rücken der Schwestern wuchsen? Wer auf die prekäre Beschäftigung in der Pflege schaut, kann den Eindruck haben, dass dieses Erbe noch weiter wirkt. Kann man ernsthaft vom Hören auf die innere Stimme reden, während Vorstände ganz anderen Normen folgen? Geld und Gewinn, Macht und

---

8 *Maschwitz, Rüdiger*, Das Herzensgebet. Ein Meditationsweg, München 1999 oder *Bobert, Sabine*, Mystik und Coaching mit MTP – Mental Turning Point, Münsterschwarzach 2011, passim.

1.4 Eine neue Suche: Energie und Widerstandskraft der Spiritualität

Sexualität, Druck und Verführung waren und sind Realitäten auch in der Diakonie. Und gerade an diesen Themen entzünden sich Konflikte, die Teams zerreißen und die Glaubwürdigkeit der Diakonie in Frage stellen.

Der faszinierende und nicht unbelastete Weg der alten Diakonissengemeinschaften geht zu Ende. Manche meinen auch, die besondere Stellung der Diakonie als kirchlicher Wohlfahrtspflege habe ihre Berechtigung verloren. Zugleich spüren wir: Auf dem Sozialmarkt kann man professionelle Hilfe, aber keine Nächstenliebe organisieren. Gute Dienstleister können Familie und Nachbarschaft nicht ersetzen, und Unternehmen stiften noch kein Gemeinwohl. Während die Diakonie ihr Gesicht verändert, wächst deshalb die Sehnsucht nach Alternativen zur staatlichen und geschäftsmäßig organisierten Fürsorge. Und manche innerhalb und außerhalb der Diakonie fragen, ob das Feuer unter der Asche noch brennt. Dieses Buch macht sich auf die Suche.

Dabei gehe ich von vier im Rückblick gewonnenen Beobachtungen aus:

1. In den letzten 160 Jahren hat sich die Rolle diakonischer Gemeinschaften grundlegend verändert. Während sie heute oft nur eine kleine Gruppe im diakonischen Unternehmen sind oder sich sogar ganz bewusst neben den Unternehmen neu profilieren, spielten sie in der Gründungsgeschichte der »Anstaltsdiakonie« eine tragende und initiative Rolle bei der Entwicklung übergemeindlicher diakonischer Arbeit. In dieser Umbruchphase der frühen Industrialisierung war der soziale Dienst Ausdruck des Glaubens. Und die diakonischen Gemeinschaften waren Modell und Ausgangspunkt für die Erneuerung von Familien, Nachbarschaften und Gemeinden. Als zivilgesellschaftliche Bewegung der Kirche hatten diakonische Dienste eine große, gleichsam avantgardistische, soziale und spirituelle Ausstrahlungskraft. Dabei blieben sie allerdings über lange Zeit bestimmt von einem patriarchalen Fürsorgedenken, das gleichberechtigte Teilhabe erschwerte.
2. Die diakonische Bewegung war von Anfang an nicht frei von Konflikten. Bereits in der Gründergeneration wurde über die Zuordnung diakonischer Initiativen und Gemeinschaften zu Gemeinden und Kirche gestritten. Die nicht zuletzt durch Friedrich Wilhelm IV. vorangetriebenen Kirchenreform-Initiativen, mit denen die Schieflage der »Pastorenkirche« durch ein geordnetes diakonisches Amt und einen verstärkten Einfluss der Diakonissen und Diakone in der preußischen Generalsynode ausgeglichen werden sollte, führten nicht zum Erfolg. Auch der Gedanke, die Initiativen der Bürgerinnen und Bürger in der Synode zu verankern, wurde nicht umgesetzt. Kirche und Diakonie haben eine 160 Jahre alte Trennungsgeschichte. Und

3. Die zu Ende gehende »Volkskirche« mit ihrer noch immer »hinkenden Trennung« von Kirche und Staat tut sich nach wie vor schwer, sich selbst als Teil der Zivilgesellschaft zu verstehen. So ist es bis heute nicht gelungen, tragfähige Brücken zwischen diakonischen Unternehmen, Gemeinden und der Zivilgesellschaft zu schlagen. Kirche als diakonische Bewegung, die sich gesellschaftlichen Herausforderungen stellt und die Zukunft der Wohlfahrtsgesellschaft zwischen Markt, Staat und Bürgerinitiativen mit entwickelt – das bleibt ein Auftrag für die nächsten Jahrzehnte, für eine kleiner und ärmer werdende Kirche in einer pluralistischen Gesellschaft wie für die großen diakonischen Unternehmen.
4. Diakonische Gemeinschaften, Organisationen und Ehrenamtliche, aber auch engagierte Theologen haben ihr Engagement und ihre Erfahrungen von Anfang an genutzt, um Sozialpolitik zu gestalten. Das gilt für Wichern wie für Bodelschwingh, für Kolping oder für Naumann. Die Kirchen in Deutschland haben den Sozialstaat entscheidend mit geprägt. Das geschah vor dem Hintergrund eines christlich geprägten Landes und einer engen Verbindung von Staat und Kirche. In dieser Hinsicht hat sich die Situation grundlegend verändert: Wir leben in einer zunehmen säkularen und pluralen Gesellschaft. In Sachsen-Anhalt, dem Kernland der Reformation, liegt der Anteil der Konfessionslosen derzeit bei 81 Prozent.[9] Inzwischen leben etwa 4 Millionen Muslime in Deutschland. Gerade in dieser Situation gilt es wieder wahrzunehmen, was die Gründergeneration der neuzeitlichen Diakonie angetrieben hat: die Betonung der Bürgergesellschaft und des freiwilligen Engagements, den Blick auf die Bedeutung von Spiritualität, den Zusammenhalt, den Gemeinschaften stiften, und die Verantwortung der Kirchen für Sozialpolitik.

Ich bin überzeugt: Dabei lassen sich neue Funken schlagen aus dem diakonischen Feuer, das unter der Asche noch glüht. Im nun folgenden Kapitel soll es zunächst darum gehen, was das unter den aktuellen Bedingungen für die Pflege bedeuten kann.

2. Auf die Beziehung kommt es an – Zur Ökonomisierung der Pflegebranche

»Es gebe niemand die Seele preis um der Kunst willen«, hat Friederike Fliedner einmal gesagt. Sie meinte die Krankenpflegekunst. Und sie nahm in Gedanken vorweg, dass berufliche Professionalisierung und methodische Perfektion da ihre Grenze haben, wo die persönliche Beziehung verloren geht. Heute brauchen wir eine neue Bewegung der

---

[9] Vgl. z.B. Die aktuelle Statistik in »Der Spiegel-Wissen«, Nr. 2, 2013 – »Mein Glaube«, 22ff.

spirituellen Achtsamkeit und des bewussten Carings. In den letzten Jahren bin ich häufig Schwestern begegnet, die sich aus großen Organisationen gelöst und selbständig gemacht haben – in der Intensivpflege oder Kinderkrankenpflege zum Beispiel. Selbst hoch qualifizierte Pflegekräfte machen dies, um – meist unter Verzicht auf Einkommen – die Rhythmen ihrer Arbeit beziehungsorientiert gestalten, den einzelnen Patienten, die Patientin tatsächlich in den Mittelpunkt stellen zu können. Selbständige Hebammen tun sich zusammen und kämpfen öffentlich für auskömmliche Entgelte. Und selbständige Pflegekräfte sind die Akteure von Basisgesundheitsdiensten in Mecklenburg und halten gemeinsam mit Hausärzten die Versorgung in größeren Regionen aufrecht. 20 bis 30 Jahre, nachdem die allermeisten Gemeindeschwestern aus der Trägerschaft von Kirchengemeinden in Diakoniestationen abgegeben wurden, scheint das alte Fliednersche Modell der Gemeindeschwester als zentraler und eigenständiger Ansprechpartnerin vor Ort wieder lebendig zu werden. Sie sind flexibel, entdecken schnell die Nischen und die Lücken im Netz und sind besser als die großen Einrichtungen in der Lage, Ressourcen in Familie und Nachbarschaft zu aktivieren.

Die Ökonomisierung des Sozialen lässt sich wohl kaum zurückdrehen. Wenn wir aber nach vorne schauen wollen, dürfen wir nicht aus den Augen verlieren, welcher Geist den Kern diakonischen Engagements ausmacht: Die unternehmerische Kraft der Diakonie, ihr Profil und ihr Esprit erwachsen aus persönlicher Zuwendung und Verantwortung. Versteht man den diakonischen Dienst als eine spirituelle Haltung, die in verschiedenen Lebens- und Arbeitskontexten Gestalt findet, so wird es darum gehen, grundlegende persönliche Kompetenzen zu entwickeln und zu fördern und mit der jeweiligen Professionalität des Arbeitsfeldes zusammenzubringen. Dazu gehören das Aufrechterhalten von Beziehungen auch in Krisen, das Mitsein mit den Leidenden, die Bereitschaft zum Vertrauen in Unsicherheiten, ein Gespür für den rechten Augenblick; die Fähigkeit, dem »Unsagbaren« eine Sprache zu geben.

2.1 Anspruch und Wirklichkeit: Eine Problemanzeige

Anfang der 90er Jahre wurde der Sozialstaat bundesrepublikanischer Prägung gerade im Bereich der Pflege von einem Sozialmarkt abgelöst, der die alten Erstattungs- und Abstimmungsmuster der Freien Wohlfahrtspflege aufgebrochen hat und auf Wettbewerb setzt. Die Institutionenorientierung ist damit der Nutzerorientierung gewichen, statt langfristiger Beziehungen und Lebensräume werden Produkte angeboten, verglichen und verkauft. In Folge dieser Logik arbeiten Kassen wie Nutzer mit dem günstigsten, kompetentesten und effektivsten Anbieter im jeweiligen Sektor zusammen.

Jeder dritte »Pflegefall« bekomme nicht genug zu essen und zu trinken, jeder zehnte Heimbewohner werde durch falsche Pflege krank und jeder dritte Demenzkranke im Altenheim werde nicht vernünftig versorgt, klagte die »Ex-Pflegerin« Eva Ohlert 2007 im Pflegereport der BILD-Zeitung. Ihr Fazit: »Wir müssen in Pflege und nicht in Bürokratie investieren.« Und in einem GEO-Spezial-Heft zum Thema »Soziale Gerechtigkeit« fand sich im gleichen Jahr eine Reportage über den Alltag von Schwester Silke Müller, die auf einer Intensivstation in Mecklenburg mit großer Liebe und Hingabe arbeitet und nach 30 Stunden mit einem Monatsgehalt von 1250 Euro nach Hause kommt. Der Geschäftsführer ihrer Klinik sagt, das Krankenhaus sei ökonomisch betrachtet ausreichend besetzt, man müsse eben nur mehr interne Vernetzung und Synergien schaffen und das Bettenmanagement verbessern – und natürlich die Tätigkeiten ausgliedern, die nicht von Fachkräften erledigt werden müssen. Schwestern wie Silke sollen sich mehr und mehr auf hochwertige Aufgaben konzentrieren: Sie sollten röntgen, Infusionen legen, Schmerzmedikation und Vitalfunktionen kontrollieren und natürlich auch dokumentieren. An einem Bett sitzen, eine Hand halten, einen Patienten zum Spazieren fahren: Das gehört nicht dazu. Schwester Silke allerdings würde ihrer Tochter nicht mehr raten, unter diesen Bedingungen Pflegekraft zu werden.

Wer die Situation der Pflege in unserem Land mit offenen Augen in den Blick nimmt, stößt derzeit vor allem auf Problemanzeigen und Katastrophenszenarien.[10] Inzwischen wurde ein Mindestlohn für die Pflegebranche festgelegt, weil viele Pflegekräfte mit ihrem monatlichen Einkommen nicht auskommen. Das mag daran liegen, dass manche von ihnen keine Vollzeitbeschäftigung haben – sei es, weil sie eine volle Erwerbstätigkeit, die zudem in der Regel im Schichtdienst organisiert ist, nicht mit ihrer Familientätigkeit vereinbaren können, sei es aber auch, weil die Arbeitgeber bevorzugt halbe Stellen oder 30-Stunden-Stellen ausschreiben, um die Dienste auch in Krankheits- und Urlaubszeiten besser abdecken zu können. Wer jedenfalls in der Pflege nicht voll erwerbstätig ist und zudem Kinder zu unterhalten hat, kann auch von einem Mindestlohn von 8,50 Euro nicht leben. Dies gilt umso mehr, als inzwischen die Tendenz erkennbar wird, nicht mehr wie bislang den »ortsüblichen Tarif«, sondern eben diesen Mindestlohn zur Normgröße zu machen. Die Wettbewerbs-Spirale nach unten, die mit dem Mindestlohn gebremst werden sollte, geht weiter: Die privaten Dienste, die seit Einführung der Pflegeversicherung Anfang der 90er Jahre auf den Markt drängten, waren die ersten, die Marktmacht durch den Druck auf die Tarife gewannen. Sie traten in einem Tarifgefüge an, das junge, leistungsfähige Mitarbeiter und Mitarbeiterinnen hono-

---

10 *Voss-Dahm, Jutta*, »Dienstleistungsorientierung in der Pflege« (unveröffentlichter Vortrag beim Ev. Kirchentag in Dresden).

rierte, die älteren mit Erfahrung aber nicht mehr besserstellte, wie es im öffentlichen Dienst und damit auch in Kirche, Diakonie und Caritas tendenziell noch immer der Fall ist. Damit zogen sie jüngere Jobsuchende an und setzten die Träger, bei denen ältere Kräfte beschäftigt waren, unter erheblichen Budgetdruck. Die Reaktionen folgten sehr bald: mit neuen Tarifen auch in der Diakonie, mit Outsourcing von Pflegediensten, die niedrigere Entgelte ermöglichten, und schließlich sogar mit Leiharbeitsfirmen in kirchlich-diakonischer Trägerschaft. Der Pflegemarkt setzt den »Frauenberuf« Pflege in erheblicher Weise unter Druck.

Das liegt auch daran, dass nicht genügend gesellschaftliche Ressourcen für diese – mit dem demographischen Wandel wachsende – Herausforderung zur Verfügung gestellt werden. Allein aus privaten Mitteln – etwa mit einem »Pflegeriester« – lässt sich die Lücke, die die Pflegeversicherung als »Teilkaskoversicherung« lässt, jedenfalls nur schwer schließen. Die Entwicklung der Schattenarbeit und der osteuropäischen Leihfirmen in diesem Bereich spricht eine deutliche Sprache.[11]

2.2 Das Krankenhaus als »Schule Gottes« – An der Wiege diakonischer Pflege

Die Debatte um Leiharbeit und Dumpingpreise in der Pflege führt uns zurück in die Mitte des 19. Jahrhunderts, als die beginnende Industrialisierung, Frauenerwerbstätigkeit und neue Mobilität die noch großen Familien mit ihren Pflege- und Erziehungsaufgaben überforderten. Krankenhäuser waren zu diesem Zeitpunkt vor allem Pflegeeinrichtungen, in denen Ärzte Krankenbesuche abstatteten, soweit die Einzelnen es sich leisten konnten. Auch professionelle Pflegekräfte im heutigen Sinne gab es nicht. Die Krankenwärterinnen lebten von dem, was die Gäste für Kost, Logis und Hilfstätigkeiten erübrigen konnten. Es waren erweckte Christinnen und Christen wie Amalie Sieveking in Hamburg oder Theodor Fliedner in Kaiserswerth, die diese Zustände als menschenunwürdig begriffen und – mehr noch – darin Glauben und Kirche herausgefordert sahen. Die Gleichnisse der Evangelien, am meisten vielleicht das vom großen Weltgericht in Mt 25, standen Pate, als sie die Werke der Barmherzigkeit für die evangelische Kirche neu entdeckten. Dabei waren sie im Zuge dieser ersten Globalisierungsphase durchaus offen für ökumenische Perspektiven und diakonische Ideen aus England und den Niederlanden, aber auch für die Tradition der Barmherzigen Schwestern des Vincent von Paul, kurz, für die Wiederentdeckung der Barmherzigkeit in der Nachfolge des mitlei-

---

[11] Die Gründung von »Mc-Pflege« mit Leihmitarbeiterinnen aus Osteuropa im Sommer 2007 – die Firma verschwand aus rechtlichen Gründen schnell wieder vom Markt – war in dieser Hinsicht ein aufrüttelndes Signal.

denden Gottes. Die Schweizer Pflegewissenschaftlerin Silvia Käppeli[12] hat gezeigt, dass das Motiv des mitleidenden Gottes im Christentum und im Judentum unsere Vorstellung von Diakonie und Pflege entscheidend geprägt hat. Dabei bezieht sie sich auf einen roten Faden biblischer Texte, der von der Befreiung aus Ägypten bis zum Hebräerbrief führt: »Wir haben einen Hohenpriester, der mit unseren Schwächen mitfühlt und mitleidet.«[13] Hier liegen die Wurzeln für die Arbeit von Theodor Fliedner oder Florence Nightingale, aber auch für den Begriff »compassion«, der die moderne Pflegewissenschaft prägt.

Als Theodor Fliedner mit seiner Frau Friederike Münster 1836 in Kaiserswerth das erste Diakonissenmutterhaus gründete, konnte er noch nicht wissen, dass diese kleine Einrichtung mit zunächst einer Handvoll Schwestern bald schon boomen würde, ja mehr noch – dass sie die Wurzel einer Bewegung mit Nachfolgeeinrichtungen in aller Welt werden würde.[14] Sein neues Konzept bot eine Lösung für drei große Nöte der damaligen Zeit: Es bot professionelle Hilfen zur Erziehung und Pflege, es bot unverheirateten jungen Frauen die Chance einer Ausbildung in diesen Arbeitsbereichen und einer sinnvollen Betätigung, und es schuf eine Gemeinschaft, die für diese Frauen zur Ersatzfamilie auf Dauer oder jedenfalls auf Zeit werden konnte – einer Familie, in der sie geschützt und versorgt wurden. Fliedner fasste damit soziale Nöte an und – das war für ihn das Wichtigste – er machte zugleich deutlich, wie das Evangelium Leben und Welt gestaltet. Das Mutterhaus, ein Krankenhaus mit angeschlossener Schule und der Mutterhauskirche, bot eine ganzheitliche Perspektive: Es war ein Werk des Glaubens, diakonische Initiative und Lebenshilfe für Kranke wie auch für die Schwestern, denen es berufliche Perspektiven bot. So entstand die Glaubens-, Lebens- und Dienstgemeinschaft, von der im Eingangskapitel schon die Rede war. »Man sagt, so eintönige Verrichtungen wie das Kämmen schmutziger Köpfe und das Verbinden abstoßender Wunden könnten nur die übernehmen, die darauf angewiesen sind, Geld zu verdienen«, schrieb damals Florence Nightingale, Fliedners Schwesternschülerin, in ihr Kaiserswerther Tagebuch. »Die so denken, sollten einmal die Atmosphäre erleben, die ein Krankenhaus beseelt, das man als Schule Gottes ansehen darf, in der Patienten wie Pflegerinnen Gewinn davon tragen.«[15]

Die diakonischen Gemeinschaften waren Lebens- und Gebetsgemeinschaften, vor allem aber Dienstgemeinschaften. Die engsten menschli-

---

[12] *Käppeli* 2004.
[13] Hebr 4,14f.
[14] Im Jahr 1930 gab es ca. 30.000 Diakonissen im Kaiserswerther Verband, zu dem bis heute 64 Mutterhäuser in Deutschland und (über die Generalkonferenz) auch Gemeinschaften von Skandinavien bis Brasilien gehören. Vgl. *Coenen-Marx* 2001 (Ev. Sozialexikon, Lemma: Diakonie/Diakonisse).
[15] *Vossen* 1986, 98.

chen Beziehungen wuchsen auf den Schwesternstationen,[16] in den Teams, da, wo man als Gruppe zusammen arbeitete und lebte. Der gemeinsame Arbeitsrhythmus, das gemeinsame Selbstverständnis und Menschenbild, die geprägte Form der Spiritualität, ja, auch die gleiche Tracht hielten die Gruppe zusammen – in der Einheit von Leben und Dienst, in der Einheit von Person und Institution, von Amt und Beruf. Von einer neuen Familie war die Rede, von einer emotionalen Bindung sogar – »als ob wir unter einem Mutterherzen gelegen hätten«. Dabei war die gesellschaftliche Anerkennung dieses Dienstes hoch, seine Funktion für den sozialen Zusammenhalt unverzichtbar, seine Rolle für die Kirche als diakonische Gemeinschaft kaum zu überschätzen.

Florence Nightingale kritisierte später, dass ihre Ausbildung in Kaiserswerth vor allem aus Allgemeinbildung und biblischem Unterricht bestand. Auch wenn sich hier ein sozialer Frauenberuf entwickelte, konnte in den frühen Jahren von einem Verdienst kaum die Rede sein – der entscheidende Vorteil war die gesicherte Versorgung. Aber das Selbstbewusstsein dieser ersten Generationen war ebenso hoch wie ihr gesellschaftliches Ansehen: Sie waren stolz darauf, eine neue soziale und kirchliche Bewegung mit zu gestalten – und zwar mit Sinn für Qualität und Würde. In den Gestellungsverträgen der Schwestern mit anderen Einrichtungen legte das Mutterhaus viel Wert auf die Zeiten für Bildung und Erholung, aber auch auf die Qualität der Arbeit. War die nicht mehr gewährleistet, wurden die Kaiserswerther Diakonissen zurückbeordert.

2.3 Brüche und Aufbrüche

Stellen Sie sich für einen Augenblick mit mir die Kaiserswerther Diakonie nach 1968 vor. Damals war sie gerade umbenannt worden in »Diakoniewerk Kaiserswerth«. Der alte Name »Diakonissenanstalt« passte nicht mehr. Schon seit Anfang der 60er Jahre war absehbar, dass die Zahl der Diakonissen kontinuierlich zurückgehen würde. Welche junge Frau war noch bereit, auf eigenes Einkommen, vor allem eigene Lebensgestaltung zu verzichten, um »dem Herrn Jesus – und um seinetwillen der Diakonissenanstalt – treu und gewissenhaft zu dienen«, wie es in der alten Schwesternordnung hieß? Immerhin gab es noch mehr als 1000 Schwestern, als der Einsegnungsjahrgang von 1964, der 64er Bund, sich der Einsegnungsordnung widersetzte und die Tracht ablegte. Es sollte dann allerdings noch bis 1971 dauern, bis das Diakoniewerk sich entschloss, an Stelle der Taschengelddiakonie

---

[16] »Wohnen sie zusammen, gebe sich jede Schwester Mühe, dass alle zu einer rechten Hausgemeinschaft zusammenwachsen und ihr Erleben miteinander teilen, auch darin ein Vorbild für die Gemeinde« (Kaiserswerther Hausordnung 1940).

Tarife einzuführen und die jüngeren Schwestern wie normale Mitarbeiterinnen zu behandeln – und bis die Schwestern auch in ihren Leitsätzen formulieren konnten, dass sie lieber in Freiheit geben als in Gehorsam verzichten wollten.

Das war die Zeit, als hier und an anderen Stellen die Krankenhausneubauten aus dem Boden schossen, weil moderne Technik und medizinische Spezialisierung an Bedeutung gewannen. Große Klinikkomplexe entstanden, die nun nicht mehr von Diakonissen und Nonnen, ja – nicht mehr von der Pflege geprägt wurden. Es sollte noch zwanzig Jahre dauern, bis auch die Pflegeausbildung wissenschaftlich professionalisiert wurde – aber schon damals verselbständigten sich viele Schulen aus der Trägerschaft von Orden. Mit dem Bildungssystem wurde auch die Erziehung reformiert. Aus großen Kinderheimen wurden kleine Wohngruppen, familienähnliche Systeme entstanden. Gesellschaftliche Benachteiligung sollte kompensiert, Chancengleichheit verbessert werden. Es war die Zeit der Psychiatrieenquete, als überall Einrichtungen der Gemeindepsychiatrie entstanden. Ehe-, Lebens- und Erziehungsberatung bekam eine neue und selbstverständliche Qualität – Veränderungen, Umbrüche und Probleme in Familien waren nicht mehr tabu. Und auch in den Einrichtungen selbst versuchte man den Wandel durch Gruppendynamik zu bewältigen. Mit der Auflösung der alten Anstalten hatten die Teams an Bedeutung gewonnen.

Die Emanzipationsbewegungen von Frauen, Angehörigen, Betroffenen, die Öffnung der Institution ins Gemeinwesen, die Zusammenarbeit mit anderen in einem Netzwerk – alles, was damals als Fortschritt und Befreiung erlebt wurde, war möglich geworden durch den Ausbau des Wohlfahrtsstaats. Die 70er und 80er Jahre mit ihrem stabilen Wachstum waren bestimmt durch eine Rechtsentwicklung, die einerseits die Autonomie wie auch das Wunsch- und Wahlrecht des Hilfeempfängers betonte, und andererseits die Subsidiarität der Freien Wohlfahrtspflege respektierte. In der Sicherheit des Selbstkostendeckungsprinzips hatten die Einrichtungen hinreichende Gestaltungsfreiheit. Das galt auch für die Mitarbeitenden in der beamtenähnlichen Ordnung des öffentlichen Tarifs. Vielleicht war das der Rahmen, in dem der Umbruch möglich werden konnte. Denn die bis dahin prägenden gesellschaftlichen Milieus lösten sich auf, und die Institutionen gerieten unter Druck.

Die diakonischen Einrichtungen reagierten, indem sie ihre sozialen Angebote an unternehmerischen Modellen orientierten. Professionalisierung trat jetzt an die Stelle von Milieubindung, Refinanzierung von Dienstleistungen an die Stelle von Trägerfinanzierung. In diesem Kontext wurde nun auch die Pflege als professionelle Dienstleistung begriffen, die mit der Altenpflege immer mehr an Bedeutung und mit der zunehmenden Akademisierung auch an Eigenständigkeit gewann.

2.4 Keine Zeit für die Seele? Pflege als Dienstleistung

Pflege in Deutschland ist seit dem preußischen Krankenpflegegesetz ein Heilhilfsberuf und damit der Medizin nachgeordnet. Entsprechend war in den alten Diakonissenordnungen der Gehorsam gegenüber dem Arzt genauso festgeschrieben wie der gegenüber dem geistlichen Vorsteher. Erst die Entwicklung von Pflegepädagogik, Pflegemanagement und Pflegewissenschaften an den Hochschulen machte es möglich, Aufgaben, die bisher schon aus rechtlichen Gründen nur unter ärztlicher Aufsicht wahrgenommen werden konnten, mit Billigung der Kostenträger an Pflegende zu delegieren. Das führt inzwischen auch zu einer Veränderung der Ablauforganisation auf den Stationen wie in den Operationssälen mit neuen, selbständigen Verantwortungsbereichen für Pflegende und mit neuen Berufsbildern – wie z.B. den Operationstechnischen Assistenten –, die zwischen Pflege und Medizin angesiedelt sind. Der Druck, sich der Logik des curativen Medizinsystems anzupassen, ist groß.

Im Gegensatz zur Nachbarwissenschaft Medizin, die eher »curativ« ausgerichtet ist, geht es aber in der Pflege um das »caring«, die pflegerische Fürsorge. Pflegewissenschaft ist, wie kürzlich Sabine Kühnert herausgearbeitet hat, grundsätzlich individuums- und interaktionszentriert. Herausgefordert durch neue Abrechnungsmodalitäten in der Medizin, hat das Pflegemanagement in den letzten Jahren ferner Module und Prozesse zur Beschreibung der Pflegequalität entwickelt. Nun lassen sich auch in der Pflege einzelne Verfahrensschritte dokumentieren, verfolgen und kontrollieren, sie lassen sich freilich damit auch abspalten, aufteilen und delegieren. So konnte eine ganze Gruppe von Tätigkeiten an Hilfskräfte abgegeben werden, während die Fachkräfte zunehmend mit Management- und Dokumentationsaufgaben belastet wurden, durch die sie ihr Tun gegenüber den Kostenträgern rechtfertigen. Diese Entwicklung hat die lange hochgehaltene Beziehungspflege in den Hintergrund treten lassen. Und das, obwohl Eigenverantwortung und Subjektorientierung in den Reden über das Gesundheitswesen eine immer größere Rolle spielen. Wo jeder einzelne Behandlungsschritt als Modul in einer Prozesskette erscheint und abgerechnet wird, fühlt der Patient sich schnell als Objekt eines Prozesses, der ihn entmündigt. Zwar soll sich die Behandlungskette im so genannten Case-Management an den Bedürfnissen des Patienten orientieren, zwar soll sich in der Palliativpflege das Team um den Patienten herum organisieren, doch ist das Behandlungsgeschehen in einem hohen Maße von Zweckrationalität geprägt.

»Die Schwester muss fähig sein, jedem in seiner Eigenart mit liebevollem Verständnis zu begegnen«, hieß es in der alten Krankenpflege-Ordnung der Kaiserswerther Schwesternschaft. »Je hinfälliger und hilfsbedürftiger die Alten werden, desto ehrwürdiger müssen sie uns sein. Und mit der gebotenen Ehrerbietung muss sich der Ernst der Liebe verbinden, der die Seele wichtiger ist als der Leib.« Schaut man sich daraufhin die Abrechnungsrealität und die Dienstpläne heutiger Krankenhäuser und Sozialstationen an, ist das Dilemma mit Händen zu greifen: keine Zeit für die Seele, keine Zeit für Beziehung und Begegnung. Nicht nur die Würde der Kranken und die Berufsmotivation der Pflegenden nimmt dabei Schaden, sondern auch die Marke Diakonie. Was als Werk der Barmherzigkeit begann, könnte schließlich als genormte Dienstleistung enden. Wo aber die Empathie verlorengeht, die Resonanz auf die eigene Arbeit fehlt, verstummt die Welt – da wird das Krankenhaus zum bürokratischen Apparat, der Mitarbeitende wie Patienten enteignet.[17] Während die einen ihre Arbeit entwertet sehen, fühlen die anderen sich ohnmächtig und allein. Was eine solche distanzierte Professionalität für die Patienten bedeutet, hat Christa Wolf zu einer anderen Zeit in einem anderen politischen System beschrieben.

»Wohin es sie jetzt treibt, dahin reichen die Worte nicht«, schreibt sie in ihrem Roman »Leibhaftig«, der darstellt, wie sich der Niedergang der DDR-Gesellschaft in den Körper eines Menschen eingeschrieben hat.[18] Sie erzählt von den Erfahrungen im Computertomographen, von der Qual, die Kontrastflüssigkeit schlucken zu müssen – trotz Übelkeit und Schweißausbrüchen. Und von dem Pfleger, der ihr die Schnabeltasse an die Lippen hält, noch einen Schluck, noch einen Schluck – vom Rückfall in die Kindheit. Sich kooperativ verhalten, sich ohnmächtig fühlen, Abhängigkeit spüren. Angst. Nachdem die Ich-Erzählerin sich schließlich zweimal übergeben hat, entscheidet der Arzt, das Kontrastmittel lieber zu spritzen. Trotz aller Reden über Patientenrechte und Patientenautonomie: Die Wirklichkeit in einem überforderten Pflegeteam, die Realität in einem Altenpflegeheim konfrontiert auch uns mit Abhängigkeit und Entmündigung. Das Drängen auf Effektivität, Transparenz und Kontrolle treibt diesen Prozess an – und der Stress erreicht über die Mitarbeitenden auch die Patientinnen, Patienten und Bewohner. Weil Pflege grundsätzlich ein Beziehungsgeschehen ist, wird kommuniziert, auch wo nicht gesprochen wird. Und die distanzierte und funktionale Be-*handlung* eines abhängigen und ohnmächtigen Menschen kann längst vergessene, körperliche Erinnerungen wecken. Die körperliche Berührung tangiert auch die psychische Haut; Spannung und Stress übertragen sich. Abgefertigt und liegengelassen fühlen sich Menschen ungehalten, ungeliebt, übersehen. Erfahrungen aus der frühen Kindheit, Gewalt- und Ohnmachtserfahrungen werden wach.

---

[17] *Mikich, Sonja*, Enteignet. Warum uns der Medizinbetrieb krank macht, Bielefeld 2013.
[18] *Wolf, Christa*, Leibhaftig, München 2002, 64.

Nur wer sicher sein kann, dass seine Wunden und Verletzungen wahrgenommen werden, kann die eigene Identität wahren, Selbstheilungskräfte aktivieren. Fürsorgliche Zuwendung ist deshalb der entscheidende Schlüssel für die Arbeit von Ärzten, Pflegenden und allen anderen Berufen im Gesundheitswesen. Dabei heißt Fürsorglichkeit, bei einem Menschen zu bleiben, auch wenn er aussichtslos krank, dement oder aggressiv ist – einfach weil er ein Mensch ist wie wir. Solche Zuwendung braucht über die individuelle Haltung hinaus einen Rahmen, eine tragende Struktur, wie sie über lange Zeit gerade auch von christlichen Einrichtungen geboten wurde. Schließlich war die »Schwester« – gerade in Gestalt der Diakonisse – nichts anderes als ein Symbol für Mütterlichkeit, Schwesterlichkeit, das für Vertrauen bürgte. Dass Pflegende heute in der Regel nicht mehr als »Schwester«, sondern schlicht mit ihrem Nachnamen angesprochen werden – so wie Erzieherinnen nicht mehr »Tante« genannt werden –, ist ein Zeichen von Professionalisierung. Es zeigt aber auch: Beziehungen stehen nicht mehr im Vordergrund der Arbeit; in unserem Medizinsystem wie in der Sozialwirtschaft haben Rationalität, Effektivität und Wirtschaftlichkeit weit mehr Gewicht. Und dennoch signalisiert die Bewegung zur Alternativmedizin, dass Menschen sich nach solcher Zuwendung sehnen und übrigens auch bereit sind, Geld dafür auszugeben. Wir stehen vor dem merkwürdigen Zwiespalt, dass Bürgerbewegungen wie die Hospizbewegung solche Sehnsüchte aufnehmen, psychosomatische und soziale Zusammenhänge wahrnehmen, ja sogar spirituellen Erfahrungen Raum geben, während die diakonische Kultur unter Druck gerät, sich weiter professionalisiert und ökonomisiert.

2.5 Hellhörig bleiben – Zur Bedeutung der Pflegekultur

Die dualistische Trennung von Leib und Seele, die sich in einer technisierten Medizin und einer rein handlungsorientierten Pflege ausdrückt, geht mit dem christlichen Menschenbild nicht zusammen. Daran hat Elisabeth Naurath in ihrem Buch »Seelsorge als Leibsorge«[19] erinnert. Der erste Schöpfungsbericht in Gen 2,4bff macht klar: Der Mensch besitzt nicht eine Seele, er ist lebendige Seele – sein Lebendigsein ist von der Gottesbeziehung her bestimmt, die ihm Leben und Lebenskraft gibt. Der Atem, den Gott dem Menschen einbläst, ist Lebensenergie und Lebensbejahung. Diakonie muss in diesem Sinne als umfassende Fürsorge für das Leben verstanden werden – für die Lebenskraft, die in Beziehungen wächst und sich in körperlichen Erfahrungen niederschlägt. Will sie ihrem Auftrag folgen, muss sie hellhörig bleiben für den Zusammenhang von körperlichen Krankheiten und seelischen Erfahrungen, den sozialen Kontext unserer individuellen Nöte und die Glaubensgeschichten in den Lebensgeschichten. Diakonische

---

19 *Naurath, Elisabeth,* Seelsorge als Leibsorge, Stuttgart 2000, passim.

Seelsorge, eine seelsorgliche Diakonie rückt den einzelnen Menschen mit seiner Geschichte in den Mittelpunkt.

Spiritualität, schreiben Birgit und Andreas Heller, beide wesentliche Impulsgeber der Palliativ Care Bewegung, sei zuerst Selbstsorge und dann erst Sorge für andere. Spiritualität sei keine planbare Leistung einer Institution, sondern das Ergebnis eines lebenslangen Prozesses, der nicht erst in der Phase der Krankheit beginnt. Dabei gehe es darum, offen zu werden, um das Leben anzunehmen, wie es ist, und die Angst vor Verlusten zu überwinden. »Man wird nicht vergessen dürfen, dass es zuallererst in der Verantwortung des kranken oder sterbenden Menschen selbst liegt, sich mit dem auseinanderzusetzen, was ihm oder ihr wirklich wichtig ist, was dem eigenen Leben und Sterben einen letzten Sinn gibt, was hält und trägt in der Erfahrung von Angst und Einsamkeit und hoffen lässt angesichts von Zweifel und Verzweiflung.«[20] Den Tod von Angehörigen, die Erfahrung der eigenen Endlichkeit verstehen Birgit und Andreas Heller als Weckruf, uns dieser Herausforderung zu stellen.

Die intensive Zeit mit meiner demenzerkrankten Mutter in den Monaten von Hinfälligkeit und Sterben hat mir einen neuen Blick für die Bedeutung der Angehörigen in unserem Gesundheitssystem gegeben[21]. Wenn die Kräfte zur Selbstsorge nachlassen, sind es zuerst die nächsten Angehörigen und Freunde, die stützend und anwaltschaftlich einspringen können. Sie sind es, die am ehesten wissen, was dem Sterbenden im Alltag wichtig war, worin der Sterbende den Sinn im eigenen Leben suchte und fand. Dabei darf allerdings nicht vergessen werden, in welchem Maße auch die Kraft unserer sozialen Netze von Herkommen und sozialer Lage bestimmt ist. Menschen in prekären Lebensverhältnissen neigen dazu, sich ausgeschlossen zu fühlen und zu resignieren, wenn sie nicht über innere und äußere Ressourcen verfügen, die sie stark machen und wappnen. Es bleibt deshalb auch eine Aufgabe des Gesundheitswesens, die Selbstsorge von Menschen möglich zu machen. Besonders sichtbar wird das, wenn jemand im Krankheitsfall nicht mehr in der Lage ist, für die eigene Pflege und Ernährung zu sorgen, Kontakt zu den Nachbarn zu halten oder die eigene Wohnung in Ordnung zu bringen. In dieser Situation müssen ambulante Hauswirtschafts- und Pflegekräfte fürsorglich einspringen – sie müssen es aber so tun, dass die eigenen Kräfte der Kranken erhalten und gestärkt werden. Viele haben zu Recht den Eindruck, dass die starke Standardisierung und Modularisierung der Pflege dabei nur begrenzt hilfreich ist. Bei einem Zukunftskongress des Evangelischen Krankenhausverbandes und des Verbandes für Altenhilfe und Pflege

---

[20] *Spiritualität und Spiritual Care* – Das Jahresheft, Wien 2009.
[21] *Braam, Stella,* Ich habe Alzheimer. Wie die Krankheit sich anfühlt, München 2008.

im Sommer 2012 formulierten Nachwuchspflegekräfte: »Wir wollen individuell auf die Wünsche von Kranken, Sterbenden und deren Angehörigen eingehen. Wir haben den Mut und die Zivilcourage, durch Hinschauen, Wahrnehmen, Bewusstmachen und Agieren Tabus zu brechen, um Gewalt zu vermeiden und neue Horizonte zu öffnen.«[22] Begegnungen und Gespräche, Lebensdeutung und Seelsorge sind notwendig, um die Lebenskräfte zu stärken – bei Kranken und Sterbenden, aber auch bei den Angehörigen.

Während unser Gesundheitssystem zunehmend ökonomisch-technisch bestimmt wird, ist Selbstsorge eine Frage der Lebenskunst. Dazu gehört auch zu begreifen, dass wir Gesundheit pflegen, aber nicht konsumieren oder kaufen können. Der Siegeszug der kosmetischen Chirurgie mit Skandalen wie dem um preiswerte, aber schädigende Brustimplantate, zeigt, welche Verführungen eine Mentalität der ewigen Jugend und des Konsumismus mit sich bringt. Bessere Regulierungen und Verbraucherkontrollen sind deshalb dringend geboten, damit der Schönheits- und Gesundheitsmarkt nicht auf Kosten der Gesundheit wächst. Aber es geht um mehr.

Es geht darum, dass wir gemeinsam mit Grenzen leben lernen. Dazu gehört auch, dass wir uns die Zeit nehmen, Kranke und Sterbende zu begleiten und unsere Toten zu bestatten. Wer weiß, unter welchem Termindruck viele an ihrem Arbeitsplatz stehen, ahnt, wie schwer es sein kann, sich auf solche nicht planbaren Zeiten einzulassen. Pfarrerinnen und Pfarrer erleben immer häufiger, dass die Zeit für Trauerfeiern nach den Zeitbedarfen der Angehörigen festgelegt wird – in einer Zeit der Kühlkammern, Krematorien und Kapellen in Bestattungsinstituten ist das technisch kein Problem mehr. Nur die traditionellen religiösen und kulturellen Regeln der jüdischen und muslimischen Community geben uns noch eine Ahnung von der Unerbittlichkeit eines anderen Rhythmus, der Anfang und Ende bestimmt, wie von der Notwendigkeit, sich in einem Größeren als in unserer eigenen Kraft zu bergen.

Ein Sterbebett lädt auch die Begleiter zu intensiverem Leben und zur Suche nach der eigenen Identität, den eigenen Wurzeln und Glaubensüberzeugungen ein. Während der Sterbebegleitung meiner Mutter, aber auch in der folgenden Zeit der Trauer, habe ich neu und bewusst erfahren, dass biblische Texte und kirchliche Traditionen wie Karwoche und Osternacht eine intensive und ermutigende Auseinandersetzung mit Sterblichkeit und Lebenszuversicht bieten können. Im gekreuzig-

---

[22] *Stockmeier, Johannes / Giebel, Astrid / Lubatsch, Heike* (Hg.), Geistesgegenwärtig pflegen. Existenzielle Kommunikation und spirituelle Ressourcen in Pflegeberufen, Bd. 2, Studien und Projektergebnisse, Neukirchen-Vluyn 2013, 251ff.

ten Jesus erkennen wir die Zerbrechlichkeit unserer Körper wieder – am Auferstandenen sehen wir, dass dieser »sterbliche Leib« mit seinen Wunden gleichwohl Tempel des Heiligen Geistes ist, wie der Apostel Paulus schreibt. Beides nicht zu vergessen, bleibt Anstoß zur Selbstfürsorge wie zur Begleitung Kranker, Sterbender und ihrer Angehörigen. Hier liegt eine wesentliche und oft schon vergessene Aufgabe gerade auch für Kirchengemeinden. In den Gebetsbüchern, die oft in Krankenhauskapellen ausliegen, kann man nachlesen, dass die Kranken und ihre Angehörigen selbst keinesfalls nur Objekt der Behandlung oder Kunden einer Dienstleistung sind, sondern mit ihren Gebeten und ihrer Fürbitte, auch für das Personal der Häuser, als Subjekte am Prozess beteiligt – Teil eines größeren Heilungsgeschehens, das nicht in unseren Händen liegt. Als ich selbst während meiner Zeit als Vorstand der Kaiserswerther Diakonie eine kurze Zeit als Patientin in einem (anderen) diakonischen Krankenhaus verbrachte, wurde mir bewusst, wie wichtig ein solcher Perspektivwechsel für jede und jeden Verantwortlichen in der Diakonie ist. Es waren nämlich die kleinen Dinge, die mich zuerst berührt haben: die gewärmte Decke vor der Operation, die freundlichen Farben, das bunte OP-Hemd, das eben nicht an ein Leichentuch erinnerte, die Zeitung am Morgen. Lauter Zeichen von Wärme und Lebendigkeit in einer funktionalen und »kalten« Welt, lauter Zeichen der Würde und des Menschseins.

Im Februar 2007 haben die Church and Society-Commission der Konferenz Europäischer Kirchen (KEK) und der europäische diakonische Verband Eurodiaconia gemeinsam daran erinnert, welche Bedeutung die jeweilige Kultur, der Wertehorizont einer Gesellschaft gerade für die Gesundheits- und Pflegedienste eines Landes haben. Diese Dienste folgten eben nicht der Produzenten-Konsumenten-Logik, sagt die Kommission, sie sind vielmehr auf einen persönlichen Zugang angewiesen, der die Verletzlichen und Abhängigen schützt. Denn wer Gesundheitsgüter benötigt, befindet sich in einer vulnerablen Situation, die wirtschaftlich zudem leicht ausgenutzt werden kann. Die Beziehung zu den Helfenden ist asymmetrisch und durch Abhängigkeiten gekennzeichnet. Unsicherheiten und Ängste führen dazu, dass Kranke eher auf Maximalversorgung setzen und in ihren Entscheidungen vom Rat der Fachleute abhängig sind. Die mit Gesundheits- und Pflegeberufen verbundenen ethischen Konflikte wie Entscheidungen über Medikamente, Entmündigung, Einstellung von lebenserhaltenden Maßnahmen oder assistierter Suizid unterliegen in den 27 Mitgliedsländern der Europäischen Union unterschiedlichen Regelungen, die in die jeweilige Kultur und Sozialgesetzgebung eingebettet sind. Eine Ablösung der Dienste aus diesen historisch, konfessionell und kulturell bedingten gesetzlichen Zusammenhängen bedeute, so die Kommission, eine große Gefahr für ihre ethische Verankerung und die Beziehungsgestaltung.

Angesichts der ethischen Herausforderungen, vor denen diakonisches Handeln heute steht, wachsen vielen aber auch ganz unvermutete Kräfte zu. Die Kraft, unangenehme Wahrheiten öffentlich zu machen, gehört genauso dazu wie die Phantasie, neue Projekte auf die Beine stellen. Die Geduld der Hospizmitarbeitenden ist genauso eine Energie wie der unbedingte Einsatz von Hebammen für das Leben auch von behinderten Kindern. Ich werde nie vergessen, wie das gesamte Hebammenteam in einer Geburtsklinik sich weigerte, noch länger Spätabtreibungen vorzunehmen. Eine von ihnen hatte den Mut gefunden, einen wegen Trisomie 21 abgetriebenen Foetus in das Moseskörbchen auf der Geburtsstation zu legen, in dem sonst die frühverstorbenen Säuglinge lagen. Sie konfrontierte damit Tod und Leben, Schicksal und Entscheidung, und thematisierte die Würde des Lebens ganz ohne Worte. Gerade in einer dem Glauben verpflichteten Arbeit ist die Frage nach der Würde des Menschen, vor allem der des abhängigen und verletzlichen Menschen, von entscheidender Bedeutung

3. Eine Frage der Würde – Abhängigkeit, Humanität und Selbstbestimmung

Die amerikanische Philosophin Martha Nussbaum hat beschrieben, was es bedeutet, jemand zu sein. Ein Mensch auf Augenhöhe mit anderen. Ein Mensch, der sich seiner Würde bewusst ist. Sie entwickelt ihre Theorie der Gerechtigkeit vom Capability-Ansatz aus.[23] Dreh- und Angelpunkt sind die Fähigkeiten, mit denen sich unser Selbstbewusstsein und unsere Würde verbinden. Für Martha Nussbaum gehören dazu:

– die Fähigkeit, auf die eigene Gesundheit zu achten, für sich selbst sorgen zu können. Dazu brauchen wir ausreichend Mittel und eine angemessene Unterkunft.
– die Fähigkeit, sich frei von einem Ort zum anderen zu bewegen – dazu brauchen wir Schutz vor Gewalt und sexuellen Übergriffen.
– die Fähigkeit, das eigene Denken zu entwickeln, sich des eigenen Verstandes zu bedienen, wie Kant gesagt hat – dazu brauchen wir Bildung und Ausbildung.
– die Fähigkeit, Bindungen aufzubauen, zu Menschen und zu Dingen – zu lieben, zu trauern, Dankbarkeit und Zorn zu empfinden. Dazu brauchen wir eine Gemeinschaft, die Geborgenheit schenkt.
– Auch die Anteilnahme an Tieren und Pflanzen und die Möglichkeit, sich politisch einbringen zu können, gehören zu den zentralen menschlichen Fähigkeiten.

---

[23] *Nussbaum, Martha C.*, Die Grenzen der Gerechtigkeit. Behinderung, Nationalität und Spezieszugehörigkeit, Berlin 2011, 218ff.

Das alles brauchen wir, um Selbstachtung zu empfinden – und die Aufzählung macht deutlich, in welchem Maße wir darauf angewiesen sind, in einer menschlichen Umgebung zu leben, Teil einer sozialen Gruppe zu sein, um selbstbewusste Menschen zu werden. Menschenwürde und Menschenrechte gehören zusammen. Von Nussbaums »Fähigkeitenansatz« her wird erkennbar: Unsere grundlegenden sozialen Rechte wie das Recht auf körperliche Unversehrtheit, auf ein sozioökonomisches Existenzminimum, das Recht auf Wohnung und Bildung sind notwendige Rahmenbedingungen für eine Entwicklung zur Selbstachtung. Eine gerechte Gesellschaft ist eine wesentliche Voraussetzung dafür, dass Menschen sich auf Augenhöhe begegnen können: frei, gleich und unabhängig.

Diese Grundsätze im Alltag umzusetzen ist freilich dann nicht einfach, wenn das Miteinander durch große strukturelle Ungleichheiten und Abhängigkeiten gekennzeichnet ist – genau dies ist aber in der Sozialbranche regelmäßig der Fall. Dabei spielen die sozialpolitischen und rechtlichen Rahmenbedingungen eine entscheidende Rolle.

Als ich vor 20 Jahren die Leitung der Abteilung »Sozialwesen« im Diakonischen Werk der Evangelischen Kirche im Rheinland übernahm, gehörten dazu die Bereiche Behindertenhilfe, Jugendhilfe, Suchtkrankenhilfe, Gefährdetenhilfe und auch Altenhilfe. Die Abteilung folgte den entsprechenden Gesetzen des Sozialgesetzbuchs; die Arbeitsbereiche waren nach den Mittelflüssen organisiert – die betroffenen Menschen wurden also von der Organisationsstruktur her vor allem als Hilfe- und Zuwendungsempfänger, und das heißt von ihren spezifischen Defiziten her, verstanden. Das hat sich seitdem nicht wesentlich geändert. Alte und pflegebedürftige Menschen erhalten zum Beispiel andere Hilfsangebote als Menschen mit Behinderungen. Was auf den ersten Blick selbstverständlich erscheint, ist aber oft widersprüchlich und erschließt sich keinesfalls von selbst. Während es zum Beispiel für Menschen mit einer Behinderung inzwischen möglich ist, über ein persönliches Budget zu verfügen und selbst zu bestimmen, welche Hilfe notwendig und angesagt ist, ist das für pflegebedürftige Menschen noch immer außerhalb der Diskussion. Sie werden versorgt. Der Widerspruch sticht dann ins Auge, wenn ältere Menschen mit Behinderung in eine Einrichtung der Altenhilfe umziehen, wo dann anstelle der kommunalen Eingliederungshilfe die Pflegeversicherung zuständig wird. Das politische Tauziehen um Zuständigkeiten zwischen den Hilfesystemen, das sich dahinter verbirgt, enthält angesichts des demographischen Wandels noch viel politischen Sprengstoff; dabei geht es allerdings nicht in erster Linie um die Interessen der Hilfebedürftigen. Immerhin aber haben wir grundsätzlich gelernt, die Perspektive umzukehren: Wir reden von Menschen mit Pflegebedürftigkeit, von Menschen mit Behinderungen – und halten auf diese Weise fest, dass die Erfahrungen der

Verletzlichkeit die Betroffenen nicht grundsätzlich von anderen unterscheiden. Das ist eine Frage der Würde. Entscheidend wird sein, wie wir in Zukunft im Blick auf die sozialpolitischen Rahmensetzungen mit Alter, Behinderung und Pflegebedürftigkeit umgehen. Der Gedanke, ein gutes Drittel der Bürgerinnen und Bürger als mögliche Empfänger von Altenhilfeleistungen zu kategorisieren, hat keine Zukunft.

3.1 Der demographische Wandel: Eine unterschätzte Herausforderung

Umso erstaunlicher ist, wie ungern öffentlich über den Umgang mit diesem in Zukunft noch weit dringlicher werdenden Problem gesprochen wird.
Immerhin meinen 71 Prozent der Befragten in Deutschland inzwischen, das Thema Pflege nehme noch zu wenig Raum in der Gesellschaft ein. Auf diesem Hintergrund hatte die Evangelische Aktionsgemeinschaft für Familienfragen (EAF) im Jahr 2011 am Internationalen Tag der Pflegenden, dem 12. Mai, zu Diskussionsrunden auf dem Berliner Schlossplatz eingeladen. Schließlich sollte das Jahr 2011, politisch gesehen, das Jahr der Pflege werden. »Pflege in guter Gesellschaft« hieß das Motto der EAF-Veranstaltung. Alle modernen Gesellschaften, so die Veranstalter, stehen vor der Aufgabe, einen guten Platz für immer mehr ältere, auch pflegebedürftige Menschen zu finden. Wer den Einladungsflyer aufklappte, fand einen hübschen Lehnstuhl als Symbol für die Aufforderung, denen, die Pflege brauchen, und denen, die pflegen, mehr Platz zu geben. Aber auch eine Einladung, sich selbst diesen Platz zu nehmen, in die Öffentlichkeit zu gehen und mitzudiskutieren.
Wäre es um Krippenplätze oder Kindertagesstätten gegangen: Der Schlossplatz wäre voll gewesen von Müttern, Vätern und Erzieherinnen. Buggys sind chic, auch wenn, oder vielleicht gerade weil die Zahl der Geburten in Deutschland kaum steigt. Der Kampf um Lehnstühle und Pflegebetten dagegen wird eher im Verborgenen ausgetragen. Mit Kassen und Heimen, mit der Unterstützung von privaten und professionellen Netzen. Denn was jeder weiß, ist gleichwohl ein Tabu. Der Prozentsatz der unter 20-jährigen in Deutschland nimmt bis 2050 auf Werte zwischen 15 und 18 Prozent ab. Er lag 1998 noch bei 21,6 %. Der Anteil der über-60-jährigen dagegen wird dann 2050 zwischen 35 und 42 % liegen. Und die Zahl der Hochbetagten steigt – je nach Höhe der Lebenserwartung von 3,0 Millionen 1998 auf eine Zahl zwischen 9,9 und 13,1 Millionen. Einer Modellrechnung des statistischen Bundesamtes (2010) zufolge wird die Zahl der Pflegebedürftigen im Jahr 2050 bei etwa 4,5 Mio. liegen, was einer Verdoppelung innerhalb von 40 Jahren entspricht. Dabei führt die Veränderung der Lebensformen und Familienstrukturen nicht nur zu einer quantitativen, sondern auch zu einer qualitativen Herausforderung: Schon heute leben 41,3 % der

70 bis 85 Jahre alten Menschen in Einpersonenhaushalten.[24] Wer die Kraft und die Chance hat, sich aktiv zu engagieren, wer gute Nachbarn und Freunde hat, profitiert vielleicht von der Freiheit des dritten Lebensalters und kann in mancher Hinsicht noch einmal Neues beginnen. Diejenigen aber, deren Kräfte – oft schleichend – nachlassen, haben es in dieser Situation besonders schwer: Ihre Möglichkeiten, bei Bedarf auf informelle Netze zurückzugreifen, sind sehr begrenzt.

Wenn es nicht gelingt, das Gesundheits- und vor allem das Pflegesystem neu zu organisieren, könnte es in den nächsten Jahrzehnten angesichts der Zahl der alten und pflegebedürftigen Menschen zum Kollaps der Einrichtungen kommen; und das, obwohl der Bau immer neuer Seniorenwohnanlagen nach wie vor ein lohnendes Renditeobjekt für Banken ist. Damit ist die Frage nach der Sorge für die hilfe- und pflegebedürftigen alten Menschen in wachsendem Maße an die Gesellschaft als ganze gestellt. Ihre Arbeits- und Ressourcenaufteilung, ihr Umgang mit institutionellen und außerinstitutionellen Pflegemodellen ist im Letzten auch eine Frage ihrer eigenen Würde und Humanität.

3.2 Eine lebenswerte Gesellschaft – Inklusion als Leitziel

Mit der deutschen Vereinigung geriet der Sozialstaat bundesdeutscher Prägung unter Druck. Viele kamen zu der Überzeugung, er sei auch deshalb an die Grenzen seiner Finanzierbarkeit gekommen, weil er zu viele Ressourcen gebunden und damit Eigeninitiative gelähmt habe. Wenn die Bürgerinnen und Bürgern sich vor allem als Versicherte oder – im Notfall – als passive Hilfeempfänger verstünden, werde die Verpflichtung zur eigenen Vorsorge wie zur wechselseitigen Solidarität verschüttet. Der fürsorgliche Wohlfahrtsstaat verführe die Bürger dazu, die eigene Verantwortung an den Staat und soziale Dienste abzugeben. Mit dem Modell des aktiven Sozialstaats, mehr noch: der bürgerschaftlichen Wohlfahrtsgesellschaft, wurden Eigenverantwortung und zivilgesellschaftliches Engagement neu in den Mittelpunkt gerückt. Zu Recht wurde daran erinnert, dass Sozialleistungen nicht nur konsumiert werden können und dass es nicht genügt, durch Wirtschaftsproduktion die Voraussetzung für einen Wohlfahrtsstaat zu schaffen. Menschen sind nötig, die freiwillig wie professionell für andere sorgen – als Mütter und Väter, Nachbarn, Erzieher und Pflegekräfte, in Krankenhäusern und Hauswirtschaftsdiensten. Es braucht »Caring communities«, starke Familien, aufmerksame Nachbarschaften, eine gute Verknüpfung von sozialen Diensten und ehrenamtlich Engagierten, Kirchengemeinden mit gesellschaftlicher Verantwortung. Dazu gehört

---

[24] Zahlen aus *Winter, Thomas von,* Demographischer Wandel und Pflegebedürftigkeit, in: *Klie, Thomas* u.a. (Hg.), Entwicklungslinien im Gesundheits- und Pflegewesen, Frankfurt a.M. 2003.

3.2 Eine lebenswerte Gesellschaft – Inklusion als Leitziel

die Anerkennung der Tatsache, dass wir aufeinander angewiesen sind und dass jeder und jede einen Beitrag zur Gemeinschaft leisten kann.

Kehren wir noch einmal zur Philosophin Martha Nussbaum zurück. Sie hat grundsätzlich darüber nachgedacht, wie es gelingen kann, gerechte Teilhabe zu ermöglichen. Dabei rückt sie die Würde und die Fähigkeiten jedes Einzelnen in den Mittelpunkt.[25] Unser Selbstbewusstsein und unsere Würde verbinden sich mit der Erfahrung, etwas zum Ganzen beitragen zu können. Für Martha Nussbaum gehören dazu die Fähigkeiten, das eigene Denken und eigene Lebensperspektiven zu entwickeln, sich selbst zu versorgen, auf die eigene Gesundheit zu achten, für die eigene Wohnung zu sorgen und sich frei von einem Ort zum anderen bewegen zu können. Es gehört zum Menschsein, so hatte sie gesagt, Bindungen aufzubauen – zu Menschen und zu Dingen –, zu lieben, zu trauern, Dankbarkeit und Zorn zu empfinden. Wenn es wahr ist, dass wir das alles brauchen, um Selbstachtung zu empfinden, dann gilt: Soziale Dienste und Hilfesysteme müssen diese Fähigkeiten unterstützen, sie dürfen sie nicht schwächen. Gleich, ob es um Menschen mit Behinderungen, um pflegebedürftige oder demenzkranke Ältere oder um Sterbende geht: Immer geht es darum, alle vorhandenen Fähigkeiten und vor allem die Selbstbestimmung zu stärken. Es lässt sich kaum leugnen, dass die »Anstaltsdiakonie«, ja, dass alle »stationären« Einrichtungen selbst bei guter Versorgung genau dahin tendieren, die Selbstbestimmung und alle mit ihr verbundenen Fähigkeiten eher zu schwächen.

Im Hilfesystem für Menschen mit Behinderungen ist das seit 20 Jahren Thema. Ich erinnere mich gut, dass in der Mönchengladbacher Gemeinde, in der ich in den 80er Jahren Pfarrerin war, einmal im Jahr zum Diakoniesonntag der »Hephata-Chor« Begeisterung auslöste. Eine große Gruppe Männer aus der Einrichtung am Stadtrand kam mit Schellen und Pauken und sang von der Sonne, von Gottes Liebe, von Gemeinschaft. Einfache Lieder, die jeden Familiengottesdienst belebten. Diese Gruppe war damals eine wichtige Brücke zwischen Kirche und Diakonie. Heute gibt es mitten in der Gemeinde eine Wohngruppe der ehemaligen Anstalt, die einmal im Jahr zum Frühstück einlädt. Die ehemaligen Gäste sind Gastgeber geworden, die Gruppe von »draußen« wurde zu einer Gruppe von Gemeindegliedern. Ob alle schon begriffen haben, was das bedeutet? In den letzten Jahren jedenfalls wurde Hephata, Mönchengladbach, wie vorher schon Alsterdorf und andere »Anstalten«, in ambulante Wohngruppen aufgelöst. Auch langjährige und sogar schwerstmehrfachbehinderte Bewohner machten sich auf den Weg in ein neues und eigenständiges Leben – mit ihren Freunden, begleitet von Assistenten. Be-

---

25 *Nussbaum*, 112ff.

wohner, Mitarbeitende, ja, das gesamte Unternehmen entwickelten ein neues Selbstverständnis der Normalisierung, das auch die Kirchengemeinden vor neue Herausforderung stellt. Die Besucher von ehedem sind jetzt ganz normale Gemeindemitglieder. Das fordert dazu heraus, mit ihnen gemeinsam Gottesdienst zu feiern – anders zu feiern. Jetzt geht es um sinnliche Gottesdienste, einfache Sprache, neue Formen der Konfirmandenarbeit und in manchem um eine neue Erarbeitung des Gottes- und Menschenbildes. Dass in den letzten Jahrzehnten auch die Geschichte der Anstalt bis hin zu den Transporten nach Hadamar aufgearbeitet, dass den Opfern ein Denkmal gesetzt wurde, war wesentlicher Ansporn zur Veränderung.

3.3 Wie muss sich Pflege verändern? Ein engagiertes Plädoyer

Was sich im Nachdenken über Menschen mit Behinderung verändert hat, beginnt gerade erst im Blick auf das Leben demenzerkrankter Menschen. »Wenn ich das Sagen hätte, würde ein Staatssekretär für die Emanzipation von Menschen mit Alzheimer eingesetzt und die Politik träfe Vorbereitungen für die Demenz-Explosion. Dann stünden unsere Wünsche bei der Pflege im Mittelpunkt, und auch der Demenzkranke hätte das Recht auf Privatsphäre und Freiheit. Wenn ich das Sagen hätte, würde Ruhe-Medikation verboten.«, fordert Stella Braam in dem Buch, das sie zusammen mit ihrem Alzheimer-kranken Vater [auf]geschrieben hat.[26] Sie bezweifelt, dass die notwendigen Veränderungen auf dem Pflegesektor aus den sozialen Diensten selbst kommen. Eine Betroffenen- und Angehörigenbewegung sei vielmehr notwendig, meint sie – ein Mentalitätswandel, der am Ende auch die Dienste verändert. Die stillschweigende Aussonderung der Gebrechlichen und Sterbenden aus der Gesellschaft der Fitten und Leistungsstarken müsse einer wirklichen Integration weichen. Unser Menschenbild, das bisher im Wesentlichen auf Autonomie und Tätigsein ausgerichtet und damit an den Erwerbstätigen und Erwerbsfähigen orientiert sei, müsse um die Aspekte der Angewiesenheit und Vergänglichkeit ergänzt werden. Und die Pflege, die in den letzten Jahren auf ihre körperlichen Aspekte reduziert worden sei, müsse wieder in ihren sozialen, psychischen und spirituellen Dimensionen gesehen werden.

Noch sind solche engagierten Plädoyers eher die Ausnahme. Dabei liegt offen zu Tage, wie dramatisch die Situation in einem von ökonomischem Druck und der Bewältigung des Nötigsten geprägten Alltag in der Altenpflege ist. Es hätte keines Pflegekritikers mit Bestsellerauflagen wie *Fussek*[27] bedurft, um das festzustellen. Aber offensichtlich

---

[26] *Braam*, 108.
[27] *Fussek, Claus / Loerzer, Sven,* Alt und abgeschoben. Der Pflegenotstand und die Würde des Menschen, Freiburg 2007, passim.

3.3 Wie muss sich Pflege verändern? Ein engagiertes Plädoyer

hat die Gruppe der hochbetagten »Nutzer« und »Bewohner« noch immer keine entsprechende Lobby, und deren überlastete und erschöpfte Kindergeneration fühlt zu viel Scham, um die Dinge beim Namen zu nennen, wenn Vater oder Mutter nach durchschnittlich acht Jahren häuslicher Pflege in einer Einrichtung untergekommen sind.

Untersuchungen haben gezeigt, dass ältere pflegende Angehörige – und in der Regel sind das Frauen – ein höheres Mortalitätsrisiko haben als die Vergleichsgruppe – insbesondere dann, wenn die soziale Lage der Familie schlecht ist und Unterstützung fehlt oder nicht in Anspruch genommen wird. Bedenkt man, dass Töchter und Schwiegertöchter zwischen 60 und 70 Jahre alt sind, wenn häusliche Pflege nötig wird, dann ist es umso erstaunlicher: Die Pflegebereitschaft der Familien ist nach wie vor hoch! »In diesem Bereich zwischenmenschlicher Beziehungen wirkt die gesellschaftliche Norm sozialer Verantwortung im Sinne eines Austausches von Hilfe im Lebensverlauf,« heißt es im Bericht der Enquetekommission »Demographischer Wandel«. Man gibt, weil man früher Hilfe erfahren hat. Und das mit großer Geduld und oft über lange Zeit: Zwei Drittel der pflegebedürftigen Menschen (1,54 Mio.) werden in den Familien versorgt, und dies zum Teil rund um die Uhr. Der durchschnittliche Sorgeaufwand pflegender Angehöriger beträgt 45,6 Stunden in der Woche – für Pflege und Hilfen im Haushalt, für Gespräche und Alltagsbegleitung. 27 Prozent dieser pflegenden Angehörigen sind Männer – vor 20 Jahren waren es noch 17 Prozent –, aber immer noch sind es zu mehr als 70 Prozent Frauen, die pflegen, privat wie professionell. Allerdings ist die Zahl der potentiellen privaten Pflegepersonen rückläufig. So hat sich in Nordrhein-Westfalen das »Töchter- und Schwiegertöchter-Pflegepotential« seit 1950 halbiert. Prognosen für die nächsten 20 Jahre gehen von bis zu einem Drittel älterer Menschen ohne Kinder und Enkel aus. Die familialen Netze werden durch wechselnde Partnerschaften instabiler. Angesichts der Tatsache, dass schon in den nächsten 10 Jahren mit zwei Millionen Pflegebedürftigen in der häuslichen Pflege zu rechnen ist, muss die Beteiligung der Männer an den häuslichen Care-Aufgaben deutlich wachsen. Wenn das gelingen soll, brauchen wir eine bessere Vereinbarkeit von Pflege und Beruf, mehr unterstützende Dienstleistungen und gut erreichbare Beratungsangebote für pflegende Angehörige. Und: Pflegende Angehörige brauchen die Möglichkeit, Auszeiten von der Pflege nehmen zu können, ohne ein schlechtes Gewissen zu haben. Noch sind die Standards, die im Blick auf Kindererziehungszeiten gelten, für die häusliche Pflege bei weitem nicht erreicht. Aber auch Pflegearbeit ist Familienarbeit.

Dem Rabenmuttersyndrom, das die deutsche Familienpolitik über Jahrhunderte bestimmt hat, entspricht das Rabentöchtersyndrom in der

Pflege. Das schlechte Gewissen, die Erschöpfung und die Scham derer, die ihr Bestes geben, verhindern eine offene Auseinandersetzung mit einer der größten sozialpolitischen Herausforderungen unserer Zeit. Noch immer scheinen nicht alle begriffen zu haben, was auf der Hand liegt: Die Sorge für andere, das Caring, kann nicht mehr als selbstverständliche Aufgabe von Frauen – Müttern und Töchtern – gesehen werden. Angesichts des demographischen Wandels, des Fachkräftemangels auf dem Arbeitsmarkt und der Veränderung von Familienstrukturen brauchen wir neue Wege, Erwerbsarbeit und Pflege nicht nur miteinander zu vereinbaren, sondern auch gerechter zu verteilen. Das Care-Defizit in unserer Gesellschaft ist eine Konsequenz der traditionellen Teilung unseres Wohlfahrtsstaats in die männlich geprägte Sphäre der Erwerbsarbeit, in deren Zusammenhang die Sozialversicherungen stehen, und die weiblich geprägte Sphäre der Fürsorglichkeit, zu der neben Hausarbeit und Erziehungsaufgaben eben auch die Pflegearbeiten gehören.

3.4 Die Fürsorgekräfte stärken – Zur Reform des Gesundheitssektors

Wie aber lassen sich die Menschen gewinnen, die bereit sind, bezahlt oder auch unbezahlt soziale Dienste zu übernehmen? Als sich im vergangenen Jahrhundert keine Diakonissen mehr fanden, die aus den städtischen Gemeinden kamen, warb man auf dem Land.[28] Heute kommen Pflegekräfte aus Polen, Bulgarien und Rumänien, inzwischen auch aus Spanien; viele von ihnen arbeiten als »Haushaltshilfen« in den Seniorenhaushalten. Neben dem Mindestlohn ist deshalb für die Politik die Anerkennung ausländischer Abschlüsse zu einem wichtigen Thema geworden. Aber auch die Freiwilligendienste haben Konjunktur und sprechen viele an. Nach der Aussetzung des Zivildienstes ist der Bundesfreiwilligendienst an dessen Stelle getreten und steht nun neben den verschiedenen Freiwilligendiensten von Kirchen und anderen Trägern; immerhin zehn Prozent eines Jahrgangs absolvieren inzwischen einen solchen Dienst. Nach dem Auslaufen des »Freiwilligendienstes aller Generationen« werden inzwischen – vor allem in den östlichen Bundesländern – auch Ältere über den Bundesfreiwilligendienst angesprochen. Manche, wie der Philosoph Richard David Precht, denken schon weiter und fordern ein Jahr sozialen Pflichtdienst für alle. Angesichts solcher Überlegungen wird es für die Zukunft wichtig sein, die Grenzen zwischen ehrenamtlichen Aufgaben, Freiwilligendiensten und Erwerbstätigkeit genauer zu beschreiben. Denn wer vom Jobcenter zu einem Freiwilligendienst aufgefordert wird, wird diesen Dienst sicherlich eher als Einstieg in Erwerbsarbeit verstehen[29].

---

28 *Schmidt, Jutta*, Beruf: Schwester, Frankfurt a.M. 1998.
29 So eine Untersuchung des CSI, Heidelberg ein Jahr nach Einführung des BFD.

Und wer auf die Mitarbeiterschaften in Pflegeeinrichtungen und -diensten schaut, der sieht schon jetzt erhebliche Veränderungen: Die Zahl der Hilfskräfte und geringfügig Beschäftigten wächst, jeder fünfte Mitarbeitende hat einen Migrationshintergrund,[30] daneben stehen Freiwilligendienste mit geringer Aufwandsentschädigung, Personen, die über die Bürgerarbeit in eine Aufgabe gestellt wurden, und ehrenamtlich Engagierte mit »Übungsleiterpauschale«. Der Eindruck, dass es vor allem darum geht, Dienste abzudecken und Funktionalität aufrechtzuerhalten, ist nicht von der Hand zu weisen.

Zwischen staatlichem Gewährleistungsauftrag, marktlich geführten Unternehmen und zivilgesellschaftlichem Engagement sind Freiwilligendienste nach verschiedenen Seiten anschlussfähig und auch gefährdet, wie die Debatte um die Freiwilligendienste zeigt. Sie bedürfen einer staatlichen Planung, Rahmensetzung und Förderung, sind aber wegen der konstituierenden Freiwilligkeit nur begrenzt politisch zu organisieren und zu steuern. Sie haben eine Dienstleistungsfunktion, sind aber wegen der zugrunde liegende Motive von persönlicher Entwicklung und altruistischer Zuwendung nur begrenzt ökonomisch zu steuern und zu nutzen, ohne den Kern von uneigennütziger Gemeinwohlorientierung zu zerstören, aus dem ihre Verbindlichkeit erwächst. Ihre wirtschaftliche, soziale und politische Funktion erwächst letztlich aus kulturellen Faktoren.[31]

Wie im Focus zeigen die Freiwilligendienste, worauf alle – haupt- wie ehrenamtliche soziale Dienste – angewiesen sind: Sie sind Ausdruck einer bestimmten Kultur und leben von Empathie und persönlichem Engagement. Diese Ressourcen finden sich vor allem im familiären Umfeld, im Freundeskreis, in Nachbarschaft und Gemeinden, in den informellen Netzwerken der Zivilgesellschaft. Hier entsteht soziale Innovation. Wo immer es möglich ist, muss die Pflege deshalb ins Wohnquartier zurückkehren. An die Stelle stationärer Einrichtungen muss eine neue Kombination von Wohnen, Pflege und anderen Hilfen treten. Neue Wohnformen wie Mehrgenerationenhäuser oder Wohngruppen Älterer müssen weiter gefördert werden. Professionelle Dienste müssen mit haushaltsnahen Dienstleistungen und Nachbarschaftshilfen verknüpft werden, damit Menschen nicht nur deshalb in eine stationäre Einrichtung wechseln, weil sie sich nicht mehr selbst versorgen können. Kirchengemeinden sollten ihren Platz in diesem Netzwerk finden. Denn neben der Notwendigkeit, professionelle Pflegekräfte zu gewinnen, muss es darum gehen, familiäre wie nachbarschaftliche

---

30 http://de.statista.com/statistik/daten/studie/201270/umfrage/pflegeheim-mitarbeiter-in-deutschland-nach-taetigkeitsbereichen/.
31 Vgl.: www.hertie-school.org/fileadmin/images/Downloads/bundesfreiwilligendienst/Report_Bundesfreiwilligendienst.pdf (zuletzt aufgerufen am 27.5.2013).

Netze zu stärken und freiwillig Engagierte für die anstehenden Aufgaben fit zu machen. Auch ältere Menschen möchten da leben, wo ihre Freunde leben, sie möchten Kontakt zu anderen Generationen. Wer Hilfe bei der Haushaltsführung braucht, kann vielleicht noch auf Enkelkinder aufpassen. Wer nicht mehr mobil ist, kann von Nachbarskindern wie von Enkeln lernen, im Internet zu surfen. Empowerment statt Entmündigung heißt die Devise. Letztlich geht es um Inklusion statt Exklusion, um Normalisierung des Lebens von älteren und pflegebedürftigen Menschen ganz in dem Sinne, wie es bei der Assistenz für Menschen mit Behinderung seit Jahren gedacht und praktiziert wird – von der Ambulantisierung der Versorgung bis hin zum eigenen Budget. Angesichts der wachsenden Zahl hilfe- und pflegebedürftiger Älterer bedeutet das nun allerdings im Umkehrschluss, dass die gesellschaftliche Vorstellung von Normalität sich wandelt. Es ist eben normal, immer wieder auf andere angewiesen zu sein. Eine humane Gesellschaft rechnet damit und stellt nicht nur Hilfen zur Verfügung, um sich der Probleme zu entledigen, die dazugehören. Das hat Konsequenzen für die Wohninfrastruktur, die Verkehrsgestaltung und den Umgang mit Arbeitszeit in den Betrieben.

Es wird noch dauern, bis dass die Teilhaberechte, die in der UN-Charta für Menschen mit Behinderung festgelegt sind, auch auf andere Hilfegruppen übertragen werden – für ältere Pflegebedürftige gilt es noch lange nicht. Nach wie vor herrscht ein Pflegebedürftigkeitsbegriff vor, der den Versicherten und ihren Angehörigen nur ein geringes Maß an Autonomie zubilligt. Will man hier nachhaltig etwas ändern, geht es letztlich also darum, unser Sozialsystem vom Kopf auf die Füße zu stellen und insofern noch einmal neu ernst zu machen mit dem Einzelnen als Subjekt und Rechtsträger aller Sozialleistungen. Noch einmal ganz unten anzufangen mit dem Prinzip der Subsidiarität.

Die Zukunft gehört der Quartierspflege, neuen Wohnformen und überschaubaren Einheiten und Teams. Gerade demenzerkrankte Menschen leiden mehr als alle anderen unter der Funktionalisierung und Modularisierung der professionellen Pflegedienste, die den Einzelnen mit einer großen Zahl von Bezugspersonen konfrontiert, welche die Atmosphäre und Routinen immer wieder verändern und die eigene Orientierung erschweren. In vielen Modellprojekten wird sichtbar: Kleine Wohneinheiten mit abgestimmten Teams von Pflegefachkräften und Hauswirtschaftskräften, von Professionellen und Freiwilligen, geben Halt und Geborgenheit in der Erfahrung einer tragenden Gemeinschaft.

Eine Reihe von Untersuchungen aus diesem Bereich zeigt darüber hinaus die Bedeutung einer systematischen Angehörigenarbeit für die

3.4 Die Fürsorgekräfte stärken – Zur Reform des Gesundheitssektors

Dienstleistungsqualität einer Organisation.[32] Wenn Angehörige in stationären Einrichtungen noch immer auf die Rolle von »Besuchern« reduziert werden, die bei der Pflege eher stören, jedenfalls aber nicht beteiligt werden dürfen und bei ethischen Fragen häufig nicht einmal einbezogen werden, verstärkt sich die Ohnmacht und Abhängigkeit aller Beteiligten.

Aber nicht nur die Verschränkung professioneller Pflege und lebensweltlicher Hilfen, auch die Verzahnung von Pflege und Medizin muss neu organisiert werden. Die chronischen Erkrankungen alter Menschen und ihre Multimorbidität, aber auch die Aufgaben von Palliativversorgung und Sterbebegleitung erfordern eine bessere Zusammenarbeit von Ärzten und Pflegediensten wie von Altenheimen und Krankenhäusern. Die – wesentlich im Versicherungssystem begründete – Trennung von Krankenhäusern, niedergelassenen Ärzten und Pflegediensten führt zu Drehtüreffekten, Doppeluntersuchungen und Problemen bei der Überleitung. Hier gilt es, von Modellprojekte der Integrierten Versorgung zu lernen, dass und wie Versorgungsnetze, die stationäre und ambulante Dienste, gesundheitliche, pflegerische und soziale Dienste verbinden, gute Erfolge zeitigen.

Vielleicht ist die Hospiz- und Palliative Care-Bewegung dafür ein Vorreiter: Ausgehend von eigenständigen Einrichtungen hat sie sich mit ihren Ideen in den Krankenhäusern und dann auch in der Altenhilfe festgesetzt, wo bald schon Palliativ-Stationen gegründet wurden und Palliative Care-Projekte entstanden. Fast von Anfang an, seit Mitte der 80er Jahre, wurde die klinische Arbeit in Deutschland mit ambulanten Diensten aus Ärzten, Pflegenden und Freiwilligen kombiniert. Inzwischen überschreiten palliative Netze die Sektoren und arbeiten auch in der Sterbebegleitung alter Menschen multiprofessionell mit Hauptberuflichen und Freiwilligen zusammen.[33] Gerade in diesem Feld der Intensivpflege wird am ehesten deutlich, dass Professionelle allein ein Beziehungsnetz nicht aufrechterhalten können. Es braucht Engagierte im Team, in der Nachbarschaft, in Familie und Freundeskreis. Wo das gelingt, ist es auch wieder möglich, dass Menschen da sterben, wo sie gelebt haben – in ihren eigenen vier Wänden, wie es sich die Mehrheit der Menschen wünscht.

---

32 So z.B. *Schmidt, Roland*, Angehörigenarbeit von Menschen mit Demenz, in: *Klie, Thomas* u.a. (Hg.), Entwicklungslinien im Gesundheits- und Pflegewesen, Frankfurt a.M. 2003.
33 Wie sich dieser Bereich nun auch in der Altenhilfe entwickelt hat, lässt sich nachlesen bei: *Heller, Andreas* u.a. (Hg.), Wenn nichts mehr zu machen ist, ist noch viel zu tun. Wie alte Menschen würdig sterben können, 3. erweiterte Auflage, Freiburg 2007.

Klaus Dörner hat diesen Wunsch vor einiger Zeit auf das Leben im Alter übertragen[34] und nach der Gemeindepsychiatrie der 70er Jahre den Dritten Sektor für die Sozial- und Pflegearbeit ausgerufen, die sich im Stadtteil neu organisieren soll. Die Palliative Care-Bewegung zeigt: Das fordert neue, sektorenübergreifende Strukturen, Eigenständigkeit und hohe Professionalität der Pflegenden, eine gute Zusammenarbeit der Berufsgruppen im Sozial- und Gesundheitswesen, aber auch einen Mentalitätswandel in der Bevölkerung, einen neuen Umgang mit Vergänglichkeit und Gebrechlichkeit, mit Angewiesensein und Hilfebedürftigkeit.

3.5 Gemeinsam mit Grenzen leben – Die Mentalität verändern

»Wir haben heute Religionen, aber keinen Glauben, Geschwindigkeit, aber keine Richtung, Leidenschaft, aber kein Mitleid, mehr Wissen, aber nicht mehr Weisheit«, hat der Inder Gespal Single auf der Weltkirchenkonferenz in Vancouver 1983 gesagt. »Jeder wirtschaftliche Fortschritt bringt neues moralisches Leiden.« Tatsächlich zeigt unser Umgang mit Sterbehilfe und Sterbebegleitung wie mit den Möglichkeiten der Präimplantations- und Pränataldiagnostik eine große Hoffnungs- und Mutlosigkeit: Es fällt uns schwer, uns einzulassen auf Menschen und Erfahrungen, die unseren Vorstellungen von Normalität nicht entsprechen; es fällt uns schwer, mit Ohnmacht und Abhängigkeit umzugehen. In einer Zeit der Machbarkeit wird uns die Grenzhaftigkeit des Lebens zum Problem. Es scheint, als gingen uns basale Fähigkeiten der Sorge für uns selbst und für andere verloren: die Fähigkeit, zur Ruhe zu kommen, unseren Rhythmus zu finden, mit Grenzen umzugehen. Nach einer Forsa-Umfrage vom November 2009 braucht ein gutes Drittel aller Befragten seine ganze Energie, um während der Woche der Arbeit gerecht zu werden, und genauso viele sind rund um die Uhr für die Firma erreichbar. 42 Prozent aller Befragten sehen keine Möglichkeit, ausreichend Urlaub zu nehmen. Dabei wissen wir: Eine Extrastunde Schlaf pro Nacht macht glücklicher als 60.000 Euro Jahresgehalt. Und die pure Anwesenheit einer vertrauten Person führt dazu, dass der Level des Stresshormons Kortisol sinkt.
Wir leben in einer Gesellschaft mit einer atemberaubenden Dynamik und wachsenden Vernetztheit, mit hohen Mobilitätserwartungen und zunehmenden Brüchen in Berufsbiographien. Viele Menschen empfinden Unsicherheit, dauernde Anspannung und Leistungsdruck. Das überfordert viele Familien, erschwert lebenslange Freundschaften und macht »Heimat« zu einer neuen Sehnsucht. Heute geht es nicht nur darum, sich berufliche Qualifikationen anzueignen, wir haben auch

---

[34] Vgl. *Dörner, Klaus*, Leben und sterben, wo ich hingehöre: Dritter Sozialraum und neues Hilfesystem, Neumünster 2012.

3.5 Gemeinsam mit Grenzen leben – Die Mentalität verändern

Verantwortung für die Pflege der eigenen Gesundheit und unserer sozialen Beziehungen. Aber »Selbstsorge« und »Eigenverantwortung«, Schlüsselkompetenzen der Moderne, erscheinen inzwischen vielen als Zumutung. Kein Wunder: Als politische Leitbegriffe werden sie mit Einsparungen im Sozial- und Gesundheitssektor verbunden. Ohne Frage spielen aber Lebensstil und Lebensperspektive tatsächlich eine wesentliche Rolle für unsere Gesundheit. Eine religiöse Bindung kann helfen, die notwendige Selbstsorge von ängstlichem Selbstmanagement zu unterscheiden.[35] Es geht nicht um die Vermeidung alles vermeintlichen Unglücks, sondern um das Grundvertrauen, dass wir mit unseren Grenzen leben können.[36] Es geht darum, sich dem Rhythmus des Lebens anzuvertrauen, die eigene Zeit und eine tragfähige Gemeinschaft zu gestalten und auch die dunklen Seiten nicht zu verdrängen.

In ihrem Buch »*Grenzen leben – für einen anderen Umgang mit MS*« schreiben Monika Manke und Werner Engels:[37] »Auch schmerzhafte, depressive und traurige Lebensphasen gehören zum Leben, und sie demonstrieren unter Umständen gleichsam eine erhöhte Wahrnehmung und Erlebnisfähigkeit … Solche Zeiten sind der leidvolle Lebensausdruck, dem später positive, freudvolle und beflügelnde Empfindungen folgen werden. Alles zu seiner Zeit und Stunde, zum Wohl für die eigene Gesundheit und zur Freude nahestehender Menschen. Sicher wäre es wünschenswert, wenn wir MS eines Tages heilen könnten. Das ändert aber nichts an der grundlegenden Wahrheit, dass die Annahme unserer Vergänglichkeit uns hilft, das Glück bewusster zu gestalten. Krankheitserfahrungen können unsere Lebenskraft stärken und Freundschaften fester knüpfen.«

Leiden zu mindern und vermeidbares Leid zu beseitigen ist das Ziel ärztlichen und pflegerischen Handelns. Der Versuch, Leiden grundsätzlich zu vermeiden, birgt in sich eine Versuchung zur Unmenschlichkeit. Denn zur Geschöpflichkeit des Lebens gehören auch die Grenzen unseres Könnens und Wissens; Menschsein bedeutet, mit der Erschöpflichkeit der eigenen Kräfte bewusst umzugehen. Unsere Gaben entfalten wir deshalb am besten in der Gemeinschaft und in Solidarität mit anderen und deren Gaben und Grenzen. Es ist diese Spannung zwischen Selbstentfaltung und Teilnahme am Leben anderer, die unserem Leben Farbe und Tiefe gibt. Der Mediziner Leon Kass von der University of Chicago hat in diesem Zusammenhang an Odysseus erinnert. Der lehnte die Unsterblichkeit ab, die ihm von der Nymphe

---

[35] So zum Beispiel *Lantermann, Ernst-Dieter / Döring-Seipel, Elke* u.a. (Hg.), Selbstsorge in unsicheren Zeiten. Resignieren oder Gestalten, Weinheim 2009.
[36] Mt 6,25ff: Sorget nicht um euer Leben, was ihr essen und trinken werdet.
[37] *Manke, Monika / Engels, Werner*, Grenzen leben – für einen anderen Umgang mit MS, Frankfurt a.M. 1997.

Kalypso angeboten wurde, und zog es vor, an der Seite seiner Frau Penelope alt zu werden. Liebe ist stark wie der Tod. Empathie und Solidarität helfen uns, dem Leiden standzuhalten und unseren Grenzen ins Gesicht zu sehen.

Was wird aber aus uns, wenn wir am Ende mit einer Demenzerkrankung leben und von anderen versorgt werden müssen? Viele Menschen sagen, sie wollten ihrem Leben dann lieber selbst ein Ende setzen, als hilflos auf den Tod zu warten. Möglicherweise sehen wir aber weiter, fühlen wir tiefer, wenn wir hinter uns lassen, was heute unseren Alltag bestimmt. Der ungarische Schriftsteller Peter Farkas[38] erzählt in seinem Roman »Acht Minuten« von den letzten Tagen eines demenzkranken Paares. Ich kenne diese Krankheit aus der eigenen Familie, und es hat mich ungeheuer angerührt, wie der alte Mann im Roman seine Frau mit Liebe versorgt. Wie er ihr die Äpfel zum Frühstück schält, wie er sie wäscht und eincremt. In jeder Geste spiegeln sich Jahrzehnte des Miteinanders, voller Vertrautheit und Liebe. Auch wenn die Worte der Frau für Außenstehende keinen Sinn mehr ergeben: Ihr Mann versteht sie. Und abends vor dem Schlafengehen ziehen sie ihre Mäntel an, um Luft zu schnappen auf dem Balkon. Ein Bild, das mich – auch in seiner Traurigkeit – rührt: Entscheidend ist, ob wir unser Leben mit anderen teilen – die guten und auch die schwierigen Erfahrungen, die Unzulänglichkeiten wie die Alltagsfreuden. Wie Kinder freuen sich die beiden Alten in Farkas' Roman am Spiel mit dem Wasser beim Waschen und an den Schneeflocken auf dem Balkon. Noch einmal wird das Leben neu – aber die alten Gefühle sind darin verborgen wie ein großer Schatz.

Schriftsteller und Schriftstellerinnen, Angehörige, die solche Erfahrungen gemacht haben, sind wichtige Augenöffner für den Umgang mit Gesundheit und Krankheit. Dabei geht es darum, die Individualität kranker Menschen, ihre Beziehungen und Gewohnheiten, ihre Kultur und Heimat als Teil ihrer Identität und Lebenskraft wahrzunehmen. Wer Menschen helfen will, gesund zu werden oder auch einen Weg zu finden, mit der eigenen Krankheit umzugehen, muss den Dialog suchen. Die eine, richtige Antwort auf eine Krankheit, den einen Weg der Gesundung gibt es nicht. Immer mehr Menschen möchten den eigenen Umgang mit ihrer Krankheit gestalten und am Ende, wie Klaus Dörner schreibt, auch sterben, wo und wie sie gelebt haben.[39] Was mit der Selbsthilfe- und Angehörigenbewegung in den 70er Jahren begann,

---

[38] *Farkas, Peter*, Acht Minuten, München 2011.
[39] Gerade die Hospizbewegung hat den Aspekt der Individualität und Würde des Einzelnen ebenso stark gemacht wie die kulturelle Einbettung und Bezogenheit des eigenen Lebens und damit das institutionelle und professionalisierte Medizinsystem mit seinem »Anstaltscharakter« in Frage gestellt.

3.5 Gemeinsam mit Grenzen leben – Die Mentalität verändern

wurde durch die Informationsmöglichkeiten im Internet noch einmal verstärkt: Patientinnen und Patienten und ihre Angehörigen sehen sich, wenn es um die eigene Gesundheit geht, als informierte Entscheider, als Gegenüber, Kunden und gegebenenfalls auch Kläger. Trotz aller Kritik am politischen Missbrauch von »Eigenverantwortung« – das Gesundheitswesen der Zukunft muss die Eigenständigkeit der Bürgerinnen und Bürger ernst nehmen, ihre Verschiedenheit und kulturellen Differenzen wahrnehmen. Alte Menschen brauchen eine andere Medizin als jüngere, Frauen eine andere als Männer – und nicht nur, was die klassische Gynäkologie angeht –, Kinder sind eigenständige Patienten, gar nicht zu reden von der wachsenden Zahl von Migranten aus anderen Kulturkreisen, deren Lebensstil und kulturelle Prägung oft nicht hinreichend bedacht wird. Gesund zu bleiben oder wieder zu werden und mit Krankheiten umzugehen, ist immer auch eine Frage Kultur, der Ernährung und der sozialen Beziehungen, letztlich der Religion.

Wer sich als eingebunden erlebt und das Gefühl hat, dass seine Handlungen wahrgenommen werden, wer teilhat am gesellschaftlichen Erfolg, der wird, wie alle Untersuchungen zeigen, auch besser für sich selbst sorgen können. Nimmt man das ernst, dann muss die Eigenverantwortung des Einzelnen eingebunden sein in sozialpolitische Rahmenbedingungen, die Solidarität und Gerechtigkeit der Gesellschaft stärken. Gesundheitspolitik ist dabei nicht nur eine Frage der Entwicklung des »Gesundheitswesen« selbst, sondern auch eine Herausforderung für Bildungs-, Sozial- und Arbeitsmarktpolitik und nicht zuletzt eine Herausforderung für die Zivilgesellschaft.

Selbsthilfe- und Angehörigengruppen nehmen Notlagen frühzeitig wahr und suchen kreative Lösungen, die langfristig zu Veränderungen führen können. Die Hospizbewegung, die zu einer Veränderung unserer Sterbekultur beigetragen hat, entstand aus der Unzufriedenheit von Angehörigen, Ärzten und Pflegenden mit einer entmündigenden und standardisierten Sterbekultur. Die Elterninitiativen behinderter Kinder, die dazu beigetragen haben, dass Reiterhöfe sowie inklusive Hotels und Restaurants entstanden, in denen ihre Kinder Arbeit fanden, zeigen beispielhaft, welche Kräfte lebendig werden, wenn Menschen sich solidarisieren und sich auf die Suche nach neuen Lösungen machen – oft zunächst ohne Netz und doppelten Boden, bis auch professionelle Träger den Ball aufnehmen und neue Finanzierungsmöglichkeiten gefunden werden. Und die Arbeit der Selbsthilfegruppen für die Weiterentwicklung unseres Gesundheitssystems wird regelmäßig unterschätzt; es bleibt eine Aufgabe für Kassen und Unternehmen, die Betroffenen – über einzelne Patientenvertreter hinaus – mehr in die Entscheidungsfindung einzubeziehen. Aus diesem Geist einer solidarischen Phantasie entstanden einst die diakonischen Dienste, lange bevor es Kirchensteuern oder Versicherungen gab. Sie verstanden die Beziehung zwischen Hilfsbedürftigen und Helfern partnerschaftlich. »Armen- und Krankenfreund« nannte Fliedner sein Mitteilungsblatt. Das ist der Geist des Evangeliums, der Begegnung ermöglicht und Ausgrenzung verhindert.

Nicht nur Staat und Politik, nicht nur soziale Träger und Unternehmen, auch und gerade die Kirchen tragen Verantwortung, wenn es darum geht, dass Menschen in einer Welt der Machbarkeit solidarisch mit Grenzen leben. In Kirchen und Religionsgemeinschaften können Menschen Halt finden und erleben, was es heißt, sich eingebunden zu fühlen. Dass wir als Kinder Gottes »unverletzbar« sind trotz aller Mächte des Todes, wird uns in der Taufe zugesprochen. Dass wir einander treu bleiben in Gesundheit und Krankheit, bleibt unser Trauversprechen. Dass wir in Gottes Hand fallen, wenn wir sterben, gehört zum Kern unseres Glaubens, von dem auch die Krankensalbung erzählt. Aber auch das Kirchenjahr mit seinen heilsamen Rhythmen, der Sonntag als Tag der Arbeitsruhe, erinnern an die Veränderungen, die zu unserem Leben gehören, an Erschöpflichkeit und Begrenztheit unserer Kräfte. In unseren religiösen Traditionen sind Elemente verborgen, die uns helfen können, angesichts der gesellschaftlichen Herausforderungen das notwendige Zukunftsvertrauen zu bewahren. Sie neu zu entdecken und zum Leuchten zu bringen ist eine liturgische Aufgabe auch für die Diakonie. So stellt zum Beispiel die Paramentenwerkstatt in Neuendettelsau eine Kirchenjahrskette mit 366 Perlen in allen Farben des Kirchenjahrs her: in weiß und rot, in grün, violett und schwarz. Ganz ähnlich wie das Armband mit den Perlen des Lebens, das ursprünglich aus Skandinavien kommt, machen diese christlich inspirierten »Malaketten« Mut, die Veränderungen und die Vielfalt des Lebens als Reichtum zu sehen und zu meditieren.[40]

4. Gesellschaftliche Spaltung und neue »Arbeitsteilung«

Die Solidarität und Empathie, die in Fliedners Zeitschriftentitel »Der Armen- und Krankenfreund« aufleuchtet, steht am Anfang aller sozialen Initiativen. Am Ende aber steht oft eine neue Hierarchie der Hilfe, die mit den objektiven Strukturen und Mittelflüssen von Hilfswerken einhergeht. Damit ist eine Spaltung von Hilfebedürftigen und Helfern verbunden, die bis zur Ausgrenzung führen kann. Im gesellschaftlichen Ringen um Inklusion zeigt sich deshalb der Wunsch nach einer neuen Partnerschaft, einer Gemeinschaft auf Augenhöhe. Die verschiedenen Teile unseres Sozialgesetzbuchs zählen alle auf, die tendenziell hilfebedürftig sind: Kranke und Pflegebedürftige, Menschen mit Behinderung, Obdachlose und auch Kinder und Jugendliche. Kaum eine Grup-

---

[40] Vgl.: www.paramentenwerkstatt.de und www.perlen-des-lebens.de.

pe, auf die im Laufe der sozialpolitischen Entwicklung nicht das Augenmerk fiel: Rechtsansprüche wurden formuliert, Hilfesysteme geschaffen, Ausbildungen und Fortbildungen entwickelt. Immer weiter differenzierten sich die Ansprüche aus; immer neue Sozialgesetze wurden verabschiedet. Neben der Krankenpflege entstand in den 60er Jahren die Altenpflege, neben Hospizen in den letzten Jahrzehnten Palliativstationen und Palliativpflegeeinrichtungen. Auf dieses weit verzweigte und hoch professionalisierte Sozialsystem können wir stolz sein; es ist weltweit außerordentlich und hat zur Stabilität unseres Landes entscheidend beigetragen. Im Sozialstaat bundesrepublikanischer Prägung hat jeder, der hilfebedürftig ist, einen Rechtsanspruch auf Hilfe. Aber auch wer einen Rechtsanspruch wahrnimmt, bleibt »Hilfeempfänger«. Daran ändert die Tatsache, dass inzwischen von »Kunden« der sozialen Dienste gesprochen wird, nichts. Da das Geld nämlich in der Regel von den Sozialversicherungen kommt, richtet sich das Augenmerk der Träger oft zunächst auf deren Ansprüche und die gesetzten Standards.

Die gesellschaftliche Spaltung, die mit unserem entwickelten Sozialsystem einhergeht, zeigt sich letztlich als Spaltung zwischen Steuerzahlern und Transferempfängern: auf der einen Seite die erwerbstätige Bevölkerung, die für das Bruttoinlandsprodukt, für Steuern und die Stabilität der sozialen Sicherungssysteme sorgt – auf der anderen Seite diejenigen, die den Sozialetat beanspruchen, weil sie auf Unterstützung der Gemeinschaft angewiesen sind. Ökonomisch betrachtet also: auf der einen Seite die, die das Geld erwirtschaften, auf der anderen die, die es ausgeben. Wir kannten diese Rollenteilung in den traditionellen Familien und zwischen den Geschlechtern. Auf der einen Seite die erwerbstätigen Männer als Haushaltsvorstände, auf der anderen Seite die Frauen, die unbezahlt und unentgeltlich für das soziale Miteinander sorgten, Kinder erzogen und Kranke pflegten, dabei aber in mancher Hinsicht rechtlich abhängig blieben. In gewisser Weise gab es Bürger und Bürgerinnen erster und zweiter Klasse. Trotz aller Bemühungen um Familienförderung wirken sich solche Vorstellungen bis heute aus – am deutlichsten vielleicht in der Armut von Kindern, gerade auch von Kindern mit alleinerziehenden Eltern.

4.1 Kinderarmut in einem reichen Land – Ein Skandal

Im Jahr 1998 erschien das ökumenische »Wort zur wirtschaftlichen und sozialen Lage«, das sogenannte Sozialwort der Kirchen, das wie keine andere kirchliche Stellungnahme zuvor und danach Ergebnis eines breiten Beteiligungsprozesses in Gemeinden, Verbänden und Politik war.[41] Darin heißt es: »In der vorrangigen Option für die Armen als

---

41 Ökumenisches Wort zur wirtschaftlichen und sozialen Lage 1997.

Leitmotiv gesellschaftlichen Handelns konkretisiert sich die Einheit von Gottes- und Nächstenliebe. In der Perspektive einer christlichen Ethik muss darum alles Handeln und Entscheiden in Gesellschaft, Politik und Wirtschaft an der Frage gemessen werden, inwiefern es die Armen betrifft, ihnen nutzt und sie zum eigenverantwortlichen Handeln befähigt. Dabei zielt die biblische Option für die Armen darauf, Ausgrenzungen zu überwinden und alle am gesellschaftlichen Prozess zu beteiligten. (...) Sie verpflichtet die Wohlhabenden zum Teilen und zu wirkungsvollen Allianzen der Solidarität«. Nicht nur die materiell Armen und Marginalisierten sollten dabei in den Blick genommen werden, sondern alle, die allein oft nicht in der Lage sind, politische Prozesse aktiv mitzugestalten. Unter der Überschrift »Krise des Sozialstaats« behandelt der Text auch die Themen »Armut in der Wohlstandsgesellschaft« und die »Benachteiligung von Familien«. Im Blick auf die Ergebnisse des Konsultationsprozesses hält das »Sozialwort« ausdrücklich fest: »Es muss intensiver über die Lebenssituation der Familie, der Frauen, der Kinder, der Jugendlichen und die Wahrung ihrer Belange nachgedacht werden« (S. 21).

Kinderreichtum und Erwerbslosigkeit sind hierzulande noch immer die größten Risikofaktoren für Armut. Schon bei Familien mit zwei oder mehr Kindern reicht ein Durchschnittseinkommen (2007: 30.000 Euro) trotz Kindergeld nicht aus, um oberhalb des steuerlichen Existenzminimums leben zu können. Je mehr Kinder, je niedriger der Bildungsstand, je instabiler die Familie, desto höher die Gefahr, dass Mütter und Väter auch mit Einkommen an die Armutsgrenze geraten. Vor allem Familien mit Migrationshintergrund trifft es – und dabei lebt ein Drittel der Kinder unter 6 Jahren inzwischen in diesen Familien.

1,614 Millionen Kinder unter 15 Jahren haben Ende 2011 in Familien gelebt, die mit Hartz IV auskommen mussten; rechnet man die Kinder aus Flüchtlings- und Asylfamilien hinzu, deren Recht auf das gleiche Existenzminimum nun endlich vom Bundesverfassungsgericht anerkannt ist, hat man mit insgesamt 3 Millionen zu rechnen.[42] Deren Chancen auf einen guten Schulabschluss sind deutlich geringer als die von Kindern aus der Mittel- und Oberschicht. Rund 64 Prozent aller Sozialhilfeempfänger haben keinen Schulabschluss oder sind Hauptschulabgänger. Prekäre Verhältnisse schlagen sich im Bildungsstatus nieder –

---

[42] Vgl. G:\AIS\Publikationen\Arbeitsmarkt auf den Punkt gebracht – Homepage\2013\Nr. 1 Kinder und Hartz IV\Text Hartz IVKinder. Doc. »Ende 2011 wurden noch 1,614 Mio. Kinder unter 15 Jahren im Hartz IV-System gezählt, 13 Prozent weniger als im Dezember 2007. Doch immer noch lebt mehr als jedes siebte Kind in einem Haushalt, der auf staatliche Fürsorge angewiesen ist (15,2 %). Die Hartz IV-Quote von Kindern liegt Ende 2011 noch wie 2006 um 6,6 Prozentpunkte höher als die aller Erwerbsfähigen im Alter von 15 bis 64 Jahre.«

und umgekehrt; ein niedriger Bildungsstatus drückt sich in Armut aus. Kinder, die in armen Familien aufwachsen, haben aber nicht nur weniger Zugang zu Bildung. Sie leben auch in Wohnvierteln mit schlechter Infrastruktur. Sie haben weniger Entfaltungsraum und weniger soziale Kontakte zu Gleichaltrigen und gehören seltener zu Gruppen wie Sportvereinen und Jugendverbänden. Solche Kinder sind durch Probleme in ihren Familien stärker psychisch belastet, aber schlechter gesundheitlich versorgt. Ihre Eltern sind zumeist selbst so belastet, dass sie ihren Kindern weniger Unterstützung zur Bewältigung des Alltags und weniger Hilfe in Krisensituationen geben können.

Erstmals wurde 2009 im Armuts- und Reichtumsbericht der Bundesregierung festgestellt, dass Reichtum nicht nur monetär zu beschreiben ist, dass vielmehr Bildungs- und Teilhabechancen in hohem Maße mit der sozialen Zugehörigkeit vererbt werden.[43] Wem es nicht gelingt, sich möglichst früh gut zu qualifizieren, der kann unter heutigen Leistungsanforderungen in Wirtschaft und Gesellschaft nicht mithalten und ist vor allem nicht in der Lage, einen Arbeitsplatz zu erhalten. Gerade in Deutschland hat ein Ausbildungsabschluss für den erfolgreichen Start ins Berufsleben und den Verbleib im ersten Arbeitsmarkt große Bedeutung. Je geringer die formale Bildungsqualifikation, desto schlechter die Position auf dem Arbeitsmarkt.

Trotzdem verlassen im Bundesdurchschnitt acht bis zehn Prozent aller Schulabgänger die Schule ohne Schulabschluss. Ungefähr fünfzehn Prozent aller Jugendlichen bleiben ohne Ausbildung, bei den Jugendlichen mit Migrationshintergrund sind es sogar 49 Prozent. Weit über eine Million Jugendliche zwischen 20 und 29 Jahren haben keine abgeschlossene Berufsausbildung. Viele davon arbeiten im Niedriglohnbereich. Und die hohe Zahl der Jugendlichen mit Ausbildungsdefiziten lässt befürchten, dass langfristig mit einer Armutsquote von 20 % zu rechnen ist, wenn sich nichts an der Bildungsproblematik ändert. Wenn schon im Schulalltag deutlich ist, dass Kinder nur wenige Chancen haben, überhaupt eine Lehrstelle zu erhalten, dann lässt die Leistungsmotivation schnell nach. Nach einer UNICEF-Untersuchung rechnen mehr als 30 Prozent der Industriestaaten in den entwickelten Ländern damit, dass sie nur einem gering bezahlten Job nachgehen werden. Das ist nicht so unrealistisch – wenn wir die Armuts- und Bildungslücke nicht schließen, wird unsere Gesellschaft schon bald 20 Prozent Menschen haben, die einfach abgehängt sind. Eine Seele geht zugrunde, wenn sie kein Ziel hat, hat der französische Philosoph Pascal einmal geschrieben. Jedes Kind, jeder Jugendliche hat die tiefe Sehnsucht zu werden, wie er gemeint ist, die eigenen Gaben zu entfal-

---

43 Vgl.: www.bmas.de/SharedDocs/Downloads/DE/PDF-Publikationen/a415-3-soziale-mobilitaet-pdf.pdf?__blob=publicationFile.

ten, eine eigene Aufgabe und einen Platz in der Welt zu finden. Jedes Kind hat ein Anrecht darauf, seine Gaben zu entwickeln und eigene Weichen für seine Lebensplanung zu stellen, vor allem aber: sich als wertvoll und nützlich zu erleben.

Die EKD-Synode in Hannover im Jahr 2010 hat deshalb die Bedeutung der Bildungs- und Teilhabegerechtigkeit in den Mittelpunkt gestellt. Schon die Synode in Ulm hatte unter der Überschrift »Niemand darf verloren gehen« festgestellt, dass Bildungschancen von Anfang an höchst ungleich verteilt sind, dass Migration in vielen Bildungseinrichtungen eher als Hürde denn als Bereicherung verstanden wird und dass Stärken und Leistungen zu sehr in ihrer Bedeutung für die Person und zu wenig in ihrer Bedeutung für die Gemeinschaft gesehen werden. Dabei, so stellt die Synode fest, gehe es um die »Glaubwürdigkeit und die Identität der evangelischen Kirche, nämlich ob es ihr gelingt, konkret erfahrbar und sichtbar mehr Gerechtigkeit herzustellen ... In Ausübung ihres Wächteramtes und als Stimme der Sprachlosen ist von der Kirche der ganze Raum der Gesellschaft kritisch und solidarisch in den Blick zu nehmen«.[44] Dabei ist Bildung ein wesentlicher Schlüssel zur Armutsvermeidung.[45]

Der zweite Schlüssel ist ein sozial abgesichertes Vollzeitbeschäftigungsverhältnis der Eltern. Die Zahl der Menschen, die auf Mindesteinkommensniveau leben – laut Armuts- und Reichtumsbericht waren es 8 Millionen im Jahr 2005 –, ist trotz aktiver Arbeitsmarktpolitik gestiegen. Als arm gilt dabei, wer weniger als 60 % des mittleren Einkommens verdient – als Alleinstehender derzeit höchstens 837 Euro im Monat, als Paar mit zwei Kindern 1758 Euro. Nach einer Studie des Instituts für Arbeitsmarkt- und Berufsforschung (IAB) zählen bereits 5 Prozent der Vollbeschäftigten zu den Armen. Der Armuts- und Reichtumsbericht der Bundesregierung zeigt: Der Rückgang der Arbeitslosigkeit hat sich auf arbeitsmarktnahe und flexible Beschäftigungsverhältnisse konzentriert. Die verhältnismäßig hohe Zahl der Erwerbstätigen beruhte auf einem Anstieg von Zeitarbeit, Minijobs und prekärer Selbständigkeit. Die prozentual gesehen drastische Zunahme der Beschäftigung im Niedriglohnsektor ist im europäischen Vergleich besorgniserregend. Eine große Zahl von ihnen ist auf zusätzliche Mittel aus dem SGB II angewiesen. Das gilt in besonderer Weise für alleinerziehende Mütter, die mit ihren Kindern überdurchschnittlich häufig von Armut bedroht und betroffen sind.

---

[44] Die Ev. Kirchengemeinde Neustadt in meiner Nachbarschaft engagiert sich mit den Neustädter Taler für einen Mittagstisch und für Hausaufgabenhilfe. Wer immer dort im Einzelhandel einkauft, kann sich mit dieser »Kleinstadtwährung« für das Projekt einsetzen.
[45] www.EKD.de/Synode 2010.

4.2 Familien stärken: Für eine neue Arbeitsteilung

Kein Staat und keine Gesellschaft kann die Solidarität ersetzen, die in Familien entsteht. Familien aber sind – wie die Wirtschaft – in einem rasanten Wandel. Die Veränderung der Geschlechterrollen, der damit einhergehende Wunsch nach Vereinbarkeit von Beruf und Familie, die Zunahme von Eineltern- und Patchworkfamilien, der demographische Wandel, kurz: Individualisierung, Pluralisierung und Ausdifferenzierung der Gesellschaft stellen das deutsche Sozialmodell in Frage. Von den Halbtagsschulen bis zu den sozialen Sicherungssystemen basiert es auf dem Gegenüber von Erwerbstätigkeit und Familie. Dabei setzt es stillschweigend eine Familienverfassung voraus, in der alle reproduktiven Tätigkeiten der Erziehung, Pflege und Sorge für andere als quasi natürliche Ressource der Wohlfahrtsproduktion vorwiegend Frauenarbeit ist. Für Familien, in denen beide Eltern erwerbstätig sind, wird es deshalb zunehmend schwerer, die Balance zwischen Arbeit und Leben, zwischen den Anforderungen in Bildung und Beruf und der alltäglichen Sorge für Andere zu gewährleisten.

Die Organisation der privaten und familiären Aufgaben in der Familie gerade mit Blick auf Kinder, pflegebedürftige und hochaltrige Menschen steht inzwischen in Spannung zu der politisch gewollten Notwendigkeit für Männer wie für Frauen, verstärkt durch eigenes Erwerbseinkommen wie Kapitaldeckung für ihre Gesundheits- und Altersvorsorge einzustehen. Unterhaltsrecht wie auch die Arbeitsmarktgesetze sind auf eine schnelle Wiederaufnahme der Erwerbstätigkeit ausgerichtet. Aus Unternehmersicht ist Single-sein in gewisser Weise die ideale Lebensform in einer Gesellschaft, die dauernd Flexibilität und Anpassung an ökonomische Rahmenbedingungen fordert. Die Stabilität und Verfügbarkeit, die Familien- und Pflegeleistungen erfordern, passen schlecht zu den Erwartungen an erfolgreiche Berufstätigkeit. Die meisten Mütter versuchen deshalb, beides durch Teilzeitarbeit zu verbinden; tatsächlich wünschen sich aber Mütter wie Väter eine kürzere Vollzeittätigkeit, um Zeit für Familienaufgaben zu haben. Der finanzielle Ausgleich für Erziehungs- und Pflegeleistungen in der Familie ist aber im Verhältnis zur Erwerbstätigkeit mangelhaft.[46] Mit steigendem Pflegebedarf wird dieses Problem noch deutlicher werden. Die Polarisierung sozialer Lebenslagen zeigt sich in besonderer Weise zwischen Ein- und Zwei-Verdiener Haushalten, vor allem aber zwischen denen, die für Kinder sorgen, und denen, die keine Kinder zu versorgen haben. Familienarbeit wird finanziell nur honoriert, wenn sie ehebasiert ist. Auch deshalb sind Alleinerziehende, die kaum in Vollzeit arbeiten könne, überdurchschnittlich häufig von Einkommensar-

---

[46] Vgl. www.bmfsfj.de/BMFSFJ/familie,did=185012.html?view=renderPrintUntersuchungen der Kommission Familienzeit der Bundesregierung; u. *Allmendinger* 2010.

mut betroffen: Mit einem Kind sind sie zu 46 %, mit zwei und mehr Kindern sogar zu 62 % armutsgefährdet. In Paarhaushalten liegt die Armutsrisikoquote dagegen je nach Kinderzahl zwischen 7 und 22 Prozent. Politische Konzepte wie die Weiterentwicklung des Ehegattensplitting zu einem Familiensplitting zur Unterstützung von Erziehungsleistungen sind deshalb an der Zeit; aber sie reichen nicht aus. Gebraucht werden neue Modelle zur steuerlichen und sozialversicherungsrechtlichen Anerkennung von Familienarbeit. Die Familiendenkschrift der EKD, die 2013 unter dem Titel »Zwischen Autonomie und Angewiesenheit« erschien, stellt die Notwendigkeit dieses neuen Denkens in der Mittelpunkt ihrer sozialpolitischen Überlegungen.

Die Theologin Luise Schottroff hat einmal von der Hausarbeitsgrenze gesprochen, die die Gesellschaften spaltet. Politik und Wirtschaft werden von denen bestimmt, die Einkommen erarbeiten und Steuern zahlen. Noch immer sind es meistens Männer. Die Arbeit in den Familien dagegen – Hausarbeit, Erziehung und Pflege – bleibt unsichtbar. Noch immer wird sie zu großen Teilen von Frauen übernommen. Und schlecht oder gar nicht bezahlt. Das meint Luise Schottroff mit der Hausarbeitsgrenze.

Wie sie sich auswirkt, hat die Autorin an einer Geschichte aus der ersten Christengemeinde gezeigt. Damals war in Jerusalem eine Tafel eingerichtet worden. Die ersten Christen nahmen die Mahlzeiten gemeinsam ein. Auch die, die sich nicht selbst versorgen konnten, waren eingeladen. Hier sollte jeder satt werden. Aber selbst an diesem Tisch blieben einige Unterschiede schmerzhaft spürbar. Wie so oft gab es Spannungen zwischen Einheimischen und Migranten, zwischen den jüdischen Christen aus Jerusalem und denen, die aus der Fremde gekommen waren. Die einen sprachen hebräisch, die anderen griechisch. Diese Griechinnen und Griechen gehörten zur gleichen Gemeinde, aber so ganz gehörten sie doch nicht dazu. Am schlechtesten ging es damals den griechischen Witwen. Frauen ohne Einkommen. Frauen, die einst eine ganze Familie versorgt hatten, sich selbst jetzt aber nicht versorgen konnten. Sie saßen ganz unten an der Tafel, da, wo kaum einer hinsah. Die Armut dieser Frauen blieb unsichtbar. So wie die Armut der Migrantinnen bei uns, die Armut der Alleinerziehenden oder die der alten Frauen mit ihren kleinen Witwenrenten.

Damals aber kam Bewegung in die Geschichte. Denn die griechischen Männer empfanden die Ungerechtigkeit. So wurde in der Gemeindeleitung überlegt, was geschehen müsse, damit diesen Frauen Gerechtigkeit widerfuhr. Die Benachteiligten brauchten Anwälte, die ihre Sache in die Hand nehmen. Und die Gemeinde brauchte Diakone, Leute, die sich einfühlen konnten und für die Armen eintraten. In einem der »Gründungsdokumente« der Gemeindediakonie erzählt die Apostelge-

4.2 Familien stärken: Für eine neue Arbeitsteilung

schichte[47], welche Kräfte frei werden, wenn Menschen bereit sind, für andere einzutreten, wenn Menschen, die am Rande stehen, integriert werden. Die griechischen Diakone wurden Teil der Gemeindeleitung und begannen, das Evangelium in ihrer eigenen Sprache zu predigen. Die Frauen allerdings blieben damals stumm. Nur für einen kurzen Moment war das Licht auf sie gefallen – aber bis zur vollen Teilhabe war und ist es noch ein weiter Weg. Heute aber nehmen Frauen ihre Sache mehr und mehr selbst in die Hand. So wie die Stadtteilmütter in Köln oder Berlin-Kreuzberg. Türkische und arabische Mütter, die anderen Migrantinnen helfen, sich in Deutschland zurechtzufinden. Im Stadtteil und in der Schule, auf den Ämtern und im Gesundheitswesen. Das tut den Familien gut, und es verändert den Stadtteil.

Angesichts der Reproduktionskrise, des demographischen Wandels, der Migration in Europa und des tiefgreifenden Strukturwandels am Arbeitsmarkt stehen wir heute wieder vor der Herausforderung, Erwerbsarbeit und die Fürsorge im Erwerbsverlauf und im Familienzyklus gerecht zu verteilen. Ansonsten droht die Versorgungslücke, das Care-Defizit, von der der Siebte Familienbericht bereits spricht.[48] Haus- und Familienarbeit brauchen eine neue gesellschaftliche Wertschätzung – und zwar jenseits der geschlechterspezifischen Arbeitsteilung und ohne ein für alle Mal festgelegte Rollen. Migrantenfamilien pflegen einen anderen Lebensstil als autochthone, Alleinerziehende haben andere Bedarfe als Paare, aber alle Familien mit pflegebedürftigen Angehörigen brauchen wie Familien mit kleinen Kindern besondere Unterstützung für ihre belastende Situation. Dazu gehören besser finanzierte und mit mehr Zeitkontingenten ausgestattete mobile Pflegedienste ebenso wie Kurzzeit- und Tagespflegeangebote, kurze Wege zum Arbeitsplatz und zu Einkaufsmöglichkeiten und eine unterstützende Beratung sowie eine Gestaltung von Wohnungen und Quartieren, die Kindern wie Älteren angemessen ist. Angesichts der schon in den nächsten 10 Jahren zu erwartenden Zahl der Pflegebedürftigen werden sich auch Männer noch stärker als bisher an der häuslichen Angehörigenpflege beteiligen müssen.[49] Die unentgeltliche Wohlfahrtsproduktion in den Familien wie in den diakonischen Einrichtungen, die fürsorgliche Praxis zumeist von Frauen – Ehefrauen, Töchtern, Tanten, Diakonissen – hat den Sozialstaat zum Blühen gebracht; und es scheint, als wolle – trotz des Wandels der Geschlechterbilder – bis heute niemand einen angemessenen Preis für Pflege, Erziehung und Hauswirtschaft bezahlen. Und tatsächlich lässt sich die unmittelbare persönliche Zuwendung, die die genannten Tätigkeiten so grun-

---

[47] Apg 6.
[48] Näheres vgl.: www.familien.nordkirche.de/index.php?sp=de&id=452&schlagwort=59.
[49] Erste Erfahrungen in der Broschüre »Auf fremdem Terrain – Wenn Männer pflegen«, BMFSFJ 2013.

diert, dass sich Vertrauen, Wachstum und Geborgenheit entwickeln, nicht einfach »einpreisen« und berechnen. Gleichwohl gilt: In einer Erwerbsgesellschaft, in der Männer wie Frauen arbeiten, in einer Dienstleistungsgesellschaft, die gerade in Pflege, Erziehung und hauswirtschaftlichen Diensten viele Arbeitsplätze bereithält, müssen auch diese Aufgaben finanziell so ausgestaltet werden, dass sie für Männer und Frauen attraktiv und wettbewerbsfähig bleiben oder werden.

So wichtig allerdings gute Krippen und Tageseinrichtungen für Kinder, flexible Hauswirtschafts- und qualifizierte ambulante Pflegedienste sind – es ist weder möglich noch wünschenswert, alle Sorgetätigkeiten an Dienstleister zu delegieren. Anstelle der Abgrenzung zwischen familialer und gesellschaftlicher Verantwortung muss ein Verständnis miteinander geteilter Verantwortung entwickelt werden. Die familialen Aufgaben von Müttern und Vätern in Hausarbeit, Erziehung und Pflege brauchen eine neue gesellschaftliche, auch finanzielle Wertschätzung und zugleich eine bessere Unterstützung und Ergänzung durch professionelle Dienste und eine qualitativ gute Infrastruktur. Von der Kinderbetreuung über die Halbtagsschulen bis zur Vereinbarkeit von Familie und Pflege, von der kritischen Überprüfung des Ehegattensplittings bis zur Anerkennung von Care-Zeiten im System der Sozialversicherungen bedarf es einer gesamtgesellschaftlichen Reform der Familienpolitik, die den neuen Geschlechterrollen und dem demographischen Wandel angemessen ist. Familienpolitik ist dabei eine Querschnittsaufgabe; sie betrifft die Ausgestaltung von Sozialversicherungen genauso wie Bildungs- und Arbeitsmarktpolitik. Gesine Schwan hat in diesem Zusammenhang das Modell »Familie als öffentliches Gut« entwickelt. Sie schlägt vor, familiale Erziehungs- und Pflegeleistungen, die von Männern und Frauen auf Zeit unter Verzicht auf Erwerbsarbeit erbracht werden, steuerlich wie in den Sozialversicherungen finanziell zu kompensieren – ähnlich wie es das Ehegattensplitting angesichts der traditionellen Rollenteilung intendierte. Dabei erinnert sie daran, dass die Gesellschaft eben nicht nur vom Finanzkapital, sondern nach wie vor wesentlich von der unentgeltlichen Wohlfahrtsproduktion lebt.

Wer diese Werte erhalten und stark machen will, braucht ein neues Sozialmodell, eine neue Definition von Subsidiarität und gesellschaftlicher Solidarität, in der die alten Muster nicht mehr gelten. Auf diesem Hintergrund setzen sich gerade auch kirchliche Frauengruppen für Modelle des Bedingungslosen Grundeinkommens (BGE) ein, wie sie mit ganz unterschiedlichen Perspektiven und in unterschiedlicher Höhe von Susanne Wiest, Dieter Altmaier oder Vertreterinnen und Vertretern des Instituts für Weltwirtschaft in Hamburg vorgelegt wurden.[50]

---

50 www.thinktanknetworkresearch.net/wiki_ttni_de/index.php?title=Hamburg_Institute_for_International_Economics (zuletzt aufgerufen am 27.5.2013).

4.2 Familien stärken: Für eine neue Arbeitsteilung

Hier gibt es ohne Zweifel noch viel Diskussionsbedarf, zumal die Modelle nicht nur sehr verschiedene Einkommenshöhen vorschlagen, sondern damit auch zu sehr unterschiedlichen Folgewirkungen im Blick auf die traditionellen Sozialsysteme führen würden. Die Sorge, die Kritiker aus Parteien, Kirchen und Gewerkschaften demgegenüber äußern, ist, dass – gerade auch für junge Arbeitslose – die Anreize zu weniger selbstbestimmten Formen von Erwerbsarbeit fehlen würden. Gleichwohl sind es gerade Frauen in Care-Arbeit, denen eine solche Regelung durchaus attraktiv erscheint, weil sie ein eigenes, unabhängiges Einkommen garantiert und gesellschaftliche Anerkennung zeitigt.

Das überkommene Familienbild der deutschen Sozialpolitik, das auf traditionellen Geschlechterrollen basiert, hat in jedem Fall hochproblematische Auswirkungen im Blick auf die mangelnde Vereinbarkeit von Beruf und Familie, auf das fehlende Angebot an Ganztagsschulen und Krippenplätzen und die so genannte »Gender-Gap« bei den Einkommen. Im internationalen Vergleich wird deutlich: Das Bildungssystem benachteiligt auch Kinder aus bildungsfernen Familien, die mangelnde Vereinbarkeit erschwert Frauen den beruflichen Aufstieg. Hinzu kommt die programmierte Altersarmut teilzeitbeschäftigter und schlechter entlohnter Frauen, zumal derjenigen, die im Niedriglohnsektor oder in 400-Euro-Jobs arbeiten.[51] Die Diskussion um den Mindestlohn in Dienstleistungsberufen wie im Friseurhandwerk oder eben in der Pflege hat zudem eine Schwäche des Tarifsystems, auf das wir lange stolz waren, erkennbar gemacht: Gerade »Frauenberufsgruppen« sind selten gewerkschaftlich organisiert – vielleicht auch deshalb, weil es den Beschäftigten neben allen anderen Aufgaben kaum noch möglich ist, sich für einen Teilzeitjob politisch zu engagieren.

Darin liegt nicht zuletzt eine immense Herausforderung für Kirche und Diakonie. Als Träger von Schulen und Ausbildungsstätten, von Tageseinrichtungen für Kinder und Familienzentren, aber auch als Arbeitgeberinnen für fast eine halbe Million Mitarbeitende, viele von ihnen Frauen in Pflege- und Erziehungsberufen, haben sie eine wichtige Rolle, wenn es darum geht, öffentliche und private Verantwortung neu zu verknüpfen, familienfreundliche Arbeitsplätze anzubieten und das Tarifsystem so zu gestalten, dass möglichst keine prekären Beschäftigungsverhältnisse entstehen. Tatsächlich allerdings sind diese Organisationen, die immer noch große Bedeutung in unserer Gesellschaft haben, genauso wie andere Dienstleister von Finanzknappheit und Wettbewerb getrieben. Zu wenig wird in diesem Zusammenhang noch die eigene Rolle reflektiert: im Blick auf die Geschichte der patriarchalen Famili-

---

51 Im Jahr 2012 verdienten Frauen in Deutschland im Schnitt immer noch 22 % weniger als Männer – wegen Mangel an Frauen in Führungspositionen, Teilzeitarbeit und eben schlecht bezahlten Frauenberufen.

enbilder und fürsorglichen Frauenberufe in Kirche und Diakonie, aber ebenso im Blick auf die gesellschaftlichen Einflussmöglichkeiten.[52]

Prophetische Kritik ist auch heute nötig- und sie darf vor der eigenen Kirchentür nicht Halt machen. Auch mitten im Gottesvolk werden die Geringen bedrückt und die Armen zermalmt, klagte einst der Prophet Amos[53]. Vom Gottesvolk selbst werde die Wahrheit gebeugt und das Recht mit Füssen getreten.[54] Und der Prophet Jesaja schreit im Namen Gottes die Verzweiflung angesichts des Unrechts und der Gewalt hinaus: »Trachtet nach Recht, weist in die Schranken die Gewalttätigen, helft den Waisen zu Recht und führt die Sache der Witwen.«

4.3 Die Größten im Himmelreich: Kinderrechte ernst nehmen

Wer denn der Größte sei im Reich der Himmel, wurde Jesus einmal gefragt.[55] Die ihn fragten, werden an die großen Herrscher und Lehrer gedacht haben. An alle, die das Land und die Einzelnen voranbringen. An Leistungsträger und Propheten. Jesus aber ruft ein Kind und stellt es mitten in den Kreis seiner Schüler. Da stehen sie irritiert, beschämt und verwirrt – und schauen das Kind an, schauen genau hin. Die Gesellschaft ist jung, Kinder gibt es – anders als bei uns – genug. Was also ist groß an einem Kind? Gegen alle Tradition und Erfahrung gibt Jesus dem Kind eine besondere Würde; er identifiziert sich mit den Kleinsten und Schwächsten, mit ihrer Offenheit, aber auch mit ihrem Leid. Das Weihnachtsevangelium erzählt: In Jesus wird Gott selbst ein Kind. Und auch als Erwachsener nennt er Gott in vertrauter und vertrauensvoller Anrede seinen Vater. Mit dem Blick auf die Kleinsten und Schutzlosen sagt er seinen Jüngern: »Wer ein solches Kind aufnimmt in meinem Namen, der nimmt mich auf«.

Texte wie dieser haben den Umgang mit Kindern in unserer Kultur geprägt. Als Fröbel die Kleinkinderschule erfand, den »Kindergarten«, der später unter dieser deutschen Bezeichnung weltweit Karriere machte –, ging es ihm darum, dass jedes Kind beschützt heranwachsen und seine Gaben entfalten konnte. Auch in Kaiserswerth wurde damals eine Kleinkinderschule gegründet. Hier wie anderswo wurden Spielplätze gebaut, neue Spielgeräte erfunden, aber auch neue Kinderbücher, Kinderlieder und Kinderbibeln geschrieben. Kinder sollen spielen und lernen und dabei Fähigkeiten und Kompetenzen erwerben: Bildung in einem umfassenden Sinne genießen. Kindheit wird als

---

52 Vgl. www.bosch-stiftung.de/content/language1/html/27002.asp und www2.evangelisch.de/themen/gesellschaft/uns-gehts-gut-die-jungen-alten-und-die-kirche43143.
53 Amos 4,1.
54 Amos 5,7–13.
55 Mt 18,1ff.

Schutzraum verstanden. Das Verbot der Kinderarbeit, der institutionalisierte Kinderschutz sind deutliche Signale dafür.

Im Jahr 1832 erzählte Johann Hinrich Wichern in »Hamburgs wahres und geheimes Volksleben« von Heinrich und August aus St. Georg, die unterernährt und ohne Wäsche, klappernd vor Frost mit neun Personen auf zwei Zimmern wohnten. Wichern war damals dort Oberlehrer. In der Sonntagsschule brachte er Kindern, die während der Woche arbeiten mussten, nicht nur die biblischen Geschichten bei, sondern auch Lesen, Schreiben und Rechnen. Er gab ihnen damit Hoffnung und Lebenschancen, aber auch Werte, Würde und Orientierung. Für die Kinder, die in ihren Familien keine Chance auf Zukunft hatten, baute er das Rauhe Haus auf. Es war die Zeit der Rettungshäuser, der Beginn der diakonischen Jugendhilfe. Das eben zitierte Wort Jesu stand über Generationen an vielen dieser Häuser – eine Erinnerung an den biblischen Auftrag der Diakonie.

Die Not und Überforderung der Familien führte im 19. Jahrhundert auch zu neuen Netzwerken im Gemeinwesen. Wie die Mutter- und Bruderhäuser sich als Arbeits- und Lebensgemeinschaften organisierten, so wurden auch neue Wohnquartiere entwickelt, die Menschen in Armut neue Chancen boten – als Lebens-, Arbeits- und Lernraum. Johann Hinrich Wichern zum Beispiel entwickelte nach dem Brand in Hamburg ein Wohnungsbauprogramm, das er 1846 in einer kleinen Schrift so beschrieb: Er stellte sich eine Art Gehöft mit 150 und 200 Wohnungen vor. In ihrer Mitte eine Schule, eine Bibliothek, die dort Wohnenden organisieren sich in einem Kranken- und Begräbnisverein, um Menschen ohne Familienbeziehungen in Notlagen in ein solches »Familiengemeinwesen« einzubinden. Aus diesen »neue(n) Gliederungen der bürgerlichen Geselligkeit«, so dachte er, würden »mit einer gewissen Notwendigkeit gleichmäßig die Quellen eines bürgerlichen Wohlstandes und einer geheiligten Gesinnung entspringen«.[56] In der Organisation des Gemeinwesens sah Wichern sogar eine missionarische Strategie. In Konfrontation mit den gängigen kirchlichen Denkmustern betont er, es gehe nicht nur darum, das Wort Gottes zu predigen, sondern den »Schlüssel zu den Herzen wieder zu entdecken.«[57] Diesen Schlüssel fand er in einer neuen Kultur des Miteinanders, die spürbar auf das Reich Gottes hinweist: Ziel sei, so schreibt er, dass »die ganze Kultur »durch den Geist christlichen Lebens zu ihrer eigenen Vollendung«[58] kommen soll.

---

56 Ebd.
57 A.a.O., 321.
58 A.a.O., 242.

Inzwischen hat sich vieles geändert. Aber Kinderarmut ist immer noch oder wieder ein Problem – auch im reichen Deutschland. Der Sozialrichter Jürgen Borchers spricht in seinem neuen Buch »Sozialstaatsdämmerung« sogar von einer doppelten »Kinderarmut«; zum einen hat sich die Zahl der Kinder seit 1965 halbiert – was eben auch damit zusammenhängt, dass Gerechtigkeitslücken in der Gesellschaft gerade bei Familien spürbar werden –, zum anderen lebt heute jedes fünfte Kind unter der Armutsgrenze, während es damals nur jedes 75. war. Neben dem oben angesprochenen und in manchem eher visionären Bedingungslosen Grundeinkommen wird deshalb von vielen Verbänden an Stelle von Kindergeld und Kinderfreibetrag eine einkommensunabhängige, armutsfeste Kindergrundsicherung für jedes Kind vorgeschlagen. Jenseits des Geldes geht es aber auch um einen Mentalitätswandel: Denn den wenigen Kindern, die in unserer Gesellschaft aufwachsen, geht es nicht unbedingt gut.
Um die 130 Jahre nach Wichern erschien 2008 das Buch »Arme Kinder – Reiches Land«, in dem Huberta von Voss über die Schicksale der Kinder berichtet, die heute besonderen Schutz brauchen.[59] Sie hat Bernd Siggelkows »Arche« in Marzahn-Hellersdorf besucht und erzählt, wie dort einmal im Monat mit allen Kindern gefeiert wird, die Geburtstag hatten, weil ihre Eltern selbst das vergessen. Sie hat die Anlaufstellen der Tafeln besucht – vor allem auch die Kindertafeln. Sie erzählt von Kindern, die bis mittags nichts zu essen haben, die ohne Unterwäsche in die Arche kommen und nicht zum Arzt gebracht werden, wenn ihnen der Eiter aus den Ohren läuft. Kinder, bei denen es am Nötigsten fehlt. Wer dieses Buch liest, der spürt – trotz Aufbau eines Sozialstaats, trotz institutionalisierter Jugendhilfe, trotz all unserer diakonischen Anstrengungen: Das Elend der Kinder von damals und heute weist erschreckende Parallelen auf. Heinrich und August von heute heißen Kevin, Jessica und Lea Sophie.

Eine erschütternde Erkenntnis – eine, die zornig macht. Und in dieser Wut kann ich wahrnehmen, was Jesus am Ende der oben zitierten Geschichte dann auch noch sagt: »Wer einen dieser Kleinen, die an mich glauben, zur Sünde verführt, für den wäre es besser, dass ihm ein Mühlstein um den Hals gehängt und er in die Tiefe des Meeres versenkt würde«[60]. Ein Gerichtswort beschließt die schöne Kindergeschichte. So wie auch die Kindersegnung in Markus 10, die wir in Taufgottesdiensten hören und lieben, eine Abwehrseite hat: Jesus umarmt die Kinder – und zeigt denen seinen Unwillen, die ihnen keinen Raum geben. Die Situation und die Rechte der Kinder dürfen nicht nur unter den Gesichtspunkten von Familienpolitik und demographischem Wandel gesehen werden – vielmehr sind die Kinder selbst Subjekte

---

[59] *Voss, Huberta von*, Arme Kinder, reiches Land, Hamburg 2008.
[60] Mt 18,6.

ihrer Zukunft. Es geht um ihre Bildungs- und Beteiligungschancen und ihre Zukunftsperspektiven.

4.4 Milieuüberschreitung gefragt – Armut in der Mittelschichtkirche

Im Licht des christlichen Glaubens ist der Mensch als Gottes Ebenbild geschaffen und mit unveräußerlicher Würde ausgezeichnet. Das gilt für diejenigen, welche die Welt aktiv durch ihre Arbeit gestalten können, wie für diejenigen, die auf Hilfe und Zuwendung anderer besonders angewiesen sind. Im Kern ihres Menschseins, ihrer Würde als Person, unterscheidet sie nichts; als Christinnen und Christen sind sie Schwestern und Brüder, Mitglieder einer Gemeinschaft. Dabei kommt es nicht auf Geschlecht oder Rasse, Herkunft, Besitz oder Status an – was zählt, ist allein »der Glaube, der in der Liebe tätig ist«.[61] Diese Vision findet anschauliche Tiefe in den Evangelien, in denen sich die neue Wirklichkeit Gottes gegenwärtig zeigt. Nicht immer ist ihr die reale Kirche gefolgt; es hat lange gedauert und viele Kämpfe erfordert, Rassismus und Sexismus zu überwinden – und fordert sie noch. Und es wird weiterhin nötig sein, sich gegen strukturelle Diskriminierung einzusetzen. Das gilt auch für uns.

Paulus rückt in Galater 3,28 die Einheit der Gemeinde trotz bestehender Differenzen in den Mittelpunkt. Das kann im Blick auf das soziale Miteinander in der Kirche nicht ohne Folgen bleiben. Diese Gemeinschaft geht der kirchlichen Organisation mit ihren Programmen voraus, sie bleibt der Erfahrungsgrund ihrer Bekenntnisse, die mit ihrer kritischen Differenz zugleich zum Maßstab ihrer Ordnung werden. Es ist eine auch für das Neue Testament selbst schmerzliche, aber immer wieder beschriebene Wirklichkeit, dass die Gottesherrschaft Christi sich in seiner Gemeinde noch nicht durchgesetzt hat.

Die Aufhebung des Gegensatzes zwischen Herrschenden und Beherrschten in der Kirche – 1934 in der Theologischen Erklärung von Barmen angesichts der Tendenzen, die Volkskirche unter einem Reichsbischof »gleichzuschalten«, mit dem Begriff der »Gemeinde von Brüdern« als Ziel festgehalten – lässt sich deshalb nur als Prozess beschreiben. Dieser Prozess zielt auf Befreiung, auf den Augenblick, in dem das Organisationsgefälle wenigstens auf Zeit aufgehoben ist. Dazu braucht es eine Haltung des Dienens, die Augenhöhe mit den Hilfebedürftigen sucht, und eine »herrschaftsfreie Kommunikation«,[62] die auf Autonomie und Freiheit zielt.

---

61 »Hier ist nicht Mann noch Frau, hier ist nicht Jude noch Grieche, hier ist nicht Sklave noch Freier; sie sind alle eins in Christus«.
62 Ausdruck entwickelt bei *Jürgen Habermas* in der *Theorie des kommunikativen Handelns*.

Helmut Gollwitzer sah die Zukunft der Kirche in einer Personengemeinschaft auf lokaler und regionaler Ebene – wir würden heute vielleicht sagen, in lokalen Netzwerken mit einem neuen Lebensstil »gegen den Widerstand der alten Welt und ihrer Todesverhältnisse«. »Die Horizontale«, also das Miteinander, so Gollwitzer, »ist das Kriterium für die Echtheit des Lebens in der Vertikalen«, des christlichen Glaubens. Die Kirche, so Gollwitzer, sei nicht dazu da, die eigene Gemeinschaft zu pflegen oder ein unverbindliches Christentum als Gesellschaftsreligion zu stützen. »Angesichts der Nöte der Welt selbstzufrieden zu sein«, so die Erklärung der Ökumenischen Versammlung von Uppsala aus der gleichen Zeit (1968), das würde bedeuten, »sich der Häresie schuldig zu machen«.

Der Zeugnisauftrag der Kirche zielt darauf, die Koinonia, die Gemeinschaft der geschwisterlichen Gemeinde, so zu verwirklichen, dass der christliche Glaube auch für Suchende und Zweifler und für Menschen ganz unterschiedlichen Herkommens attraktiv wird: für Arme wie Wohlhabende, für die verschiedenen Generationen, für Familien und Alleinstehende.

»Die Instrumentalisierung der Kirche zu Zwecken menschlicher Selbstbestätigung und menschlichen Selbstvollzugs hat den Übergang von der wirklichen Kirche zur Scheinkirche zur Folge«, so Wolfgang Huber in einem Aufsatz über Barmen III und die »wirkliche Kirche«[63]. »Die wirkliche Kirche ist deshalb der Ort, an dem der Kampf zwischen wahrer Kirche und Scheinkirche, um Entsprechung und Verfehlung der Kirche ausgetragen wird.« Dabei ist die Richtung klar: von der Herrschaft zum Dienst, von oben nach unten, von der einsamen Spitze zur Anerkennung der Vielfalt, von der Verschlossenheit zur Teilhabe. Kirche lässt sich nicht für andere attraktiv machen, sondern nur mit anderen gemeinsam leben und gestalten. Deshalb geht es auch in der Kirche zuerst und vor allem um Grundrechte. Wolfgang Huber hat in dem genannten Aufsatz folgende Rechte aufgezählt: das Recht auf Zugang zum Glauben, das Recht auf Gewissens- und Meinungsfreiheit, das Recht auf Integrität der Person, das Recht auf Gleichheit und das auf Teilhabe an kirchlichen Entscheidungen. Diesen Rechten entspricht eine offene und demokratische Struktur kirchlicher Ordnungen. Dabei ist die »Gemeinde von Schwestern und Brüdern« eine offene Gemeinschaft, die gerade auch die einschließt, in denen die Gemeinde Christus als dem Bruder beggenen kann: die Leidenden und Benachteiligten. Mit Recht wurde deshalb in den diakonischen Gemeinschaften von den drei entscheidenden Dimensionen einer diakonischen Kirche gesprochen; der Gemeinschaft mit Christus, der Gemeinschaft mit dem Leidenden und der untereinander.

---

63 *Huber, Wolfgang,* 1980, 250.

4.4 Milieuüberschreitung gefragt – Armut in der Mittelschichtkirche

In der südböhmischen Stadt Tabor stand neben dem Brunnen auf dem Marktplatz ein riesiger Bottich, in den einst alle Neuankömmlinge ihr Privatvermögen warfen: Silberne Becher, Schmuck und Besteck, Pelze und alles, was über den unmittelbaren Bedarf hinausging, wurde verkauft und der Erlös an die Armen verteilt. Diese Stadt, das Zentrum des taboristischen Städtebunds, trug mit Stolz den Laienkelch im Wappen: Hier sollte es keine Hierarchien mehr geben zwischen Kirche, Bürgertum und Bauern, hier war jeder gleich geachtet und seinem Gewissen verpflichtet – und jeder gleich versorgt. Dieses Ideal war es, das auch in den Diakonissenhäusern weiterlebte – und Gemeinschaften wie die Arche-Gemeinschaften ist bis heute davon geprägt. Hier leben behinderte und nichtbehinderte Menschen in kleinen Familiengruppen zusammen. Und jeder trägt zum Lebensunterhalt bei, was er kann – die einen mit Erwerbstätigkeit, andere mit Hausarbeit, alle mit dem Dasein für andere.

»Es gab keine Armen in der Gemeinde, denn wer immer ein Grundstück oder Haus besaß, verkaufte es, brachte den Erlös für sein Gut und legte ihn den Aposteln zu Füßen, die davon jedem gaben, was er eben brauchte«, heißt es im 4. Kapitel der Apostelgeschichte, die uns ein attraktives Bild der jungen, wachsenden Christengemeinde in Jerusalem vor Augen stellt. Auch in unseren Gemeinden scheint es keine Armen mehr zu geben – das hat aber andere Gründe. Es dominiert ein Mittelschichtmilieu, das sich in Bildungsniveau, Lebensstil und im ganzen Verhalten deutlich gegen andere Milieus abgrenzt.

Auch unter den ehrenamtlich Engagierten sind formal hoch Gebildete mit 57 % deutlich überrepräsentiert. Und immerhin 52 % der protestantischen Engagierten (gegenüber 44 % im Durchschnitt) stuften ihre finanzielle Situation im Jahr 2004 als sehr gut oder gut ein, wie wir aus der Sonderauswertung des Sozialwissenschaftlichen Instituts der EKD zu den Freiwilligensurveys wissen. »Dagegen sind ärmere Menschen in vielen christlichen Gemeinden in Deutschland wenig oder gar nicht sichtbar«, wie die Denkschrift »Gerechte Teilhabe« zu Recht feststellt.[64] Dort heißt es: »Insgesamt gesehen speisen sich gegenwärtig die christlichen Gemeinden eher aus einem – regional sehr unterschiedlich ausgeprägten – Mittelschichtmilieu, das sich im Bildungsniveau, Lebensstil und im ganzen Verhalten deutlich gegen andere Milieus abgrenzt. Aus der Sicht der von unzureichenden Teilhabemöglichkeiten betroffenen Menschen zählt die Kirche, gemeinsam mit anderen Einrichtungen, deswegen in der Regel zu denen, die eher ›oben‹ angesiedelt sind und mit denen man zwar unter bestimmten Bedingungen etwas zu tun hat, zu denen man aber nicht gehört und in denen man sich deshalb auch nicht betätigt. Die Gründe für diese mangelnde Beteili-

---

[64] Gütersloh 2006.

gung liegen in erheblichen emotionalen, kulturellen und sozialen Distanzen.« Tatsächlich markieren Besitz und Vermögen eine sichtbare und fühlbare Grenze zwischen Menschen. Ob einer aus einer armen oder einer vermögenden Familie kommt, das zeigt sich in Wohnviertel und Kleidungsstil und vermutlich auch an der Schulbildung – und hat dann Einfluss auf Sprache und Kultur. Die Konfirmanden aus armen Familien haben es in Mittelschichtgemeinden schwer – nicht nur, weil es ihren Eltern schwer fällt, Bibel und Konfirmandenfreizeiten zu bezahlen.[65]

In einem Aufsatz über Milieus und Kirchenreform[66] hat Franz Grubauer beklagt, dass die weit verbreitete Analyse von Gemeindegruppen anhand der Sinus-Milieustudien dazu verführt, nun zielgruppengerechte Angebote zu planen, als sei die Kirche ein Unternehmen oder ein Club. Er schreibt:»Die Logik des Marktes beteiligt sich beabsichtigt oder unbeabsichtigt an der kulturellen und ästhetischen und schließlich sozialen Ausdifferenzierung und damit auch an der sich verschärfenden Spaltung der Gesellschaft. Die Milieuforschung selbst beschreibt ja diese Spaltung ( ).« Dafür stehen aber auch »wachsende Wohlstandspolarisierung, prekäre Beschäftigungsverhältnisse, Erosion der klassischen Familienverhältnisse und biographische Brüche. Die theologische Orientierung der Kirche (dagegen) lautet: Zusammenhalt und Integration fördern, Grenzen und Schranken durch die Botschaft überwinden.«

Tatsächlich trennt die wachsende Ungleichheit in unserer Gesellschaft aber nicht nur die verschiedenen Gruppen und Milieus in den Gemeinden – auch die Situation der Gemeinden selbst ist immer unterschiedlicher, je nachdem, in welcher Stadt, in welchem Viertel sie zu Hause sind. Trotz Landeskirchen- und Kirchenkreisumlagen haben es Gemeinden in Armutsquartieren schwer, ihre Arbeit aufrechtzuerhalten. Bei den Standorten des bundesweiten, ökumenischen Projekts von »Kirche findet Stadt« ist erkennbar, dass viele nur Zukunft gewinnen, wenn sie ihre Kirchen und Gemeindehäusern zu Gemeinschaftshäusern umwandeln – und sich von Wirtschaft und Vereinen sponsern lassen. Hier und da wird deshalb diskutiert, ob es sich überhaupt noch um Einrichtungen der Diakonie im engeren Sinne handelt. Vielleicht zeigt sich ihr Kirchesein aber gerade in der bewussten Aufmerksamkeit für das Gemeinwesen und die Entwicklung der Städte. Mittlerweile lässt sich ja – etwa am Beispiel der Stadt Hamburg – auf Karten verfolgen, wie sich Reichtums- und Armutsquartiere voneinander abgrenzen, aber

---

[65] *Wegner, Gerhard,* Teilhabe fördern – christliche Impulse für eine gerechte Gesellschaft, Frankfurt a.M. 2010, passim.
[66] Zweierlei Logik, Milieus und Kirchenreform: Richtige Analyse, falsche Strategie?, *Franz Grubauer*, in: »Zeitzeichen« 2/2012.

4.4 Milieuüberschreitung gefragt – Armut in der Mittelschichtkirche

auch verändern. Stadtteile, die gestern noch Randquartiere waren, werden morgen gentrifiziert und gelten als schick – nicht nur die mobile Mittelschicht verändert damit ihren Kontext, auch Hartz-IV-Empfänger werden zur Mobilität gezwungen. Neue Armutsquartiere entstehen, Stadtteile, aus denen die Mittelschicht flieht, in denen auch Kirchengemeinden finanziell kaum Zukunft haben. Wer hier aufwächst, hat geringe Chancen auf einen Schulabschluss, auf Mitgliedschaft in einem Sportverein – daran ändern auch die Bildungsgutscheine nichts.

Die EKD-Synode 2006 in Würzburg, die sich mit dem Thema »Armut« befasst hat, schlägt vor, dass jede wohlhabende Kirchengemeinde eine Partnerschaft mit einer Gemeinde in einem Armutsquartier übernimmt – ein Programm zur Milieuüberschreitung. Dass und wie das möglich ist, habe ich Anfang der 90er Jahre in Saint Louis, USA, erlebt. Dort waren die zahlungskräftigen Mitglieder der Mittelschichtgemeinde aus dem verfallenden Viertel in der Innenstadt an den Stadtrand umgezogen. Aber ihre alte Kirche aus dem 19. Jahrhundert blieb – und sie wurde zum Sozialzentrum für minderjährige Mütter, für Obdachlose und Suchtkranke. Hier fanden Alphabetisierungskurse statt, eine Kinderkrippe wurde eingerichtet, ältere Menschen wurden betreut. Nach wie vor engagieren sich die Mitglieder der Gemeinde in ihrem alten Viertel: ehrenamtlich jetzt und auch mit ihren Spenden.

»Das Reich Gottes«, heißt es einmal bei Johann Hinrich Wichern, »ist die von Gottes Liebe und Leben durchdrungene Schöpfung«. Sie betrifft das »ganze persönliche und gemeinsame, das private und öffentliche Leben der Menschheit in Staat und Kirche«.[67] Daran mitzuarbeiten, dass Gottes Liebe in dieser Weise wirksam wird, ist Aufgabe von Kirche und Diakonie. Kirche muss deshalb in den eigenen Gemeinden, in den diakonischen Diensten und über den kirchlichen Binnenraum hinaus an den sozialen Aufgaben der Gegenwart mitarbeiten.
Die Reich-Gottes-Gleichnisse der Evangelien, aus denen Wichern, Fliedner, Sieveking und andere Diakoniker des 19. Jahrhunderts ihre Zukunftsvisionen und Handlungsimpulse gewannen, enthalten neben ihrer Verheißungsseite immer auch prophetische Kritik im Geist der oben zitierten Stelle. Im Gleichnis vom großen Weltgericht[68], das die Gottesbegegnung ganz in den Rahmen unseres Daseins für andere stellt, identifiziert sich Jesus genauso wie in der Begegnung mit den Kleinsten ganz mit den Schwächsten – den Kranken, Hungrigen und Durstigen. Das ökumenische Wort zur sozialen und wirtschaftlichen Lage von 1997 nimmt diese Tradition auf, wenn es an die »biblische Option für die Armen« erinnert: »Sie lenkt den Blick auf die Empfin-

---

[67] *Wichern, Johann Hinrich von,* Gutachten über die Diakonie und den Diakonat, 134.
[68] Mt 25,34ff.

dungen der Menschen, auf Kränkungen und Demütigungen von Benachteiligten, auf das Unzumutbare, das Menschenunwürdige, auf strukturelle Ungerechtigkeit. Wenn die Christen das biblische Zeugnis mit den aktuellen Herausforderungen zusammen lesen, gewinnen sie nicht nur ethische Orientierungen für das eigene Handeln; es ergeben sich auch ethische Einsichten, die sich auf den institutionellen Rahmen der Gesellschaft beziehen. Gerechtigkeit wird dabei zum Schlüsselbegriff, der alles umschließt, was eine heile Existenz ausmacht« (S. 45). Breit angelegte neuere sozialwissenschaftliche Vergleichsstudien[69] machen deutlich, dass die Vision des Miteinanders, die die christliche Ethik bewegt, den vernünftigen Grundsätzen einer humanen Gesellschaft entspricht: Gerechtigkeit dient dem Wohl aller. Wenn Nationen einen vergleichbaren Wohlstand produzieren, aber das eine Mal Einkommen und Vermögen sehr unterschiedlich, das andere Mal recht gleichmäßig verteilt sind, sind die Menschen der von mehr Gleichheit geprägten Gesellschaft im Durchschnitt glücklicher, gesünder, gebildeter und weniger von Kriminalität betroffen als in der Gesellschaft mit großen Vermögensunterschieden. Umgekehrt gilt: Wenn die gesellschaftliche Ungleichheit wächst, steigen Kriminalität, Stress und psychische Erkrankungen, aber auch Teenagerschwangerschaften, Familienkonflikte und die Angst der Mittelschicht vor dem gesellschaftlichen Abstieg. Die meisten Menschen – jedenfalls die meisten Europäer – schätzen es deshalb, wenn es der Gesellschaft, in der sie leben, nicht egal ist, wie es den Kranken, Benachteiligten, Gefährdeten geht – das gilt schon deshalb, weil sie wissen, dass jeder in Situationen geraten kann, die den Einzelnen überfordern. Wechselseitige Hilfe und Solidarität in Familien, Nachbarschaften und Vereinen, zwischen den Generationen, in Belegschaften und Versicherungssystemen stärken deshalb das Gefühl von Respekt und Anerkennung und machen Mut, das eigene Leben auch in schwierigen Situationen meistern zu können.

Wer sich die »Geografie des Glücks« in Deutschland anschaut,[70] wird schnell entdecken, dass Wohlbefinden und Zufriedenheit da am größten sind, wo die Wirtschaftsleistung stimmt und es einträgliche Arbeitsplätze gibt, wo aber auch qualitativ hochwertige Angebote für Kinder und Familien und attraktive Sport- und Kulturangebote vorgehalten werden und wo das Zusammengehörigkeitsgefühl in den Nachbarschaften stimmt. Das sind die Ergebnisse des »Glücksatlasses«, in dem die Deutsche Post die Ergebnisse einer wissenschaftlichen Untersu-

---

[69] *Wilkinson, R. / Pickett, K.*, Gleichheit ist Glück. Warum gerechte Gesellschaften für alle besser sind, Berlin 2009, 267–277; *Pacek, A. / Radcliff, B.*, »Assessing the Welfare State. The Politics of Happiness«, in: Perspectives on Politics, Band 6, 2008, 267–277; *Stiglitz, Joseph*, Der Preis der Ungleichheit. Wie die Spaltung der Gesellschaft unsere Zukunft bedroht, München 2012, passim.

[70] »Das Dreieck des Wohlbefindens«, *Joachim Mohr*, in: »Der Spiegel«, Wissen, Nr. 1, 2013.

chung zur Lebenszufriedenheit in den Großstädten und Regionen vorstellt. »Haben, Lieben und Sein« seien die unverzichtbaren drei Faktoren des Wohlbefindens, sagt Jan Delhey, Soziologe an der Jacobs University in Bremen. Lebenssinn und materielle Sicherheit, freundschaftliche Netze und gesellschaftliche Solidarität dürfen dabei nicht gegeneinander ausgespielt werden.

5. Markt und Quartier

Trägt aber die Solidarität auf Dauer? Wird die jüngere Generation je die Hilfe erhalten, die sie heute der älteren gibt? Oder ist es mittelfristig besser, sich mehr auf Eigenvorsorge und private Sicherung zu verlassen? Die anhaltende Debatte über die Zukunft der sozialen Sicherungssysteme verunsichert viele Menschen. Sie ist aber notwendig.
Das deutsche Sozialsystem mit den fünf Zweigen der Sozialversicherung und den ergänzenden Leistungen der Sozialhilfe ist subsidiär gestaltet. Die Zusammenarbeit des Staates mit den Trägern der Freien Wohlfahrtspflege und zunehmend auch mit privaten Unternehmen hat den Vorteil, dass Leistungen in einem relativ hohen Ausmaß auf die tatsächlichen Bedarfe zugeschnitten werden können – gleich, ob es um Krankheit, Pflege oder Arbeitslosigkeit geht. Erst wenn Menschen durch das primäre Netz der Sozialversicherungen fallen, sichert in letzter Instanz die kommunale Sozialhilfe das Existenzminimum. Und auch sie ist differenziert, um den spezifischen Bedarfen Rechnung zu tragen – etwa durch Wohngeld, Hilfe zur Pflege oder Eingliederungshilfe für Menschen mit Behinderung. Immer häufiger aber werden die Schattenseiten der Ausdifferenzierung sichtbar; im Verhältnis der Kranken- und Pflegeversicherungssysteme etwa kommt es zu Reibungen zwischen den einzelnen Säulen, und Menschen mit grundsätzlich ähnlichen Bedarfen erhalten – je nach Zuordnung etwa zur Alten- oder Behindertenhilfe – inhaltlich und qualitativ ganz unterschiedliche Leistungen. In der Kinder- und Jugendhilfe wie auch bei älteren Menschen zeigt sich zudem, dass die Verknüpfung mit anderen gesellschaftlichen Funktionssystemen viel zu schwach ist: Zwischen Bildungs-, Gesundheits- und Sozialsystem frühe Hilfen zu organisieren ist ein Kraftakt. Und zwischen Krankenversicherung, Pflegeversicherung und Reha fallen ältere Menschen oft so gründlich durch die Maschen, dass sie am Ende oft genug keinen Ausweg sehen, als in eine stationäre Einrichtung umzuziehen.
Die Unterstützung hilfebedürftiger Menschen muss deshalb mehr und mehr eine Querschnittsaufgabe werden, die sektoren- und berufsgruppenübergreifend zu erfolgen hat und sich an den Lebenskontexten von Menschen orientieren muss. Auf diesem Hintergrund ist das neue Interesse an Quartiers- und Stadtteilarbeit zu verstehen. Das Gemeinwesen wird über die Kommunen zur entscheidenden Einheit, wenn es um die

Gestaltung des Sozialen geht: das gilt von Konzepten integrativer Pflege bis zu den Stadtteilbudgets der Jugendhilfe. Aber die Mittel für soziale Arbeit im Stadtteil, die in der Jugendhilfe bereits selbstverständlich sind, müssen im Blick auf ältere Menschen zunächst noch erkämpft werden. Hier ist die Kirche gefragt: nicht nur als subsidiärer Träger der Freien Wohlfahrtspflege, sondern auch als zivilgesellschaftlicher Akteur im Stadtteil, gut vernetzt und nahe an den Notlagen.[71] Etwa 120 Modellprojekte zeigen, wohin die Reise gehen kann.

»Kirche findet Stadt« heißt das Ökumenische Projekt, das in den Jahren 2011 und 2012 vom Bundesministerium für Stadtentwicklung, Bauen und Verkehr gefördert wurde. Bundesweit lotet das Projekt Möglichkeiten der Zusammenarbeit aus – von Kirchen und ihren Wohlfahrtsverbänden mit anderen Partnern im Stadtteil: mit Schulen und Wirtschaft, mit Sportverbänden und Initiativen des bürgerschaftlichen Engagements. Dabei lässt sich anknüpfen an die Erfahrungen, die Johann Hinrich Wichern Mitte des 19. Jahrhunderts in Hamburg gemacht hat. Es gilt aber zugleich, sich bewusst zu machen, wie anders die gesellschaftliche und kirchliche Wirklichkeit in der Gründerzeit der Diakonie war. Wichern hatte es mit einem geschlossenen, christlichen Gemeinwesen zu tun, mit einer Staatskirche, der diakonisches Handeln fehlte. Wir dagegen leben in einer Vielfalt von Lebensentwürfen und Brüchen, in einer pluralen Gesellschaft, in der die Bedeutung der christlichen Kirchen schwindet.
Der Philosoph Zygmunt Bauman hat den Begriff »Liquid Modernity« (Flüchtige Moderne) geprägt: Grundlegende Haltungen und Einstellungen wandeln sich.[72] Menschen müssen an ihrem Arbeitsplatz schnell von einer Aufgabe zur nächsten springen, dürfen sich in ihren Berufsbiographien an nichts emotional wirklich fest binden, können immer weniger um ihrer selbst willen tun. Das hat Einfluss auf Familienleben und Freundschaften, damit wandeln sich aber auch grundlegende Wertorientierungen. Der amerikanische Soziologe Richard Sennet zeigt in seinem Buch »Zusammenarbeit«, dass Gemeinschaft, Loyalität und langfristige Zusammenarbeit unter diesen Rahmenbedingungen schwerer werden – mit erschreckenden Auswirkungen auf das wechselseitige Vertrauen und die Verantwortung für das Gemeinwohl.[73]

---

[71] Das Thema wird lebhaft diskutiert, vgl. z.B. www.ej2012.de/projekte/infos-zu-projekten/diakonisches-werk-der-ekd.html.
[72] *Bauman* 2003.
[73] »In der modernen Familie und mehr noch im modernen Geschäftsleben hat die Idee der Selbstbeherrschung eine Erweiterung erfahren. Abhängigkeit gilt dort als Zeichen von Schwäche. Doch aus der Sicht anderer Kulturen erscheint ein Mensch, der stolz darauf ist, andere nicht um Hilfe zu bitten, als eine zutiefst geschädigte Person, weil die Angst vor sozialer Einbindung sein Leben beherrscht. Der moderne Kapitalismus hat Konkurrenz und Kooperation aus dem Gleichgewicht gebracht.« (*Sennett* 2012, zit. nach www.dradio.de/dkultur/sendungen/lesart/1975391/).

Diakonie kann und muss gemeinsam mit anderen dazu beitragen, Gemeinschaft und Zusammenarbeit verantwortlich zu gestalten. Als Teil der Sozialwirtschaft orientiert sie sich aber genauso wie andere an Bilanzen und Budgets, Kosten und Leistungen, Zielen und Erfolgen – und ist damit ökonomisch geprägt. Sie steht insofern selbst in den vielfältigen Zerreißproben des modernen Lebens: zwischen Flexibilität und Suche nach Heimat, zwischen Eigenverantwortung und Solidarität, zwischen Wettbewerb und Kooperation, zwischen Dienstleistung und Bürgerengagement. In diesen Spannungsfeldern gilt es, Subsidiarität neu zu gestalten.[74]

5.1 Arme und reiche Quartiere

36.000 Quadratmeter Bürofläche stünden in der Hamburger Hafencity leer, berichtete die Frankfurter Allgemeine Sonntagszeitung im November 2011 – und bis Ende des Jahres sollten weitere 400.000 Quadratmeter in Hamburg hinzukommen – das Überangebot drücke auf die Preise. »Es ist also nicht so, dass die globale Ökonomie der öffentlichen Hand Geld in die Kassen spülte; vielmehr alimentiert die öffentliche Hand das Bild einer florierenden Wirtschaft – um den Preis, dass der öffentliche Raum verödet«, so der Autor des Artikels.[75] Wir alle kennen die verarmten Kommunen, in denen Theater, Museen und Schwimmbäder geschlossen und Brunnen abgestellt werden, wo der Zugang zu Seen und Parks privatisiert wird – genauso wie der Öffentliche Nahverkehr oder die städtischen Krankenhäuser.

Der Verarmung des öffentlichen Raumes entspricht eine andere Entwicklung: Nach 10 Jahren, in denen sie rückläufig war, steigt inzwischen die Zahl der wohnungslosen Menschen wieder deutlich an. Sie stieg von 227.000 Menschen im Jahr 2008 auf 270.000 im Jahr 2010. Dazu sind weitere 106.000 Menschen von Wohnungslosigkeit bedroht. Und die Bundesarbeitsgemeinschaft Wohnungslosenhilfe prognostiziert bis 2015 einen weiteren Anstieg um 10–15 Prozent. Dabei spielt eine entscheidende Rolle, dass viele Städte unter dem finanziellen Druck ihren Wohnungsbestand privatisiert haben. Die öffentliche Förderung des sozialen Wohnungsbaus wurde zurückgenommen. Die »Durchmischung« der Quartiere, die in den 70er und 80er Jahren erklärtes Ziel war, ist – von Ausnahmen wie München abgesehen – der wirtschaftlichen Dynamik der Segregation gewichen. Nicht nur für Menschen in Armut werden deshalb Mieten wieder zu einem belastenden Thema.

---

[74] Vgl. dazu www.diakonie-rwl.de/cms/media//pdf/projekte/wohnquartier4/archiv/AktuellesGrusswortDrBecker.pdf und die Sammlung *Grenzgänger* (Bertelsmann 2008).
[75] www.faz.net\aktuell\feuilleton\trostlose-bauwelt-architekten-auf-die-barrikaden-11542119.html.

Aber nicht nur gemeinnützige Wohnungsbaugesellschaften wurden von den Städten an private Unternehmen verkauft. Das gleiche gilt für Krankenhäuser und Altenheime. Wo die Kassen leer sind, nimmt auch in der sozialen Arbeit der Städte und Kreise der Wettbewerbsdruck zu. Dabei setzen die Kommunen seit Jahren die gleichen Instrumente ein wie die Träger der Sozialversicherungen. Budgetierung und Ausschreibung des günstigsten Angebots, Leistungsnachweise und Erfolgsquoten sind an der Tagesordnung. Damit geht die Gefahr einher, dass die Jobcenter wie die Träger der Wohnungslosenhilfe zuerst auf die Klienten schauen, die das Potential haben, schnell aus den Hilfestrukturen herauszufinden. Aber der selektive Blick, der den Einsatz für Klienten an den Erfolgreichen misst, lässt paradoxerweise gerade die im Stich, die am meisten auf Hilfe angewiesen sind.

Der »investive Sozialstaat« investiert seine knappen Mittel nämlich am liebsten in diejenigen, die bald schon wieder zum Bruttosozialprodukt beitragen können. Wer aber so auf Erfolg und Gewinn fokussiert ist, muss notwendig auch Verlierer produzieren. Die Wettbewerbslogik der Sozialbranche verschärft die gesellschaftliche Spaltung. Dabei wissen wir aus den oben schon zitierten Untersuchungen von Wilkinson und Picket, dass Kriminalität, Gewalt und psychische Erkrankungen in einer Gesellschaft ansteigen, wenn die Ungleichheit wächst. Die Abgehängten und Verlierer haben das Gefühl, dass es sich nicht lohnt, eigene Anstrengungen zu unternehmen. Um den Weg in Destruktivität und Depression zu stoppen, ist es wichtig, die Perspektive wieder mehr auf förderliche Rahmenbedingungen für alle und auf niedrigschwellige Zugänge zu Bildung, Gesundheit und Beratung zu richten. Dazu gehört auch ein neuer Blick auf den öffentlichen Raum als Lebens- und Begegnungsraum aller. Erfolgreiche Projekte wie die »Soziale Stadt« und Modellprogramme wie »Kirche findet Stadt« müssen ausgebaut und weiterentwickelt werden. Dabei können wir auch und gerade von denen lernen, die ganz unten angekommen sind und die Parks und Plätze der Stadt so gut kennen wie andere ihre Wohnungen. Wenn ich in Hannover die Obdachlosenzeitung »Asphalt« oder in Berlin den »Straßenfeger« kaufe, entdecke ich darin ganz eigene, kritische und innovative Perspektiven auf die Kommunalpolitik. Die Idee, eine Straßenzeitung aufzulegen, die von Stefan Reimers aus Hamburg kam, war selbst eine Innovation, die die Arbeit mit wohnungslosen Menschen vorangebracht hat. Hier ist es gelungen, das klassische Hilfesystem mit Fachberatung und Streetwork, mit Anlaufstellen und Betreutem Wohnen für neue Initiativen aus der Bürgerschaft zu öffnen und damit nicht nur neue Ansprechpartner für die Finanzierung dieser Arbeit zu gewinnen, sondern auch der verstärkten Ausgrenzung zu begegnen. Inzwischen gibt es auch Stadtführungen von und mit Obdachlosen, die völlig neue Perspektiven erschließen – und eine Marketingfirma gewann vor kurzem einen Preis mit einem »Obdachlosen-Wetterbericht«.

5.1 Arme und reiche Quartiere

In dem alten Nevigeser Pfarrhaus der 50er Jahre, in dem ich aufgewachsen bin, saßen so genannte Tippelbrüder und Durchreisende noch wie selbstverständlich am Tisch in der Diele.[76] Sie bekamen ein warmes Essen, Arbeit im Garten, einen Gutschein für den Lebensmittelladen, eine Bahnfahrkarte zum Weiterreisen. Das alles war möglich, weil es in der Kleinstadt Absprachen gab – zwischen Pfarramt, Bahnhofsvorsteher, Metzgerei und vielen anderen. Als ich selbst 1981 Gemeindepfarrerin wurde, war die Diskussion über Obdachlosigkeit im Wesentlichen von der Frage bestimmt, ob man Geld geben oder gleich an die Notunterkunft verweisen sollte. Anstelle des kleinen Lebensmittelladens gab es das Lebensmittelgeschäft einer Kette, und Fahrkarten musste man längst am Automaten ziehen. Im Zuge der Ökonomisierung und Spezialisierung unserer Gesellschaft war auch der Umgang mit Menschen ohne Wohnung an Fachleute delegiert worden.

Angesichts knapper werdender Mittel und wachsender Ausgrenzung wird es in Zukunft wieder darauf ankommen, gemeinnützige Netzwerke zu knüpfen. Dabei lohnt die Erinnerung an die Anfänge der neuzeitlichen Diakonie in Deutschland. Noch bevor Theodor und Friederike Fliedner die Kaiserswerther Diakonissenanstalt gründeten, begannen sie im Gartenhäuschen des Pfarrhauses eine Arbeit mit obdachlosen jungen Frauen. Nicht das Mutterhaus, das kleine Gartenhäuschen war und blieb die »Keimzelle« der Diakonie und wurde auf allen Karten aus Kaiserswerth abgebildet – als das Senfkorn, aus dem ein großer Baum wuchs. Mit einer Graswurzelbewegung, ganz unten bei den Schwächsten, fing im 19. Jahrhundert alles an: mit der Arbeit für Obdachlose, Suchtkranke, Gefangene. Und Gott sei Dank gibt es sie auch heute – die kleinen, oft unbeachteten, kreativen Ideen aus der Zivilgesellschaft, die phantasievollen Projekte für die Ärmsten der Armen.

Ich denke zum Beispiel an die Ärztin Adelheid Franz, die mit der Malteser Migrantenmedizin in Berlin und Hannover für Menschen ohne Aufenthaltsstatus lebensnotwendige Hilfen organisiert. Sie hat ein solches Netzwerk geknüpft – vom Entbindungsplatz bis zum Krankenhaus, von der Kinderkleiderkammer bis zur Flüchtlingsberatung – von ehrenamtlichen Ärzten, Juristen, Sozialarbeitern bis zu Freiwilligendiensten, um Untergetauchten, Illegalen und Flüchtlingen zu helfen.

---

[76] Bis in die 50er Jahre waren viele Pfarrhäuser diakonische »Knotenpunkte«. Nicht nur in meinem Elternhaus gehörten die Gemeindeschwester, die Kindergärtnerin, die »Haustochter« aus dem Erziehungsverein in Neukirchen-Vluyn und auch Pflegekinder genauso zur Großfamilie wie der Vikar. Diese enge familiäre Verbindung von Kirche und Diakonie war möglich dank der unentgeltlichen Fürsorge- und Seelsorgearbeit der evangelischen Pfarrfrau in einem patriarchalen Haushalt; wie im Focus zeigten sich hier Verkündigung und Wohlfahrt in ihrer Geschlechterhierarchie.

Fast 10.000 schwer kranke Menschen wurden dort in den letzten sechs Jahren behandelt. Die Friseurinnung fällt mir ein, die in der Vesperkirche in Konstanz – und nicht nur dort – kostenlose Haarschnitte anbietet. Und die Zahnärzte, die mobile Gesundheitsbehandlung für Obdachlose organisiert haben. Ich denke aber auch an »Reichtum 2«, das Sozialhotel für Wohnungslose«, das von der Künstlerin Miria Kilali mitgestaltet wurde. Mit leuchtenden Farben, Fotos, Bildern in Goldrahmen ist das ein Ort, der Energie spendet und Menschen die Beklemmung der Armut nimmt. Dies nicht, weil die Kunden so zahlungskräftig sind – sondern einfach als Hommage an die Menschen, die seit langem nirgendwo mehr zu Hause waren.

Was die Wohnungslosen erleiden, geht uns alle an. In seinem Buch »Der flexible Mensch« spricht Richard Sennet von der seelischen »Unbehaustheit« unserer globalisierten Gesellschaft, in der immer mehr Menschen Angst haben, ihre Mitte zu verlieren und abgehängt zu werden. In der mobilen Gesellschaft, der »liquid modernity« (vgl. oben zu Bauman 2003) ist Beheimatung zu einem zentralen gesellschaftlichen Thema geworden.

Im Quartier entscheidet sich, ob Kirche und Diakonie die Unbehausten und Abgehängten, die Migranten und die mobilen Familien, die Armen und die Verunsicherten erreichen. Ob wir ihnen Hoffnung und Zukunft geben können. Eines der Modellprojekte von »Kirche findet Stadt« liegt in Gelsenkirchen. Dort konnte die Gefahr, dass der Kirchenkreis ein Gemeindehaus in einem benachteiligten Stadtteil aufgibt, durch die beherzte unternehmerische Initiative der Gemeinde abgewendet werden. Gelsenkirchen gehört – Schalke zum Trotz – zu den hochverschuldeten Städten des Ruhrgebiets. Die Kommune leidet unter der Abwanderung der aktiven Generation; zurück bleiben Ältere und Hartz-4-Empfänger und viele Bürgerinnen und Bürger mit Migrationshintergrund. Die Armut ist groß – und auch die Zahl der Kirchensteuerzahler schrumpft. So entschloss sich der Pfarrer mit einigen Engagierten in der Gemeinde, das Gemeindehaus zu einem Stadtteilzentrum umzubauen. Mit Mittagstisch für die Kinder, mit Pflegeberatung und Treffpunkt für die Älteren – ein Knotenpunkt im Quartier, wo Hilfe andocken kann. Das alles wäre nicht möglich gewesen ohne die Umwandlung in einen Verein, der viele prominente Mitglieder anzog und reichlich Spenden sammelt – dazu Sponsorengelder von BP-Deutschland. Die Gemeinde ist nun also Mieter dieses Stadtteilvereins – und ihr diakonischer Dienst prägt das Profil. Ob die Spaltung zwischen »Mittelschichtkirche« und »diakonischen Hilfeempfängern« überwunden werden kann, ob es gelingt, Freiwillige und Spender zu gewinnen und Brücken zu schlagen zwischen diakonischen Unternehmen und Kirchengemeinden, das zeigt sich im Quartier.

Mit solchen Modellen nimmt die Gemeindediakonie Impulse der Inneren Mission wieder auf. Zugleich allerdings sind aus den diakonischen Einrichtungen der »Anstaltsdiakonie« große Unternehmen und Konzerne geworden – mit spezialisierten Dienstleistungen für Pflege und Psychiatrie, für Familien oder Wohnungslose. Mit ihren betreuten Wohngruppen und ambulanten Diensten, ihren Unterstützungssystemen, Beratungs- und Bildungsangeboten haben diese Träger inzwischen aber ihre Einrichtungen dezentralisiert – so wie sie einst die Anstaltsmauern hinter sich ließen – und arbeiten nun mitten in den Wohnquartieren. Was können sie beitragen zur Entwicklung der Gemeinwesendiakonie in den Stadtteilen? Wird es gelingen, mit den ambulanten Dienstleistungen auch eine diakonische Kultur in die Wohnquartiere zu bringen oder sie wieder zu beleben? Wie vertragen sich Wettbewerb und Druck auf die Budgets mit der Sorge um das Ganze?

5.2 Diakonische Markenentwicklung

Angesichts der zunehmenden Markt- und Wettbewerbsorientierung der Sozialbranche spielen Erfahrungen aus der Wirtschaft und Hinweise von Unternehmensberatungen in den Aufsichtsräten der Gesundheits- und Sozialwirtschaft eine immer größere Rolle. Als Vorstand der Kaiserswerther Diakonie beschäftigte mich besonders eine Markenentwicklung im Geschäftsfeld »Gesundheit und Pflege«. War es denkbar, dieses Geschäftsfeld so auszustatten, dass die Nutzer vom Krankenhaus über häusliche Versorgung und Beratung bis zu Altenhilfe und Hospiz die gleiche Qualitätsgarantie und ethische Haltung, kurz »alles aus einer Hand« bekamen – ohne Umwege und mit gutem Case-Management? Konnte es gelingen, im Sinne der Quartiersentwicklung an das ursprüngliche Netzwerk von Mutterhaus und Gemeindeschwesternstationen anzuknüpfen.

Voraussetzung für eine solche integrative und profilierte Entwicklung wäre ein Globalbudget, das die Sektorengrenzen zwischen krankenversicherungs- und pflegeversicherungsfinanzierten Einrichtungen und Diensten aufhebt und den Wettbewerb zwischen verschiedenen Komplexanbietern ermöglicht. Die Modelle der Integrierten Versorgung zeigen allerdings, wie kompliziert auf der Seite der Leistungserbringer die Integration pflegerischen Handelns zwischen Grund- und Behandlungspflege, Kranken- und Altenpflege, Akut- und Langzeitpflege ist. Im gegenwärtigen Gesundheitssystem fehlt eine ausreichende Vernetzung der stationären Einrichtungen mit den ambulanten Praxen und Diensten der Vorsorge und Nachsorge.
Viele Schritte sind noch zu gehen, bis die unterschiedlichen Aufgaben- und Leistungsbereiche wirklich anschlussfähig und gleichbedeutend nebeneinander stehen. Dazu bedarf es definierter Verfahren und Ver-

antwortungsbereiche, interdisziplinärer und standardisierter Dokumentationen, definierter Qualitätsindikatoren und Verfahren der Überleitung sowie gemeinsamer Budgetverhandlungen. Gebraucht werden Transparenz und Öffnung, eine gemeinsame Sprache und Kultur und letztlich ein gemeinsames Berufsverständnis. Das betrifft die politischen Rahmenbedingungen, die fachliche Weiterentwicklung, aber eben auch die Führungsverantwortung in den Unternehmen.

Diakonische Unternehmen haben die Verpflichtung, Versorgungsprobleme zu artikulieren, Modelle zu entwickeln und auch politische Fehlsteuerungen zu thematisieren. Dies geschieht aus meiner Sicht zu selten, weil die Verantwortlichen verständlicherweise die gesamte Energie einsetzen, um unter den gegebenen Rahmenbedingungen erfolgreich zu navigieren – erfolgreicher eben als die Wettbewerber. Gerade die Diakonie muss aber die Grenzen des Wettbewerbs thematisieren. Das neue sozialpolitische Paradigma lebt von der Mündigkeit der Bürgerinnen und Bürger, der Verantwortung also der »Kunden« und »Verbraucher«, die mit ihrem Wahlverhalten eine Steuerungswirkung entfalten sollen. Dazu brauchen Patientinnen und Patienten, Bewohnerinnen und Bewohner Informationen und Unterscheidungsvermögen. Ein Blick in die Realität von Krankenhäusern und Altenhilfeeinrichtungen zeigt aber, wie hier die Schere immer weiter auseinandergeht. Es gibt die mündigen Patienten, die sich im Internet informieren, Verträge mit ihrem Arzt oder ihrer Ärztin schließen und das Krankenhaus wie ein Hotel nutzen – und ihre Zahl nimmt zu. Daneben aber stehen die Bewohner und Bewohnerinnen von Heimen, die zutiefst abhängig und hilfebedürftig und trotz Pflegeversicherung auf Eingliederungshilfe angewiesen sind. Auch Angehörige, deren Eigenkapital von der Pflege vollkommen aufgebraucht wird, können und werden wohl kaum als eigenständige Kunden auftreten. Das gleiche gilt für die Patientinnen und Patienten, denen bei geringem Einkommen immer mehr Zuzahlungen zugemutet werden, die als »schlechte Risiken« für Kassen und Ärzte ökonomisch unattraktiv sind und die am zweiten Gesundheitsmarkt der Individuellen Gesundheits-Leistungen (die genannten »IGL-Leistungen«: Wahlleistungen, die vom Patienten selbst finanziert werden müssen) ohnehin keinerlei Anteil haben. Aber auch sie haben ein Recht auf die notwendige gesundheitliche Versorgung – auf Qualität und ethische Standards.

Bei gedeckelten Budgets und einem streng regulierten Markt kommt es gleichwohl auch und gerade im Gesundheitswesen zu einer zunehmenden Rationalisierung von Aufgaben. In den Krankenhäusern werden die vermuteten Rationalisierungspotentiale insbesondere durch Einsparungen in der Pflege realisiert. Dabei führt die stetige Verkürzung der Liegedauer tatsächlich zu einem Mehraufwand für die Pflege, weil die Zahl der Frischoperierten prozentual steigt. Die Verdichtung der Arbeitsprozesse erschwert den Aufbau von Beziehungen zu Patienten und Hilfebedürftigen. Wenn dann noch Tarifkämpfe einzelner Berufsgruppen nebeneinander geführt werden, zerbricht, was so dringend nötig ist: kooperative Arbeit, in deren Mittelpunkt der Patient steht. Das ökonomische Paradigma stößt damit an seine Grenze – auch deswegen, weil in die Kalkulation nur technisch planbare Leistungen eingehen, während menschliche Zuwendung stillschweigend erwartet wird. Wo Angehörige oder Freiwillige fehlen, fehlt es deshalb oft an den entscheidenden Gesten der Unterstützung.

Der Grundsatz »Aktivierung statt Versorgung« zielt auf die Stärkung des Subjektseins – und nicht nur auf den mündigen Kunden. Deshalb gilt es, einem Verständnis des Gesundheitssektors, das Dienst lediglich als Dienstleistung versteht und Dienstleistungen ausschließlich als Geschäftsbeziehung definiert – genauso entgegenzutreten wie einem überholten Verständnis des Versorgungsstaates, der Hilfebedürftige als Objekte der Fürsorge und Kontrolle versteht. Es geht vielmehr darum, die sozialen Netze zu stärken – dazu gehört eine Unterstützung der Selbsthilfe- und Bürgerbewegungen genauso wie eine Verbesserung der Rechte von Patientinnen und ihren Angehörigen und eine durchlässige und transparente Zusammenarbeit von stationären und ambulanten Diensten. Wer in Zukunft den »Markenkern« eines diakonischen Unternehmens entwickeln will, muss auch auf eine gute Zusammenarbeit mit Angehörigen, Selbsthilfegruppen und Ehrenamtlichen aus den Quartieren achten.

5.3 Die Gesundheitsbranche als Dienstleistungsmotor

Niemand darf allerdings glauben, die wachsende Versorgungslücke in der Pflege ließe sich allein durch den ehrenamtlichen Einsatz von Familien, Nachbarn und Kirchengemeinden schließen. Dass die Ressourcen unentgeltlicher Sorgearbeit eher schwinden, wurde bereits deutlich. Der Bedarf an professionellen Dienstleistungen in der Pflege- und Sozialbranche wird deshalb wachsen. Auch wenn die politischen und ökonomischen Rahmenbedingungen in dieser Branche sich eher verschärft haben: Soziale Dienstleistungen sind in Zukunft ein entscheidender Beschäftigungsmotor. Und vor allem das Gesundheitswesen ist eine Wachstumsbranche. In einer alternden Gesellschaft wird der Bedarf an Personal auf nahezu allen Qualifikationsstufen, wie schon deutlich wurde,[77] noch erheblich steigen.

Leo Nefiodow spricht vom Gesundheitsmarkt als dem 6. Kontradieff, der neuen großen Beschäftigungswelle. In diesem Bereich, so meint er, steckten die größten Produktivitätsreserven, hier könne Innovation und Verbesserung den größten ökonomischen und gesellschaftlichen Nut-

---

[77] FAZ vom 3.1.2012, Wirtschaft (S. 9).

zen bringen, hier böte Wettbewerb eine echte Chance. Kein Wunder, dass die Entwicklung der Sozial- und Gesundheitsbranche seit Jahren den Wirtschaftsteil der Tageszeitungen beschäftigt. Gesundheit in einer älter werdenden Gesellschaft bietet tatsächlich einen neuen Markt für die körperlichen, sozialen und seelischen Bedürfnisse und Potentiale der Menschen.

Es lohnt sich deshalb ein genauerer Blick auf die Chancen und Risiken des wachsenden Gesundheits- und Sozialmarktes. Der Prozess der europäischen Vereinigung hat die Bedingungen für die Ausgestaltung des Sozialstaats verändert; die ökonomischen Krisen der letzten Jahre haben zudem die Sorgen um die finanziellen Ressourcen verschärft. Im Zusammenwachsen zweier Staaten mit unterschiedlichen Steuer- und Sozialsystemen, Staats- und Kirchenverständnissen und Kulturen kamen in Deutschland bereits nach 1989 die Standards der sozialen Versorgung und die Prinzipien ihrer Finanzierung auf den Prüfstand. Die Nachfrage nach sozialen Dienstleistungen war zwar ungebrochen, ja sie differenzierte sich sogar aus. »Aber die Leistungen sind großzügiger, als die Kunden zu zahlen bereit sind«, schrieb Peer Ederer 1999 der sogenannten Deutschland-AG ins Stammbuch. Und er fuhr fort: »Ursachen für die Fehlentwicklung sind das Ausmaß der Angebote, der abzusehende Bevölkerungsrückgang und die mangelnde Anpassung an den sozialen Wandel. Statt einer fortgesetzten Verlustfinanzierung ist eine Optimierung der Preis-Leistungsstrukturen zu empfehlen.«[78]

Sieht man von konjunkturellen Schwankungen und den Folgen der deutschen Einheit ab, ist der Anteil der Sozialausgaben am Sozialprodukt seit Mitte der siebziger Jahre in Wirklichkeit mehr oder weniger konstant geblieben. Trotz der steigenden Nachfrage, die mit dem demographischen Wandel verbunden ist, ist eine wesentliche Erhöhung des solidarisch finanzierten Gesundheitsbudgets allerdings angesichts der wachsenden Staatsverschuldung unwahrscheinlich. Eine Lösung der Finanzierungsprobleme liegt in der Neustrukturierung der Ausgaben, in der Reduzierung von Doppelaufgaben und Drehtüreffekten und in der Stärkung von integrierten Ansätzen in der Quartiersarbeit. Daneben versucht die Politik seit Jahren, private Finanzquellen zu erschließen – das gilt sowohl im Blick auf die Zulassung privater Anbieter auf den Wohlfahrtsmarkt, die Stärkung des Wettbewerbs und die Aufhebung des Selbstkostendeckungsprinzips als auch im Blick auf die Stärkung der Eigenverantwortung der Versicherten. Der Wettbewerb um die besten Angebote und Konzepte soll (und kann vielleicht

---

[78] *Ederer, Peer / Schuller Philipp*, Geschäftsbericht Deutschland AG, Stuttgart 1999, 41ff.

5.3 Die Gesundheitsbranche als Dienstleistungsmotor

auch) Innovationen ermöglichen, neue Märkte und private Finanzierungen zu finden. Dass der fürsorgliche Wohlfahrtsstaat an seine ökonomischen Grenzen gekommen ist, scheint dabei weitgehend Konsens. Ausgangspunkt für diese Analyse ist der Wandel der Erwerbsgesellschaft und die damit verbundene fiskalische Krise der sozialen Sicherungssysteme. Das über Jahrzehnte stabile Vollzeitarbeitsverhältnis des »Familienernährers« ist nicht mehr die Regel. Die Erwerbstätigkeit von Frauen steigt tendenziell vor allem im Dienstleistungsbereich. Hier vor allem nimmt auch die Zahl von Teilzeit-Arbeitsplätzen zu, die keine ausreichende Existenzsicherung bieten. Beschäftigungsverhältnisse mit wechselnder Dauer und Umfang, veränderte Zeitstrukturen in der Arbeit verändern auch die Lebensgewohnheiten. Stärker individualisierte Tagesstrukturen und unterschiedliche Arbeits- und Lebensorte gefährden den Zusammenhalt von Familien; die Ressourcen für private Erziehungs- und Pflegeleistungen schwinden. Hinzu kommt der demographische Wandel mit einer Verschiebung der Generationen. Kinder werden später geboren, zugleich nimmt die Zahl der Pflegebedürftigen zu.

Nicht zuletzt die demographische Entwicklung setzt die sozialen Sicherungssysteme in Deutschland unter Druck, während – auch angesichts der wachsenden Erwerbstätigkeit von Frauen – die Nachfrage nach sozialen Dienstleistungen wächst. Ob in der Kinderbetreuung, der Altenhilfe oder der ambulanten Gesundheitsversorgung: Gefragt sind Angebote, die sich an einen flexiblen Arbeits- und Familienalltag anpassen, Eigenverantwortung stärken und Integration ermöglichen. Gesucht werden innovative Konzepte, die Versorgungsdefizite abbauen, die Selbsthilfepotentiale der Gesellschaft einbeziehen und mehr Beschäftigung ermöglichen. Dazu gehören auch Serviceangebote in Hauswirtschaft und Gartenarbeit, Einkaufs-, Hol- und Bringedienste. Individuelle Leistungen für unterschiedliche Lebenssituationen sind gefragt – flexible Systeme, die dem schnellen gesellschaftlichen Wandel Rechnung tragen.[79] Bei der Transformation vom fürsorglichen Wohlfahrtsstaat mit den subsidiären Trägern der Freien Wohlfahrtspflege zur Wohlfahrtsgesellschaft mit marktorientierten sozialen Dienstleistungen und zivilgesellschaftlichen Organisationen geht es deshalb um mehr als um Fragen der öffentlichen Haushalte und der Finanzierung: Es geht um gesellschaftlichen Wandel und die Suche nach neuen politischen Konzepten.

Der Wunsch nach Gesundheit und Wohlbefinden schafft schon heute neue Märkte. Fit zu bleiben für den immer rascheren Wandel, empfinden viele als große Herausforderung. Für Fortbildung, Fitness, alternative Medizin, Coaching und Beratung werden schon jetzt erhebliche

---

[79] www.ekd.de/EKD-Texte/im_alter_neu_werden_koennen.html (zuletzt aufgerufen am 28.5.2013).

private Mittel aufgewandt. Befragungen haben deutlich gemacht, dass ein großer Teil der erwerbstätigen Mittel- und Oberschicht bereit ist, höhere Eigenmittel für die Gesundheit aufzubringen. Aber auch die rasante Entwicklung medizinischer und pharmazeutischer Möglichkeiten schafft neue Bedarfslagen. Statistisch gesehen nehmen mit zunehmender Lebenserwartung die chronischen Krankheiten zu. So entstehen neue Angebote und Kooperationen zwischen Sport und Medizin, Physiotherapie und Pflege, zwischen Rehabilitation und Wellness. Aber die neuen Wellnessangebote bleiben für viele unbezahlbar. Wenn der Gesundheitssektor vor allem über Marktinstrumente wächst, wächst zugleich die Gefahr der Ausgrenzung sozial schwacher, kranker, behinderter Menschen. Dabei darf nicht übersehen werden: Der wichtigste Einflussfaktor für Gesundheit, Bildung, Wohlbefinden bleibt die soziale Lage. Vom Krippenplatz bis zur Universität, von der Beratungsstelle bis zu den Pflegeangeboten wird deshalb politisch diskutiert, welche Leistungen besser dem Markt überlassen werden können und welche allen Bürgerinnen und Bürgern unentgeltlich und steuer- oder sozialversicherungsfinanziert zur Verfügung stehen müssen.

Dabei geht es nicht zuletzt um den Erhalt der öffentlichen Güter und um eine Politik der Nachhaltigkeit.[80] Die Enquete-Kommission »Schutz des Menschen und der Umwelt« hat Managementregeln für eine nachhaltige Entwicklung formuliert, die in der EKD-Denkschrift »Umkehr zum Leben« von 2009[81] aufgenommen werden: Neben Hinweisen auf effiziente Produkte und Dienstleistungen sowie die problematischen Rebounding-Effekte und die unaufgebbare Bedeutung von Suffizienz macht die Enquete-Kommission darauf aufmerksam, dass bestimmte Teile der Wirtschaft wachsen müssen, damit ein Umsteuern auf eine nachhaltige Wirtschaft überhaupt erst möglich wird. Der demographische Wandel mit seiner Nachfrage nach neuen Wohnformen, dem Umbau von Häusern, aber eben auch Pflege- und Dienstleistungen für Ältere können dabei genauso zum »Jobmotor« werden wie die Energiewende in Deutschland.[82] Die Wachstumsfixierung unserer Gesellschaft führe allerdings dazu, dass wir auch da, wo es um das Wohl des Menschen und den Erhalt der natürlichen Ressourcen geht, gleichwohl vor allem Umsätze und Gewinne im Blick hätten, schreibt Prof. Gerhard Scherhorn.[83] Auf diesem Hintergrund habe es ein stillschweigendes politisches Einverständnis darüber geben können, dass die Finanzmärkte von den wachsenden Anlagemöglichkeiten der Ver-

---

80 Vgl. z.B. die Grundsatzprogramme von CDU und SPD aus den Jahren 2011.
81 www.ekd.de/download/klimawandel.pdf (zuletzt 28.5.2013).
82 *Scherhorn, Gerhard*, »Die Politik entkam der Wachstumsfalle. Ein Bericht aus dem Jahr 2050«, in: *Welzer, Harald* (Hg.), Perspektiven einer nachhaltigen Entwicklung: Wie sieht die Welt im Jahr 2050 aus?, Frankfurt a.M. 2011, 64–102.
83 Ebd.

mögenden profitierten, während der Nachfrageausfall, der angesichts sinkender Einkommen in der breiten Bevölkerung zustande gekommen sei, die Staatverschuldung beschleunigt habe.
Scherhorn spricht in diesem Zusammenhang von einem Wirtschaftswachstum ohne Rücksicht auf Kollateralschäden; denn die Zerstörung der Gemeingüter[84] und öffentlichen Güter habe bedrohlich zugenommen. In den alten Mutterhäusern lässt sich besichtigen, was das bedeutet: Wo nur noch einzelne Dienstleistungen und Produkte refinanziert werden, lassen sich die hohen Flure und denkmalgeschützten Gebäude kaum noch erhalten; da braucht es Spender und Sponsoren, um die Parks und Brunnen zu pflegen. Der Wert einer heilsamen Umgebung droht dabei genauso in Vergessenheit zu geraten wie die Bedeutung eines stabilen Teams oder die eines guten, frisch gekochten Essens. All das gehörte einmal zur genossenschaftlichen Kultur der Mutterhausdiakonie.
Solange die einzelnen Wirtschaftsakteure die Gemeinkosten und die Generationenkosten ihres Handelns »externalisieren«, also auf andere umlegen können, wird sich daran kaum etwas ändern. Betriebswirtschaftlich kann es nämlich durchaus günstig sein, die Krankenhausküche von einem Caterer betreiben zu lassen, statt in Infrastruktur und Arbeitsplätze zu investieren – die Kaiserswerther Diakonie hat diese Entscheidung in meiner Vorstandszeit gefällt –, so wie viele andere Unternehmen in den letzten zwei Jahrzehnten. Selten kommt dabei überhaupt in den Blick, dass es am Ende die Jobcenter mit ihrer Finanzierung aus Sozialkosten sind, die die Ausfälle tragen müssen. Die ökologischen und volkswirtschaftlichen Kosten dieser Entscheidungen sind erheblich – man denke nur an die Hygieneprobleme in den Krankenhäusern, die auch zu den Folgekosten der Rationalisierung von Pflegeleistungen gehören, oder an den Transport ganzer Mahlzeiten von einer Zentralküche in ein Krankenhaus in der Nachbarstadt.

Meine Großeltern kamen aus Familien von Textilkaufleuten; so bin ich nicht nur mit einem Sinn für Wirtschaftlichkeit, sondern auch für die Qualität von Stoffen aufgewachsen. Stoffe waren dann gut, wenn die Kleidung mehrfach umgearbeitet werden konnte, ohne Schaden zu nehmen. Von solcher Qualität waren die Pünktchenstoffe, aus denen die Tracht der Diakonissen geschneidert war. Nachhaltigkeit und soziale Verantwortung gehörten traditionell zu den Qualitätsmerkmalen der Marke Diakonie. Von dieser Güte war auch die Arbeit der Gemeindeschwestern, die mit ihrem Dienst Kirche und Diakonie, den Dienst des Mutterhauses und die Nachbarschaften der Wohnquartiere verbanden, Ehrenamtliche und Spender gewannen und Benachteiligten auf die Beine halfen – mit Nähstuben und Kindergärten, mit Pflege-

---

84 *Helferich, Silke* und *Heinrich-Böll-Stiftung* (Hg.), Wem gehört die Welt? Zur Wiederentdeckung der Gemeingüter, München/Berlin 2009.

und Kochkursen, mit ambulanten Diensten, Besuchsdiensten und Frauengruppen. Patienten, Angehörige, Mitarbeitende und auch die Öffentlichkeit haben bis heute eine ziemlich präzise Vorstellung davon, was drin sein muss, wenn Diakonie drauf steht. Sie spüren, wenn die Marke angekratzt ist und die Nachhaltigkeit fehlt. Wo alte Menschen in einem Pflegeheim nur noch Kostenfaktoren sind, wo Pflegende von ihrem Lohn nicht leben können, wo der Wettbewerb auf Kosten der Qualität geht und am Ende die Ärmsten der Armen ausschließt – da ist die Bevölkerung zu Recht enttäuscht von Diakonie und Kirche.

Es gibt aber längst auch neue Aufbrüche hin zu einer diakonischen Zivilgesellschaft. So hat die österreichische Diakonie in Wien »Alternativforen« für Wege aus der Krise gegründet. Unter dem Motto »Ein gutes Leben für alle – mach mit und gestalte den Wandel« lädt sie alle Bürgerinnen und Bürger ein, sich mit Geld- und Zeitspenden an neuen sozialen und ökologischen Projekten zu beteiligen und sich für neue Verkehrssysteme, Stadtteilbudgets und Stiftungen einzusetzen. Damit ist die Diakonie anschlussfähig an viele Initiativen, Vereine und Websites der neuen Bürgergesellschaft, die vor allem aus dem Nachhaltigkeitszusammenhang kommen und einen neuen »Lifestyle of health and sustainability« propagieren, wie es die so genannten LOHAS tun. Es fällt auf, dass es die ökologische Bewegung ist, die ein neues Gesundheitsverhalten und neue soziale Standards pusht, dass Zivilgesellschaft die organisierte Diakonie treibt – und ihr eben oftmals auch gegenübersteht. Immerhin gelingt es in Wien, »klassische Klienten« der Diakonie, benachteiligte Jugendliche, Menschen mit Behinderungen oder Arbeitslose in die Arbeit der Foren in den Stadtteilen einzubeziehen und sie in ihrer aktiven Beteiligung zu unterstützen. Es ist wohl so: Die Netze, die uns morgen tragen sollen, müssen wir heute wieder neu knüpfen; die gesetzlichen Rahmenbedingungen, die sie haltbar machen, gilt es neu zu gestalten – beteiligungsorientiert und demokratisch, ökologisch und sozial.

5.4 Strategien für Markt und Quartier

Haben diakonische Unternehmen einen Wettbewerbsvorteil, wenn sie sich von einem rein ökonomischen Wachstums- und Gewinndenken verabschieden und stattdessen bewusst auf Dezentralisierung, Quartiersnähe und Kooperationen setzen? Wenn sie das Gemeinwesen stärken und freiwilliges Engagement unterstützen und nachhaltige Konzepte der Arbeit entwickeln? Noch ist das nicht ausgemacht. Und sicher ist: Dazu braucht es auch den politischen Einsatz für neue Regulierungen und Rahmenbedingungen.

Ich träume noch immer von einer diakonische Pflegekette mit einem gemeinsamen Leitbild, gemeinsamen Qualitätskriterien und einem besonderen ethischen und spirituellen Profil, die Mitarbeitende entspre-

5.4 Strategien für Markt und Quartier

chend ausbildet und qualifiziert und damit gerade solche Nutzer anspricht, die von der Diakonie mehr erwarten als professionelle Arbeit. Hier arbeiten die Pflegenden mit gut ausgebildeten Hauswirtschaftskräften, mit Nachbarn und Freiwilligen zusammen. Knotenpunkte ihrer Arbeit sind die Mehrgenerationenhäuser und Gemeindezentren, wo auch seelsorgliche, ethische und spirituelle Weiterbildung für die freiwillig Engagierten und beruflich Tätigen stattfindet.[85] Die Pflegepädagoginnen, welche die Quartierspflege in Regionen organisieren, arbeiten mit den Kirchengemeinden zusammen, sie haben guten Kontakt zu Pfarrerinnen und Pfarrern, aber auch zu Besuchsdiensten. Liegt nicht in dieser Verknüpfung von Kirche und Diakonie tatsächlich ein Wettbewerbsvorteil gegenüber Mitbewerbern wie Helios oder Asklepios? Könnte mit einem so geschärften Profil die Diakonie ihren Nutzern nicht mehr wert sein als mancher Mitbewerber? Sie könnte Zugänge eröffnen zu Seelsorge und Musik, zu Trauergruppen, generationenübergreifenden Projekten und freiwilligem Engagement und letztlich helfen, Sinn auch in dunklen Erfahrungen zu erschließen. Wenn Führungskräfte Mitarbeitenden der mittleren Ebene Gestaltungsräume für Innovationen eröffnen, in denen wirklich Neues wachsen kann, und bereit sind, mit Kirchengemeinden auf Augenhöhe zu verhandeln – vielleicht kehren dann auch diejenigen in die Unternehmen zurück, die sich heute abgekoppelt und selbständig gemacht haben. Ihre widerständige Energie und die Kraft ihrer Phantasie sind dringend nötig. Auch »Diakonie in Düsseldorf«, der große diakonische Träger des Kirchenkreises, zeigt in einem innovativen Projekt, wohin es gehen könnte: Am Platz der Diakonie in Düsseldorf-Flingern, gleich in der Nähe eines Altenzentrums, entstand eine moderne, helle Kirche. Mit ihren Beratungsbüros und Angeboten ist sie offen zum Stadtteil – eine Diakoniekirche eben, und zugleich ein deutliches Zeichen für den spirituellen Charakter aller sozialen Arbeit.

Zugleich aber zeigt sich hier wie im Brennspiegel: Die kirchlichen Wohlfahrtsverbände wachsen und investieren, während Gemeinden ihre Kirchen verkaufen und ihre Gemeindehäuser umwidmen. Das geht nicht ohne Spannungen, Neid und Missgunst ab. Was, wenn der Graben zwischen Kirche und Diakonie sich vertieft? Wenn Gemeinden sich mit der Gruppe der Hochverbundenen begnügen? Oder wenn die Dienstleister sich auf ihre funktionalen Kompetenzen zurückziehen und mehr und mehr von den Lebenswelten abkoppeln? Die so genannten »blutigen Entlassungen« aus den Krankenhäusern, die oft genug stattfinden, ohne dass die private Pflege gesichert ist, sind ein Warnsignal.

---

[85] *Hofmann, Beate,* »Und was ist der Unterschied? Kompetenzerwerb im religiös geprägten Engagement.« Vortrag bei der 2. Ökumenischen Ehrenamtstagung am 30.9.2011 in Erfurt.

In der Palliativmedizin ist es inzwischen gelungen, die ambulante Versorgung so zu stärken, dass Menschen gut versorgt zu Hause sterben können. Trotzdem können wir uns die Ambulantisierung eines Krankenhauses noch ebenso wenig vorstellen, wie vor 40 Jahren die Auflösung der Mädchenheime oder vor 20 Jahren die der Einrichtungen für Menschen mit Behinderungen. Aber in den letzten Jahrzehnten begannen die großen Träger der Jugend- und Behindertenhilfe, sich zu ambulantisieren; Jugendliche aus belasteten Familienverhältnissen, psychisch kranke und behinderte Menschen kehrten zurück ins Quartier. Zugleich entstand die Gemeinwesen- und Stadtteilarbeit. Sozialarbeiter waren gefragt, die nicht nur einen Blick für die Klienten, sondern auch für die Strukturen hatten. Soziale Arbeit sollte und wollte nicht nur den Einzelnen helfen, sondern auch Familien und Gesellschaft verändern. Die sozialen Bewegungen der 60er-, 70er- und 80er Jahre waren Befreiungsbewegungen. Es sollte Schluss sein mit einer Fürsorge, die die Hilfebedürftigen zu Objekten macht. Schluss mit dem »Sozialpaternalismus«, der die Wohlfahrtspflege lange mit seinen bürokratischen Regelungen bestimmt hatte. Sozialarbeiter, Sozialpädagogen, aber auch Krankenschwestern und Kinderärzte wurden zu Anwälten der Betroffenen.

Und wem gehört heute die Zukunft? Den großen Konzernen, die immer mehr Kapital zusammenziehen, um am heiß umkämpften Gesundheits-und Pflegemarkt zu bestehen? Oder den kleinen Einheiten in Wohnquartieren, die mit spezialisierten Diensten und Einrichtungen vernetzt sind, aber auch mit bürgerschaftlichen Initiativen arbeiten? Sozialmarkt oder Gemeinwesendiakonie? Kundenfreundliche Dienstleistungen oder partnerschaftliche Integration? Ich glaube, hier muss man nicht in Alternativen denken. Auch große Krankenhäuser entwickeln einzelne Abteilungen zu spezialisierten Gesundheitskompetenzzentren, die vor Ort mit Arztpraxen und anderen Gesundheitsanbietern bis hin zu Fortbildungsträgern verbunden sind. Auch sie bieten jetzt Geburtsstationen für Frühgeborene und Unterbringungsmöglichkeiten für Eltern an, ihre Diabeteszentren kooperieren mit Ernährungs- und Sportberatung.
Entscheidend ist, dass angesichts der hochspezialisierten Einheiten die wohnortnahe Versorgung nicht erodiert. Sie bietet in besonderem Maße die Chance, Freiwillige und eben auch die Kirchengemeinden weit mehr als bisher einzubeziehen. In den Wohngruppen behinderter Menschen oder in Mehrgenerationenhäusern erleben wir zurzeit, wie »die Diakonie« zurück in die Gemeinde kommt. Diakonische Träger wie Hephata in Mönchengladbach, Alsterdorf in Hamburg oder die Graf-Recke-Stiftung in Düsseldorf werden zu Partnern der Kommunen bei der Entwicklung neuer Wohnquartiere. »Leben und Wohnen in einem inklusiven und innovativen Quartier« will zum Beispiel die Graf-

5.4 Strategien für Markt und Quartier

Recke-Stiftung ermöglichen. Im Dorotheenviertel in Düsseldorf soll es neben 70 Wohneinheiten mit vielen experimentellen Wohnformen wie Mehrgenerationenhäusern Angebote für die Angehörigen von Demenzerkrankten oder auch für junge Familien geben, daneben Gemeinwesenangebote, Spielflächen und ein Quartierskulturhaus oder auch therapeutisches Reiten. »Ökologisches Wohnen mit Service« – ein attraktives Angebot, das auch die Kirchengemeinden herausfordert.[86] Unter ganz anderen Bedingungen organisieren die Pfeifferschen Stiftungen in Magdeburg »Pflege in der Platte« – und bringen damit Pflege, Beratung und neue Teilhabechancen zurück in die Stadt und die Gemeinde. Die Chancen zu nutzen, die in solchen Entwicklungen liegen, wird wesentlich für die gegenwärtigen Reformprozesse der Kirche sein, bei denen Gemeindeleitungen und Kirchenkreise in mancher Hinsicht durchaus an Wicherns Reformideen anknüpfen könnten.[87] Gemeinden, die diakonisch gut vernetzt sind, bieten Lebensräume für Ältere wie für Familien, aber auch für alle, die sich sinnvoll engagieren möchten. Allerdings tun Kirche und »ihre« Diakonie sich nach wie vor schwer damit, zusammenzuarbeiten. Während die einen sich als Unternehmen verstehen, aufgaben- und zielorientiert denken, flexibel und schnell auf Kundenwünsche und Märkte reagieren, nach Qualitätsentwicklung und Profilen fragen und sich dabei oft von der Konkurrenz getrieben fühlen, nicht ohne dabei nach wie vor zu wachsen, leiden die anderen unter dem Gefühl, bei immer geringeren Ressourcen vom eigenen Anspruch erdrückt zu werden. Kirchengemeinden sind wie Kommunen mit dem Schwinden der finanziellen wie personellen Mittel beschäftigt und erleben zunehmend Konzentrationsprozesse. Da kostet es Anstrengung, den Blick für neue Kooperationschancen offenzuhalten.

Die Debatten um den Dritten Weg der Kirchen im kirchlichen Arbeitsrecht[88] machen darüber hinaus deutlich, wie schwer es für die Kirche geworden ist, einen Rahmen für die diakonische Arbeit auf dem Sozialmarkt zu setzen, profilierte Leitlinien für die eigene Mitarbeiterschaft zu setzen und Lohndumping zu verhindern. Längst hat ein Wettbewerb um qualifizierte Mitarbeiterinnen und Mitarbeiter begonnen, bei dem Konfessionsfragen nur noch eine untergeordnete Rolle spielen. Und nicht nur Erwerbstätigkeit, auch freiwilliges Engagement im Sozialsektor organisiert sich quer durch alle Konfessionen. Gesucht sind attraktive Arbeitgeber und Organisationen, die Entwicklung fördern. Selbst Projekte der Gemeinwesendiakonie wie das in Gelsenkirchen erfüllen formal nicht die Zugehörigkeitsrichtlinien von Kirche und Diakonie, wenn

---

[86] Leider zeigt sich in den Standorten des von der Bertelsmann-Stiftung geförderten SONG-Projekts, dass sich viele Gemeinden noch schwer tun, sich auf solche neuen Kooperationen einzulassen.
[87] Vgl. z.B. *July* 2007.
[88] Vgl. z.B. »Diakonie und ihre Kirche – Plädoyer für einen Perspektivenwechsel« – epd-Dokumentation Nr. 23, 4. Juni 2013.

Leitende Mitarbeiterinnen und Mitarbeiter oder Mitglieder in Aufsichtsgremien der evangelischen Kirche nicht mehr angehören. Entfernt sich also die Diakonie von der Kirche – gerade wenn sie sich auf die Gesellschaft in ihrer religiösen Pluralität und Säkularität einlässt? Das wäre ein großer Verlust. Kirchengemeinden haben bis heute ein besonders hohes Sozialkapital – an Kontakten, Netzwerken und Beziehungen sowie an symbolischen Orten, an denen sich die gemeinsame Geschichte in Stadt und Quartier verdichtet. Sie haben Standorte, Kirchen und Gemeindehäuser mit ungeheuren Möglichkeiten – auch zur Vermietung – und in aller Regel einen großen Vertrauensvorschuss, den es einzusetzen gilt. Anders als diakonische Dienste sind sie in ihrer parochialen Struktur immer schon auf das Gemeinwesen bezogen, selbst wenn sie mit ihrer konfessionellen Ausrichtung Grenzen der Zugehörigkeit kennen. Pfarrerinnen und Pfarrer, Kirchenvorstände und Ehrenamtliche leben im Stadtteil, sie kennen Schulen, Arztpraxen und Vereine aus eigenem Erleben. Ihre Bedeutung für eine gesunde, inklusive und generationengerechte Stadt allerdings haben die meisten noch nicht entdeckt. Dazu gilt es, die Sozialraumorientierung der Gemeinden und die professionellen Angebote der Diakonie chancenorientiert zusammenzubringen. Diakonische Unternehmen, die in ihren Konversionsprozessen ins Quartier zurückgehen, haben deshalb die Gemeinden neu entdeckt – als Anknüpfungspunkt für das oft verlorengegangene zivilgesellschaftliche Potential.

Wenn die Anknüpfung gelingen soll, braucht es eine Verständigung über unterschiedliche Kulturen hinweg. Denn noch immer stehen Kirche und Diakonie einander fremd gegenüber. Es ist nicht nur die Spannung zwischen ökonomisierter Marktlogik und steuerfinanzierten Gemeindesystemen, zwischen Beruflichkeit und Ehrenamt, sondern auch der Druck einer durchorganisierten Arbeitswelt im Unterschied zur Lebenswelt-Orientierung der Kirchengemeinden. Gemeinden haben ungeheure Chancen, wenn sie das gesamte Quartier, ja die Region im Blick haben, in der sie arbeiten und leben – mit ihren Altenwohnungen und Gesundheitsdiensten, mit Kommune und Wohlfahrtseinrichtungen, Schulen und Unternehmen, vor allem aber mit den Menschen, die Unterstützung brauchen. Als Kunden und Patienten, als Bürger und eben auch als Gemeindemitglieder, die Hilfe und Orientierung suchen und oft auch bereit sind, sich zu engagieren.

6. Geld allein reicht nicht – Verbindlichkeit in einem neuen Sozialgewebe

Es geht nicht nur um Hilfebedarfe und Hilfsangebote. Es geht um soziale Bürgerrechte. Es genügt nicht, professionelle und preislich günstige

Dienstleistungen anzubieten. Es geht um die Frage, wie wir miteinander wohnen, lernen, arbeiten und wie Benachteiligte integriert werden.

Angesichts der wachsenden sozialen Aufgaben fehlt den unterfinanzierten Kommunen jeglicher Spielraum für freiwillige Leistungen. Wenn es nicht zu einer neuen Aufgabenverteilung und einem anderen Finanzausgleich zwischen Bund, Ländern und Gemeinden kommt, wird sich diese Situation angesichts des demographischen Wandels, veränderter Familienstrukturen und der gesellschaftlichen Spaltung verschärfen. Im Jahr 2013 haben viele Kommunen ihre gesetzliche Verpflichtung, Plätze für Unter-Drei-Jährige zu schaffen, nur unter größten Anstrengungen erfüllen können, und bei Transfereinkommensbeziehern wächst der Bedarf an Hilfe zur Pflege und Sozialhilfe. Dieser Situation begegnen die Städte derzeit mit Privatisierung in Bereichen, die bis vor 20 Jahren noch öffentlich finanziert wurden: Infrastruktur, Verkehrssystem, Energie- und Wasserwirtschaft, Abfallbeseitigung und eben auch Gesundheits- und Sozialwirtschaft. Auf breiter Ebene haben sich Modelle kommunaler Steuerung durchgesetzt, die eher der französischen *economie sociale* als der deutschen Tradition der Subsidiarität entsprechen – mit regionalen Budgets und Kontrakten und einem Preis- und Qualitätswettbewerb der Anbieter. Mit den Klienten werden Dienstleistungen vereinbart, die sie fit machen sollen für ein eigenständiges Leben

Tatsächlich ist es aber nicht einfach, angesichts der ökonomischen Steuerung dieser Prozesse für die Eigenständigkeit des Klienten und für seine sozialen Rechte Partei zu ergreifen. In der sozialen Arbeit wird in diesem Zusammenhang von Anwaltschaftlichkeit gesprochen. In biblischer Sprache ausgedrückt geht es darum, den »Mund aufzutun für die Stummen«.[89]

Kirche und Diakonie haben dabei ein schweres historisches Erbe. Auch aus diakonischen Einrichtungen wurden während des Dritten Reiches psychisch kranke und behinderte Menschen deportiert; auch von hier aus kam es zur Vernichtung »unwerten Lebens«. Auch ohne formale Gleichschaltung war die Abhängigkeit diakonischer Träger von Refinanzierung und Gesetzgebung des faschistischen Wohlfahrts-Staats stark. Einrichtungen wie die Stiftung Alsterdorf oder Hephata, Mönchengladbach, haben diese Geschichte schon vor Jahren wissenschaftlich erforscht, gemeinsam mit den Angehörigen öffentlich gemacht und der Opfer mit Denkmalen und Ritualen gedacht. Die fehlende Widerstandskraft der meisten evangelischen Einrichtungen wurde auch dadurch verstärkt, dass gerade die evangelische Kirche von einem starken Staat und von einem Sozialkorporatismus her dachte, in

---

[89] Spr 31,8.

dem sie selbst von Anfang an eine starke Stellung einnahmen.[90] Tatsächlich fehlt in Deutschland bis heute ein zentraler Gedenkort für die Opfer der T-4 Aktion.[91]

Der Glaubwürdigkeitsverlust, der damit verbunden war, dass auch Leitende Geistliche und Oberinnen in der Diakonie die anvertrauten Menschen nicht schützen konnten – sei es, weil sie die Interessen der Einrichtungen in den Vordergrund rückten, sei es, weil sie selbst im Mainstream einer utilitaristischen Selektionspolitik dachten –, wirkt bis heute nach. Politische Anpassung und Organisationsinteressen können im Weg stehen, wenn es auf unvoreingenommene und unbedingte soziale Anwaltschaft ankommt. Wer für die Marginalisierten eintritt, muss, wenn es hart auf hart kommt, auch bereit sein, die eigenen Privilegien zu riskieren. Einigen ist das auch in der Zeit des Dritten Reiches gelungen; sie können bis heute Vorbilder sein.

Heute haben wir es in Deutschland nicht mit einem totalitären Staat zu tun – auf den ersten Blick scheint es so, als stellten stattdessen Markt- und Wettbewerb die besondere Stellung der Kirchen in der Wohlfahrtspflege in Frage. Angesichts wachsender Privatisierungstendenzen auf der einen Seite und einer Vielzahl kirchlicher Einrichtungen auf der anderen halten viele Bürgerinnen und Bürger die subsidiäre Refinanzierung von Wohlfahrtseinrichtungen für ein ungerechtfertigtes kirchliches Privileg. Tatsächlich ist aber der fürsorgliche Sozialstaat einem Sozialmarkt gewichen, auf dem die von den Geldgebern gesetzten Standards das je eigene Profil der konfessionellen Träger überlagern. Auch wenn aus Hilfeempfängern inzwischen Kunden wurden – die Asymmetrie zwischen Hilfebedürftigen und Helfern, die Abhängigkeit von den Geldgebern ist damit nicht geringer geworden. Ein System von Anreizen und Belohnungen ist an die Stelle der »Warteschlangen« und »Wartezimmer« getreten – mit der großen Gefahr, dass sich die Vorstellung durchsetzt, alles sei käuflich – vom Einzelzimmer über die Privatbehandlung bis zu Spenderorganen. In seinem Buch »Was man für Geld nicht kaufen kann« schildert Michael Sandel die Probleme einer immer weiter gehenden gesellschaftlichen Spaltung wie auch der Korruption, die damit verbunden ist.[92] Auf diesem Hin-

---

[90] Vgl. *Hermann* u. *Schmidt* 2009 sowie www.bundesarchiv.de/geschichte_ euthanasie/Inventar_euth_doe.pdf (Quellen) und einen zusammenhängenden Bericht: www.theologe.de/euthanasie.htm (zuletzt am 28.5.2013 aufgerufen).
[91] *Aly* 1989. Die so genannte T-4-Aktion umschreibt die Maßnahmen zur Vernichtung »unwerten Lebens«, der massenweise Ermordung von Menschen mit Behinderungen, die im Oktober 1939 auf Befehl des Führers als »Geheime Reichssache« von drei Tarnorganisationen durchgeführt wurde, die in der Tiergartenstr. 4 ihren Dienstsitz hatten und der Kanzlei des Führers zugeordnet waren. Dabei sind mindestens 70.000 Menschen ermordet worden.
[92] *Sandel, Michael J.*, Was man für Geld nicht kaufen kann, Berlin 2012.

tergrund versuchen Sozialversicherungssysteme und Kommunen, die Standards und Kriterien der Hilfe immer genauer vorzuschreiben; mit DRGs und Modulen, mit Qualitätsmanagement und Budgets wird professionelles Handeln in einen festen Rahmen gepresst, die Freiheit schwindet, und Begegnung auf Augenhöhe bleibt wohl ein hohes Ziel, aber eine seltene Erfahrung.

Wie können neue Freiheitsspielräume gewonnen werden? Was muss geschehen, um finanziell überforderte Kommunen zu entlasten? Welche Schritte sind nötig, um die Schieflagen in den sozialen Sicherungssystemen zu beheben – damit Niedriglohnempfänger von den Sozialkassen entlastet werden, statt sie überproportional zu belasten, damit endlich andere Einkommensarten zur Stabilisierung herangezogen werden? Wie kann sich der Sozialmarkt so entwickeln, dass Trägern und Dienstleistern ermöglicht wird, ohne die Androhung von Wettbewerbsverzerrung und Verletzung des Gleichstellungsgebots ihre je eigenen Ressourcen einzubringen – Spenden wie nachbarschaftliche und gemeindliche Netze? Und was muss geschehen, um das Engagement der Bürgerinnen und Bürger, die soziale Wachsamkeit der Gemeindemitglieder zu stärken?

6.1 Alte Netze neu verknüpfen – Ausbildungsketten, Arbeitsmigration, öffentliche Verantwortung in einem sozialen Europa

Vor einigen Jahren besuchte eine Delegation aus der reformierten Kirche der ungarischen Minderheit in Rumänien die Kaiserswerther Diakonie. Es ging um eine Kooperation in der Altenpflege. Denn während sich junge Frauen aus Osteuropa auf den Weg in den Westen machen – viele davon, um unseren Pflegenotstand zu kompensieren –, bleiben die Kinder und die Alten in ihren Herkunftsländern zurück. Nun sollte dort ein »Pflegenest« geschaffen werden – eine kleine stationäre Einrichtung für die schwerst Pflegebedürftigen mit einer Altenpflegeschule und Basisstationen in den Gemeinden der Region. Man erhoffte sich ein Doppeltes von der Kooperation: Unterstützung beim Bau der kleinen Einrichtung, aber auch beim Aufbau einer professionellen Pflegeausbildung. Inzwischen ist dieses Projekt auf gutem Weg – und es ist bei weitem nicht die einzige Kooperation dieser Art.[93] Im Prozess der europäischen Vereinigung ist auch in der Sozialbranche ein gemeinsamer Arbeitsmarkt entstanden, und diakonische Träger weiten ihre Angebote auf andere Länder und Regionen aus. So entwickelte das Johanneswerk Bielefeld Seniorenangebote für ältere Deutsche in Spanien und die Diakonie Neuendettelsau eine Pflegeschule in Rumänien,

---

[93] Zu erwähnen sind insbesondere die Projekte der Kindernothilfe für verlassene Kinder in Rumänien und Russland, z.B.: www.kinderhilfe-rumaenien.com.

durchaus auch mit Blick auf die eigenen Bedarfe. Viele Einrichtungen, die – wie Kaiserswerth oder Neuendettelsau – ihre Wurzeln im 19. Jahrhundert haben, können dabei an die grenzüberschreitende, diakonische Geschichte aus den Zeiten der ersten Globalisierung im 19. Jahrhundert anknüpfen. So wurde zum Beispiel die Fritz-Fliedner-Stiftung in Madrid, die von einem Sohn Theodor Fliedners gegründet wurde, zu einem interessanten Kooperationspartner. Schon die Gründerväter suchten Anregungen und Modelle in ganz Europa, im industrialisierten Großbritannien wie in den Niederlanden, sie gründeten Niederlassungen auf dem Balkan wie in Skandinavien. Und die ökumenischen Beziehungen aus dieser Zeit sind oft noch wach. Entscheidend wird sein, dass die alten Dominanzstrukturen durch echte Partnerschaften ersetzt werden und dass die unterschiedlichen Erfahrungen mit Krieg und Zerstörung, aber auch mit politischen Systemen und Ost und West geachtet werden.[94]

Wie vernetzt Europa ist, das zeigt sich auch heute nicht nur im Blick auf Währung und Finanzindustrie, sondern auch im Gesundheits- und Sozialsystem: Ärzte und Pflegende kommen aus Griechenland und Spanien, Haushaltskräfte aus Polen und Rumänien. Manchmal erinnert mich die Situation an das Ende des 19. Jahrhunderts, als junge Frauen vom Land als Dienstmädchen in die Städte fuhren. Damals kümmerte sich die Bahnhofsmission um diejenigen, die dabei in Schwierigkeiten kamen und oft genug Gewalt- und Missbrauchserfahrungen machen mussten. Daneben entstanden diakonische Stiftungen, die solchen jungen Frauen eine Ausbildung in der Hauswirtschaft ermöglichten. Ähnliche Aufgaben nehmen bis heute »invia« und der Verein für Internationale Jugendarbeit wahr, die mit ihren Angeboten für Au-pair-Mädchen genauso wie für Migrantinnen Brücke und Halt bieten. Andere, wie die »Kindernothilfe«, schauen auf die Kinder, die in Osteuropa oft bei den Großeltern zurückbleiben, weil Vater und Mutter ihrer Arbeit in anderen Teilen des Landes oder eben für viele Monate im Ausland nachgehen. Seit der Öffnung des Eisernen Vorhangs gibt es Patenschaften und Straßenkinderprojekte nicht mehr nur in Afrika oder Lateinamerika, sondern auch in Russland oder Rumänien.

»An der Schwelle zum neuen Jahrtausend stehen wir infolge des raschen Wandels und der Auflösung früherer politischer und wirtschaftlicher Systeme einer ungeheuren Unruhe und Unsicherheit gegenüber. Das bedeutet Bedrohung wie auch Chance. Diakonie ist da aktiv, wo diese Veränderungen sich auswirken. Sie sieht hinter den Statistiken Gesichter und setzt sich für ein Europa ein, das allen Menschen ein würdiges Leben ermöglicht«, heißt es in der Bratislava-Erklärung der

---

94 Vgl. *Mandry, Christoph* 2009, Europa als Wertegemeinschaft.

6.1 Alte Netze neu verknüpfen

Konferenz Europäischer Kirchen von 1994.[95] Es geht darin um eine »Vision tragfähiger Gemeinschaften, die sich durch Nachbarschaftsgeist und miteinander teilen auszeichnen.« Die Bratislava-Erklärung sieht die Kirchen in der Pflicht, Brücken zu schlagen zu den Ausgegrenzten und Ausgeschlossenen, Verschiedenheit zu respektieren und Solidarität zu fördern. Sie entstand selbst in einem Brückenschlag, in einer Konsultation mit Teilnehmern aus 26 Ländern West- und Osteuropas. Weitsichtig heißt es in der Abschlusserklärung: »Durch das Tempo des Wandels und mangelndes Miteinanderteilen nimmt die Einsamkeit zu, wird das Fehlen von sozialem Bewusstsein deutlicher. Die überkommenen Wertvorstellungen, die Zusammenhalt und Menschenwürde stärken, sind heute bedroht. Diakonie muss Teil einer Bewegung sein, die Europa ein Zielbewusstsein gibt, das über das Wirtschaftswachstum hinausgeht.«[96]

Der Amerikaner Jeremy Riffkin, der für mich eins der besten Bücher über Europa geschrieben hat[97], stellt das Spannungsfeld dar, das uns herausfordert: Es geht darum, zugleich in multiplen Räumen und in der Tiefe unserer Zeit zu leben. Es geht darum, einen geographischen Raum politisch zu gestalten – nicht zentralistisch, sondern multipolar und dynamisch. Riffkin erinnert an die römische Kirche des Mittelalters, die weniger territorial als relational bestimmt war, um deutlich zu machen, dass Europa eben nicht nur Territorium, sondern Gemeinschaft ist. Er bezeichnet die politische Rekonfiguration Europas als neue Mittelalterlichkeit: eine Gemeinschaft in Verschiedenheit, die nicht nur von der gemeinsamen Währung definiert wird, sondern auch dem gemeinsamen Staatsbürgerrecht, einem gemeinsamen Verständnis der Menschen- und Bürgerrechte. Europa ist demnach weniger ein Territorium als ein Prozess, weniger ein Zentralstaat als ein Netzwerk. Und dieses Netzwerk funktioniert so lange, wie die Bürgerinnen und Bürger ihre Werte teilen, einander respektieren, voneinander lernen.

Aber dieser Prozess scheint gestört. Wo die Solidarität zu zerbrechen droht, ziehen sich alle auf ihre regionalen, kulturellen, konfessionellen Identitäten zurück. Die Krise der europäischen Hoffnungen, die wir erleben, geht uns als Christinnen und Christen ganz unmittelbar an. Es waren die Kirchen, die sich nach dem Krieg für die Aussöhnung zwischen den europäischen Partnern engagiert haben. Es waren Christinnen und Christen, die mit Schuldbekenntnissen und Engagement dafür eintraten, dass Wunden heilen konnten. Es waren die Kirchen, die lernen mussten, wie viel Schaden es anrichtet, wenn unser Glaube für Na-

---

[95] *Strohm, Theodor*, Diakonie an der Schwelle zum neuen Jahrtausend, Heidelberg 2000.
[96] Zitiert auch in www.ekd.de/synode99/berichte_dwbericht_vorwort.html. Text der Bratislava-Erklärung: http://diadakt.files.wordpress.com/2007/04/bratislava-er klaerung.pdf (zuletzt aufgerufen am 28.5.2013).
[97] *Riffkin, Jeremy*, Der europäische Traum, Frankfurt a.M. 2004.

tionalismus missbraucht wird; wenn unsere Gemeinschaft konfessionell eingeengt wird. Die ökumenische Bewegung, die Konferenz Europäischer Kirchen, die Leuenberger Konkordie, die Charta Ökumenika – wir sind einen langen Weg in und mit Europa gegangen, auf dem klar wurde: Einheit in Verschiedenheit ist möglich und eine Grundvoraussetzung für Frieden und Gerechtigkeit.

»Vor diesem Hintergrund liegt es deshalb auch an den Kirchen, den Prozess der europäischen Integration zukunftsfähig zu halten und ein soziales und demokratisches Europa einzufordern«, heißt es in einem Beschluss der EKD-Synode von 2012. Die Kirchen haben in ökumenischer Verbundenheit die Kraft und die Reichweite, Menschen zu einem gemeinsamen europäischen Weg zu ermutigen. Zudem verfügen sie über ganz praktische Erfahrungen, wie Völkerverständigung, Einheit in Vielfalt und gemeinsames Handeln über Grenzen hinweg gelingen kann. Die Synode nimmt damit ein Wort des Rates der EKD vom Oktober 2012 auf, in dem es heißt: »In der Krise muss sich bewähren, was die Gründungsväter mit der Vision des vereinten Europa im Blick hatten: Die Gemeinschaft der europäischen Völker hat ihre Basis nicht nur in wechselseitigem Vorteil und in der Stärkung des Wirtschaftsraums in Zeiten einer forcierten Globalisierung, sondern auch in der Bereitschaft zu Respekt und gegenseitiger Solidarität.«

Die Bratislava-Erklärung beschreibt Respekt und Solidarität in der Diakonie als wesentlichen Aspekt des Christseins: Diakonie dient Menschen in ihrem Alltagsleben und greift aktiv und kreativ ein, um menschliche Gemeinschaft aufzubauen. Sie arbeitet mit Menschen, die in wirtschaftliche und persönliche Not geraten sind, und setzt sich für Gerechtigkeit ein. Sie handelt in dem Glauben, dass Armut, Arbeitslosigkeit und Isolierung nicht unvermeidlich sind. Die Erklärung öffnet uns die Augen für die sozialen Probleme, die mit den wirtschaftlichen Herausforderungen verbunden sind – vor allem dort, wo der Schutz von Arbeitnehmern geringer, der Sozialstaat weniger entwickelt ist als bei uns. Sie stellt Zusammenhänge her zwischen der Not mutterloser Familien in Bulgarien oder Rumänien und unserem Fachkräftemangel in der Pflege. Sie trennt nicht, was wir zu trennen gewohnt sind: die Diakonie der Gemeinden und die alltägliche der einzelnen Christen, die unternehmerische und die politische Diakonie. Vielleicht liegt das daran, dass die Erklärung mehrheitlich von Kirchen formuliert wurde, die weder Kirchensteuer noch freie Wohlfahrtspflege kennen. Dort ist Diakonie eben nicht zuerst professionelle Dienstleistung: Sie ist vor allem öffentliche Verantwortung. Bei der Zusammenarbeit mit Diakonikern aus Lettland, Tschechien, Griechenland oder Rumänien in der Konferenz Europäischer Kirchen habe ich gelernt, dass Diakonie auch ohne große Trägerstrukturen und ohne eine große Zahl professioneller Fachkräfte ein Frühwarnsystem für die Risse im gesellschaftlichen

Gewebe darstellen kann. Engagierte Gruppen in den Kirchengemeinden, die mit internationalen Programmen zusammenarbeiten, sind dabei ein wesentlicher Schlüssel. Das galt und gilt auch für die Eine-Welt-Gruppen, Arbeitslosentreffs und Tafel-Initiativen in unseren Gemeinden, die oftmals nicht aus der organisierten Diakonie, sondern häufig aus Jugendarbeit oder Ökumene erwachsen sind.

6.2 Subsidiarität neu gestalten: Die Wurzeln der Diakonie im freiwilligen Engagement

Die Geschichte vom Barmherzigen Samariter – eine der Gründungsgeschichten der Diakonie – zeigt: Priester und Levit leben an ihrem Auftrag vorbei. Die entscheidenden Impulse kommen von einem Außenseiter. Auch wenn in kirchlich-diakonischen Kreisen inzwischen gern überlegt wird, ob Diakonie nicht längst die Rolle des Wirtes übernommen hat, sollten wir uns bewusst machen: Es ist der Samariter, der die Hilfekette in Gang bringt. Vielleicht, weil er keine Angst hat, anzuhalten und sich dem Geschehen auszusetzen, dem Verletzten zu begegnen, – vielleicht auch, weil er sich seiner eigenen Verletzlichkeit bewusst ist. Bis heute kommen die wichtigsten Impulse von Menschen, die kein Amt und keinen offiziellen Auftrag haben, von ehrenamtlich Engagierten und Initiativen aus der Zivilgesellschaft.

Das Herz der Diakonie schlägt bei den Freiwilligeninitiativen, die gesellschaftliche Notlagen aktiv aufgreifen. Von Anfang an waren es Ehrenamtliche, die Diakonie und Caritas, aber auch das Rote Kreuz oder die Arbeiterwohlfahrt entscheidend geprägt haben – mit je unterschiedlichen Werten, in verschiedenen Milieus. In den diakonischen Unternehmen allerdings ist das oft nicht mehr spürbar. Schon 1989 zeigte eine folgenschwere Prognos-Studie, dass die Rückbindung von Diakonie, AWO und anderen an ihre verschiedenen zivilgesellschaftliche Kontexte deutlich abgenommen hatte, weil die unterschiedlichen Milieus, die die Verbände trugen, erodierten. Professionalisierung und ökonomische Steuerung hatten zu Angleichungsprozessen bei den Trägern geführt.

In dieser Zeit, kurz nach der Wende, wechselte ich aus der Gemeinde- und Kirchenkreisdiakonie in die Geschäftsführung des Diakonischen Werks im Rheinland. In unserer politischen Arbeit ging es um die Zukunft des Subsidiaritätsprinzips, bei der Neufassung des Kinder- und Jugendhilfegesetzes um das Wunsch- und Wahlrecht der Nutzer. Die Trägervielfalt und vor allem der bedingte Vorrang der Freien Wohlfahrtspflege gegenüber dem Staat standen auf dem Spiel. Das Subsidiaritätsprinzip versteht die Leistungsträger als die Treiber der Wohlfahrt, selbst dann, wenn 90 Prozent der Mittel vom Staat oder aus den Sozialkassen kommen. Die Träger wie Diakonie, Caritas oder Arbeiterwohlfahrt sind es, die im eigenen Auftrag Hilfsangebote gestalten,

Mitarbeiter ausbilden, Innovationen schaffen. Die öffentliche Hand steht ihnen lediglich unterstützend zur Seite – so jedenfalls das traditionelle Selbstverständnis. Bei der Reform des Kinder- und Jugendhilfegesetzes (KJHG) gelang es noch einmal, dieses Selbstverständnis politisch durchzusetzen, mit der Einführung der sozialen Pflegeversicherung aber änderte sich das politische Bewusstsein. Mit diesem fünften Zweig des Sozialversicherungssystems begann die Öffnung für privatwirtschaftliche Träger und die Einführung des wirtschaftlichen Wettbewerbs. Das Selbstkostendeckungsprinzip, das den Trägern der Freien Wohlfahrtspflege die Freiheit garantierte, ihr eigenes Profil zu entwickeln, fiel zugunsten von Budgets und Fallpauschalen.

Die Freie Wohlfahrtspflege als öffentlich geförderter Sektor ist seitdem mehr und mehr unter Druck geraten. Das Subsidiaritätsprinzip, das in Deutschland die Verbände der Freien Wohlfahrtspflege zu den wesentlichen Akteuren des Sozialstaats gemacht hat, wird in einer säkularen und zugleich pluraler werdenden Gesellschaft kaum noch verstanden. Heute ist es für viele kaum noch vermittelbar, wenn die sozialen Einrichtungen der Kirchen dem kirchlichen Selbstbestimmungsrecht verpflichtet sind, obgleich sie aus Mitteln der Sozialversicherungen finanziert werden.

Kaum jemand weiß noch, dass die starke Bedeutung der Wohlfahrtsverbände in Deutschland eine Frucht der diakonisch-missionarischen Bewegung des 19. Jahrhunderts ist, die nicht auf die tradierten Organisationsformen der Kirchen, sondern auf die Zusammenschlüsse engagierter Bürger setzten.[98] Sie führten Menschen aus verschiedenen Kirchen zusammen, traten für Freiheitsrechte ein und versuchten, neue Wege jenseits der Grenzen etablierter Kirchenstrukturen zu schaffen. Die Gründerfiguren der neuzeitlichen Diakonie wie Wichern, Fliedner oder Sieveking nutzten das neue bürgerliche Vereinsrecht, um ihren Initiativen eine Rechtsform zu geben. Unter dem Dach der Vereine konnten sich Bürger, Staat und Kirchenvertreter zusammenfinden und Krankenhäuser oder Gefängnisvereine, Kleinkinderschulen wie Handwerksbetriebe und Ausbildungsstätten gründen.

Diese »Netzwerke der brüderlichen Liebe« bildeten für Johann Hinrich Wichern den Kern einer neuen Volkskirche,[99] in der endlich ernst gemacht werden sollte mit dem »Priestertum aller«. Jeder sollte seine eigene Berufung finden, die eigenen Gaben entdecken und einsetzen

---

[98] *Bauerkämper, Arnd / Nautz, Jürgen,* Zwischen Fürsorge und Seelsorge. Christliche Kirchen in den europäischen Zivilgesellschaften seit dem 18. Jahrhundert, Frankfurt a.M. / New York 2009, 57.
[99] *Wichern, Johann Hinrich,* Über Armenpflege. Der Anteil der freiwilligen oder Privatwohltätigkeit an der christlichen Armenpflege, 1856 (*Wichern* 1968, Bd. III, Teil 1).

und damit der Gemeinschaft dienen. Auch in der Mitte des 19. Jahrhunderts wurden innovative Antworten auf die Herausforderungen der Gegenwart gesucht, die in manchem den unseren ähnelten. Und auch in der ersten Welle der Globalisierung ging es um den Wandel der Arbeitswelt und die Überforderung der Familien, um Armut und Vernachlässigung und einen Mangel an Care-Arbeit. Das Engagement der Ehrenamtlichen war auch damals nur eine Antwort; die andere hieß Professionalisierung und Ausdifferenzierung sozialer Berufe.

Bis heute sind es die sozialen Bewegungen, die Initiativen und Vereine, die als soziale Seismographen funktionieren und soziale Innovation ermöglichen. Wie in den Anfängen sind sie nicht an bestimmte Trägerorganisationen und Traditionen, an konfessionelle Milieus oder Zugehörigkeiten gebunden. Viele Initiativen aus Hospiz- oder Tafelbewegung konnten deswegen nicht Mitglied im diakonischen Spitzenverband werden; so schlossen sie sich quer zur Trägerstruktur der Freien Wohlfahrtspflege in eigenen Verbandsgruppen zusammen; sie tragen damit letztlich zur Erosion der traditionellen Strukturen bei.

Und trotzdem gilt: In diesen zivilgesellschaftlichen Initiativen wird die Wohlfahrtsdiakonie mit dem Geist des Anfangs konfrontiert. In all den neuen Initiativen, den Vereinen und kleinen Unternehmen von »Sozialhelden« bis »Schüler helfen leben« wird noch einmal neu buchstabiert, was Subsidiarität bedeutet. Es geht um den unbezahlbaren Kern und den Sinn sozialer Arbeit, die Bereitschaft, sich anderen Menschen zuzuwenden – aus Freude am Menschen oder einfach aus der inneren Überzeugung, dass jedes Leben Würde und Sinn hat – auch das der Abgeschriebenen und Aussortierten, in die niemand mehr investiert. »Gib niemals den Glauben auf, dass Gott ein großes Werk an dir vorhat«, hat Luther einmal gesagt. Wenn wir dazu beitragen, dass Jugendliche ohne Perspektive, Langzeitarbeitslose und Familien in Armut, Demenzkranke und Sterbende diese Erfahrung machen können, wenn sie spüren, dass Leben Sinn hat, gewinnt die gesamte Gesellschaft neue Perspektiven.

6.3 Wirtschaft, Sozialwirtschaft und soziale Verantwortung – Corporate Social Responsibility hat eine Geschichte

Das rasante Wachstum der diakonischen Einrichtungen im 19. Jahrhundert verdankte sich starken Netzen in der Bürgerschaft. Die Gründerinnen und Gründer scheuten sich nicht, Spender und Sponsoren bei Unternehmern wie im Adel und in den Königshäusern zu suchen, um den Armen zu dienen. Nach einer langen Phase stabiler wohlfahrtsstaatlicher Finanzierung müssen sich die diakonischen Unternehmen heute wieder am Markt bewegen und sich in Wirtschaft und Zivilgesellschaft um Zeit- und Geldspenden bemühen. Dabei lässt sich von den Gründern des 19. Jahrhunderts lernen. Theodor Fliedner, der Gründer der Kaiserswerther Diakonissenanstalt, nutzte einundzwanzig verschiedene Quellen zur Finanzierung der Anstalt. Neben Nutzerentgelten und Gestellungsverträgen tat er eine Vielzahl weiterer Einkommensquellen auf – von Mitgliedsbeiträgen des »Pfennigvereins« über Mäzene und das Preußische Königshaus bis zum Verkauf von Büchern und Kupferstichen. Auch die eigene Landwirtschaft, die »Ökonomie«, gehörte dazu. Dieses wirtschaftliche Denken hinderte die Gründungsgeneration keinesfalls daran, den leidenden Menschen in den Mittelpunkt zu stellen und eigene Qualitätsmaßstäbe, ja eine eigene Professionalität zu entwickeln – notfalls auch um den Preis des Abzugs von Mitarbeitenden, wo Qualität nicht gewährleistet schien. Diese Haltung war ebenso konsequent wie verantwortungsbewusst in einer Zeit, die weder Sozialversicherungssysteme noch Kirchensteuern kannte. Heute entstehen neben den traditionsreichen Unternehmen neue Initiativen, die nicht zuerst nach gesicherten Standards fragen, sondern ihre Nische am Markt suchen: »Social Entrepreneurs« können sich auf eine lange und erfolgreiche diakonische Tradition berufen.

Vielleicht stehen wir heute eher am Ende einer Ära der umfassenden Fürsorge durch den hoch entwickelten, differenzierten Wohlfahrtsstaat. Gerade darum lohnt es sich, auf die Anfänge zu schauen und davon zu lernen. Deshalb fragen wir neu nach freiwilligem Engagement, privaten Spendern und Sponsoren, aber auch nach der sozialen Verantwortung der Unternehmen. Heute kommen die Mittel zur Finanzierung des gemeinnützigen Sektors zu 64 Prozent von der Öffentlichen Hand und zu 32 Prozent aus Gebühren. Nur 4 Prozent kommen von privaten Investoren. Dabei darf nicht außer Acht bleiben, dass die Wirtschaft in Deutschland mit den Beiträgen der Arbeitgeber zu den Sozialversicherungen erheblich zur Finanzierung des Sozialsektors beiträgt, wenn deren Beiträge in den letzten Jahren auch rückläufig sind oder eingefroren wurden. Niemand wird erwarten, dass die Risse im Wohlfahrtsstaat von der Wirtschaft gekittet werden können; vielmehr hat sich gezeigt, dass viele Firmen ihre Corporate-Social-Responsibility-Aktivitäten (CSR) in der Wirtschafts- und Finanzmarktkrise reduzierten. Aber die Vorstellung, dass allein die Freie Wohlfahrtspflege – auskömmlich finanziert – sozialstaatliches Handeln gestalten könne, trägt eben auch nicht mehr. Neue Bündnisse zwischen sozialen Organisationen, privaten Investoren und freiwilligen Initiativen sind nötig; Subsidiarität muss heute neu beschrieben werden.
Neue Formen des Sozialunternehmertums werden derzeit an vielen Orten erprobt. Zum Beispiel bei »Teach First«, einer Organisation, die Absolventen von Top-Hochschulen für ein Jahr als zusätzliche Lehrkräfte an Real- und Gesamtschulen schickt. Oder bei »Arbeiterkind«, einer Organisation, die junge Leute bei ihrem akademischen und ge-

sellschaftlichen Aufstieg fördert. Solche Initiativen, in anderen Ländern durchaus typisch für den caritativen Bereich, fallen in Deutschland »zwischen alle Stühle« – sie sind zu unternehmerisch für den Sozialsektor und zu sozial für die Wirtschaft und haben damit zugleich Finanzierungsprobleme. Inzwischen allerdings wird die Bewegung von Stiftungen unterstützt. Im Kontext der neu entwickelten Wirkungsforschung überprüft z.B. »Phineo« soziale Organisationen ganz unabhängig von ihrer Trägerschaft auf Qualität und Wirkung und empfiehlt die besten Projekte mit einem Prüfsiegel. Mit Aktionen wie »Deutschland rundet auf« hat »Phineo« zugleich neue Finanzierungsinstrumente entwickelt: Kundinnen und Kunden runden beim Einkauf in Einzelhandel und Supermärkten auf; die Spenden fließen dann an die ausgezeichneten Projekte der Social Entrepreneurs. Damit steht die soziale Arbeit in einem für Deutschland ungewohnten Kontext: Etwas Neues entwickelt sich zwischen Wirtschaft, Stiftungen, Verbrauchern und sozialen Initiativen – jenseits der alten Verbände der Freien Wohlfahrtspflege.

Bei der Zusammenarbeit mit Stiftern und Unternehmen geht es aber nicht nur um Kapitalvermehrung, sondern auch um neue Anstöße für den sozialen Zusammenhalt. So wird zum Beispiel darüber diskutiert, ob es wünschenswert wäre, dass Unternehmen in Deutschland ähnlich wie im angelsächsischen Raum nicht nur gespendete Materialien, sondern auch freiwillige Einsätze ihrer Mitarbeitenden von der Steuer absetzen können. CSR-Projekte, bei denen Beschäftigte aus Produktionsfirmen oder Dienstleistungsunternehmen für einen Tag oder mehrere Monate ein Projekt bei einem diakonischen Träger übernehmen und dabei ihren Horizont erweitern, nehmen an Bedeutung zu. Bei Firmen wie Ford oder Henkel, bei der Deutschen Bank oder bei Siemens haben sie bereits eine lange Tradition. Wenn die Absolventen von Elite-Hochschulen an Gesamtschulen gehen, wenn IT-Mitarbeitende sich in der Jugendhilfe engagieren oder Banker bei »Seitenwechsel« für eine Weile in einer Pflegeeinrichtung mitarbeiten, lernen sie nicht nur für ihr eigenes Leben. Sie schlagen auch Brücken über den Graben, der Wirtschaft und Soziales in Deutschland lange Zeit trennte.

Aber auch diakonische Träger lernen von Wirtschaftsunternehmen. So denken kirchliche Krankenhausträger darüber nach, sich als Aktiengesellschaften zu strukturieren, weil sie im Vergleich zu ihren privaten Wettbewerbern unterkapitalisiert sind. Trotzdem gilt: Nicht die Shareholder, sondern die Stakeholder sind die tragenden Säulen und das wertvollste Kapital diakonischer Arbeit. Es hatte seinen Grund, dass die Diakonissen- und Diakonenhäuser eher genossenschaftlich organisiert waren, so dass die hochidentifizierte Gemeinschaft der Mitarbeiterinnen letztlich selbst die Mittel der Spender einwarb, während die Spender wieder neue Mitarbeiterinnen warben. In der sich ökonomisierenden Diakonie, die wir heute erleben, ist deswegen die Gestaltung von Mitbestimmungsrechten ein kritischer Punkt. Wo nämlich trotz einer guten Erlössituation outgesourcet wird, wo die Spreizung zwischen den Entgelten der Leitungskräfte und der Mitarbeitenden im Niedriglohnsektor immer größer wird, nimmt die Identifikation mit dem Unternehmen ab. Nur diakonische Initiativen und Organisationen, die sich ihrer eigenen Quellen, ihres Profils und ihrer Professionalität bewusst bleiben und auf angemessene Rahmenbedingungen für die Mitarbeiterschaft achten, werden zu einem selbstbewussten Gegenüber für Sponsoren und für Firmen mit ihren CSR-Projekten. Die sozialen Dienste sind eben nicht nur ein Wirtschaftszweig neben anderen; sie müssen vielmehr als zivilgesellschaftliche Gemeinwohlagenturen verstanden werden: als wertgebundene Träger, die uneigennützig arbeiten, soziales Lernen ermöglichen und Freiwilligendienste fördern. Wenn dieses Profil erhalten bleiben soll, muss die Ökonomisierung der Unternehmen da ihre Grenzen finden, wo sie das Mitarbeiter- und Bürgerengagement schwächt. Wo es um das soziale Miteinander geht, um einen Gewinn an Gemeinschaft und persönlicher Entwicklung, kann ökonomische Gewinnerzielung nicht das vorrangige Ziel sein. Auch Mitarbeitende aus Wirtschaftsunternehmen, die sich in »Seitenwechsel«-Projekten bei Diakonie oder Caritas engagieren, wollen erleben, was diakonisches Profil ausmacht. Keine hat das besser auf den Punkt gebracht als Fliedners Schülerin Florence Nightingale, die, wie oben zitiert, in ihrem Tagebuch die Kaiserswerther Diakonissenanstalt als eine »Schule Gottes« beschrieben hat, in der Pflegende wie Kranke »Gewinn davon tragen.«[100] Das ist Stakeholder-Value – bis heute ein Vorbild.

6.4 Freiwilliges Engagement und Beruflichkeit auf dem Markt: Zwei Seiten einer Medaille

Die Schule Gottes, die Florence Nightingale erlebte, war ein Ort des Respekts und der Verbindlichkeit, der Barmherzigkeit wie der Gemeinschaft. Was muss geschehen, damit beruflich wie freiwillig Mitarbeitende diakonische Einrichtungen heute so erleben? Wenn das nicht gelingt, wird es auf Dauer nicht nur problematisch, Pflegepersonal zu gewinnen, sondern auch, für ehrenamtlich Engagierte attraktiv zu bleiben. Denn gerade freiwillig Engagierte suchen eine Kultur, die Menschen Entwicklungschancen gibt.

Es ist inzwischen fünfzehn Jahre her, dass die Kaiserswerther Diakonie gemeinsam mit der Diakonie in Düsseldorf eine Freiwilligenagentur aufgebaut hat – das »Mach Mit Servicebüro«, eine der vierzehn Freiwilligenzentralen, die damals eine Anschubfinanzierung vom Diakonischen Werk Rheinland erhielten. Mit der großen Gruppe der »Grünen Damen« hatte das Florence-Nightingale-Krankenhaus damals gute Erfahrungen gemacht: Sie kommen als Nachbarn und bringen ein Engagement ein,

---

[100] *Vossen, Carl*, Florence Nightingale, Geliebtes Kaiserswerth, 24ff.

das oft genug aus der persönlichen Lebensgeschichte erwächst. Und vor allem bringen sie Zeit mit für die kleinen, aber oft so wichtigen und symbolträchtigen Dienstleistungen: die vertraute Zeitung oder auch die selbst gekochte Hafersuppe als eine Erinnerung an häusliche Geborgenheit. Viele dieser Frauen sind wirtschaftlich unabhängig und bringen ihr privates Netz gleich mit, ihre Ehemänner, Freundinnen, andere Ehrenamtliche oder auch Spender. Dabei arbeiten sie nach ihrem eigenen Rhythmus – unterhalb der Stressgrenze, eben im Ehrenamt.

Die »Grünen Damen« der Evangelischen Krankenhaushilfe sind bis heute in vielen Krankenhäusern das Salz in der Suppe, manchmal auch der Sand im Getriebe des Unternehmens. Denn an der Schwierigkeit, auf der Station eine Hafersuppe zu kochen oder zu organisieren, kann schnell klar werden, wie gut oder schlecht die Zusammenarbeit mit dem Caterer funktioniert – und plötzlich geht es ums Eingemachte. Nah beim Patienten, beim Kunden des Krankenhauses spüren Ehrenamtliche die Auswirkungen von Sparmaßnahmen und Organisationsveränderungen oft sehr schnell. Vertraut mit den Mitarbeiterinnen auf der Station, merken sie bald, wenn die Stressgrenze sich verschiebt, wenn die Stimmung kippt. Wo regelmäßige, offene Gespräche stattfinden, sind sie deshalb ein wichtiger Seismograph. Als wir uns entschlossen, die Freiwilligenzentrale einzurichten, lag die Zahl der Ehrenamtlichen in der Kaiserswerther Diakonie großzügig gerechnet unter 10 Prozent. Das ist übrigens gar nicht untypisch für die Situation in den Sozialen Diensten in Deutschland. 1998 kamen hier neun bezahlte auf einen Freiwilligen Mitarbeiter, während in Kultur und Sport das Verhältnis beinahe umgekehrt war: Auf einen Bezahlten kamen sechs Freiwillige. Inzwischen ist die Relation in den diakonischen Einrichtungen insgesamt besser: Das Verhältnis ist nun 1:2. Aber gerade die großen und spezialisierten Einrichtungen des Gesundheitssystems tun sich noch immer schwer, Ehrenamtliche zu integrieren. Das hat auch damit zu tun, dass sie in hohem Maße ökonomisiert und funktionalisiert sind. Wo Zeugnisse und Funktionen in der Hierarchie sowie Entgelte entscheidende Handlungsschlüssel sind, wird auch von Ehrenamtlichen Kompetenz und die Bereitschaft, sich einzuordnen, erwartet. Umgekehrt beginnen ehrenamtlich Engagierte in einem solchen Kontext so manches Mal, ihren Wert an Zertifikaten, Kompetenzen und Honoraren zu messen. So kommt es wohl, dass Aufgaben, die in Kirchengemeinden noch ehrenamtlich wahrgenommen werden, bei diakonischen Trägern über Honorare refinanziert werden.

Dabei wächst die Zahl der Ehrenamtlichen, die sich für das Gemeinwesen engagieren möchten. Offensichtlich spüren viele Bürgerinnen und Bürger, dass sie in den gegenwärtigen sozialen Umbrüchen gebraucht werden, und sie möchten ihre Kompetenzen einsetzen. Während die Gemeinwohlorientierung wächst, nimmt die »Geselligkeitsorientierung«, die viele Jahre dominant war, deutlich ab. Das gilt vor allem für die über-60-jährigen Engagierten, deren Zahl kontinuierlich steigt – auch deswegen, weil die produktive dritte Lebensphase heute viel länger dauert als bis zum derzeitigen Renteneintritt mit 65. Gesunde 70-jährige sind heute kaum weniger leistungsfähig als gesunde 55-jährige. Und 73 Prozent der Befragten ab 60 Jahren fühlen sich jünger, als sie es vom chronologischen Alter her sind – und zwar im Durchschnitt 5,5 Jahre.[101] Schaukelstuhl und Kreuzworträtsel sind da längst keine verlockende Ruhestandsoption mehr.

Viele träumen davon, die dritte Lebensphase anders und sinnvoller zu nutzen.[102] Ich kenne eine Ärztin, die mit Mitte 50 nach Afrika ging, um dort zu arbeiten. Sie baute aus, was sie früher in Ferieneinsätzen bei »Ärzte ohne Grenzen« erlebt hatte. In Ostafrika half sie, ein Krankenhaus nach westlichen Standards aufzubauen, was Labor und Operationstechnik angeht. Zugleich arbeitete sie viel mit den Frauen der Basisgesundheitsdienste zusammen. Meine Freundin blieb verschont von diagnose-relevanten Berechnungsmodulen und anderen Eigenheiten der Rationalisierung im Gesundheitswesen. Sie lernte ein ganz anderes Verständnis von Krankheit und Heilung kennen. In charismatischen Gemeinden erlebte sie die Kraft der Gebete. Auf ihrer Homepage fand ich einen ermutigenden Satz: »Alter ist eine einmalige und neue Form der Freiheit, die verstanden und gelebt werden will.« Leute wie sie, die sich neuen Entdeckungen stellen und zwischen Kulturen vermitteln wollen, haben sich auch bei »Misereor« zusammengeschlossen. »Anders altern« heißt eine Initiative von *misereor* für Menschen, die in ihrer dritten Lebensphase noch einmal aufbrechen, um eine gerechte Zukunft zu gestalten. Manche arbeiten in der Entwicklungshilfe, andere übernehmen soziale Aufgaben in der Nachbarschaft. Und gerade Kirche und Diakonie sind ein wichtiger Ansprechpartner für diese Gruppe, wenn es darum geht, die passende Aufgabe zu finden.[103]

Die Entscheidung, die Mach-Mit-Zentrale in Kaiserswerth aufzubauen, musste damals in die Mitarbeiterschaft vermittelt werden. Immerhin hätte man für die Eigenmittel eine halbe Arbeitsstelle in der Pflege schaffen können. Die Einsatzzentrale stand deshalb von Anfang an unter Erfolgsdruck, was die Zahl der Vermittlungen ins eigene Unternehmen anging. Dass Freiwilligen auch Aufgaben in anderen Organisationen erschlossen wurden – bei der Aids-Hilfe, in Museen oder Umweltorganisationen – wurde kritisch gesehen. Zwar war nachvollziehbar, dass ein soziales Unternehmen dieser Größe auch Verantwortung für das soziale Klima in der Nachbarschaft hat – immerhin sind

---

[101] So eine Untersuchung des Sozialwissenschaftlichen Instituts der EKD.
[102] *Vieregge, Henning von*, Der Ruhestand kommt später. Wie Manager das Beste aus den silbernen Jahren machen, Frankfurt/M. 2011.
[103] Vgl. die Ergebnisse der SI-Sonderauswertung zum FW-Survey 2009 (www.bmfsfj.de/BMFSFJ/Service/Publikationen/publikationen.did=165004.html).

gute Beziehungen zum Umfeld eines der Qualitätsmerkmale bei der European Foundation for Quality Management (EFQM), bei dem sich auch diakonische Unternehmen wie die Kaiserswerther Diakonie zertifizieren lassen –, doch unter dem allgemeinen Kostendruck war der Wunsch nach Entlastung in der Organisation stärker. Der wachsende Wettbewerb auf dem Sozialmarkt führt fast notwendigerweise auch zur Konkurrenz der Träger um das Reservoir der Ehrenamtlichen – auch wenn wir aus vielen Studien wissen, dass freiwillig Engagierte ihre Sache selbstbewusst in die Hand nehmen, in der Regel für mehrere Organisationen tätig sind und dass sie sich längst nicht mehr nur an eine Institution binden möchten. Wer heute bei der Caritas aktiv ist, ist vielleicht zugleich Elternvertreterin oder Übungsleiterin im Sportverein und engagiert sich möglicherweise zusätzlich bei der AWO. Auch in diesem Feld zeigt sich, dass die alten konfessionellen Milieus sich auflösen.

Die Gründung der Freiwilligenzentrale und die Sammlung der »Arbeitsprofile« in der Kaiserswerther Diakonie machte es nötig, gemeinsame Standards für ehrenamtlich Engagierte zu beschreiben. Letztlich ging es darum, das Unternehmen als interessanten Partner für diese Zielgruppe zu etablieren. Damals entstanden zehn Verbindlichkeiten für den Einsatz ehrenamtlich Engagierter, die auch die beruflich Mitarbeitenden herausforderten.

Zu diesen gehörten die Verankerung der Zusammenarbeit mit Ehrenamtlichen im Konzept der jeweiligen Einrichtung und eine genaue Beschreibung der Tätigkeitsfelder, für die Freiwillige gewonnen werden sollen. In jedem Arbeitsbereich sollte es einen festen Ansprechpartner oder eine Ansprechpartnerin für Erstgespräche, für die Einarbeitung der Ehrenamtlichen, für regelmäßige Kontaktgespräche und eine mögliche Konfliktregelung geben. Zu Beginn der ehrenamtlichen Tätigkeit sollte ein Kontrakt geschlossen werden, zu dem neben der schriftlichen Beschreibung des Tätigkeitsfelds auch eine Erklärung zur Schweigepflicht gehörte – ebenso wie die grundlegenden Informationen über Unfall- und Haftpflichtversicherung und den Ersatz von anfallenden Fahrtkosten. Eine Unkostenerstattung für Supervision in der Gruppe, das Angebot, an Fortbildungs- und Qualifizierungsmaßnahmen für die ehrenamtliche Tätigkeit teilzunehmen, sollten selbstverständlich sein. Außerdem sollten alle ehrenamtlich Engagierten die für ihre Arbeit notwendigen Informationen und Publikationen aus dem Unternehmen erhalten. Neben Gruppentreffen und Angeboten in den einzelnen Arbeitsbereichen sollten sie auch zu gemeinsamen Veranstaltungen wie Mitarbeiterweihnachtsfeier, Neujahrsempfang und Jahresfest eingeladen werden.

Freiwilligenagenturen haben etwas von einer »Arbeitsvermittlung« für Ehrenamtliche; und auch die oben beschriebenen »Verbindlichkeiten« orientierten sich in vielem am Umgang mit beruflich tätigen Mitarbeiterinnen und Mitarbeitern – wenn es z.b. um Informationen, Kontrakte, Versicherungen, Fortbildung und Wertschätzung ging. Personalentwicklung, interne Bildungsangebote, Rechts- und Finanzabteilung sind also auch im Blick auf ehrenamtlich Engagierte involviert. Genauso wie für beruflich Tätige muss es auch für Ehrenamtliche verschiedene Ansprechpartner geben: die Vermittlungsperson in der Einsatzzentrale, die Kontaktperson im Arbeitsfeld, die Mentorin in der Fortbildungsabteilung, aber auch die Sachbearbeiterin in der Rechts- oder der Personalabteilung. Viele diakonische Einrichtungen haben darüber hinaus Koordinatoren für die Ehrenamtsförderung eingestellt – oft arbeiten sie mit Kolleginnen und Kollegen im Spendenmarketing zusammen. Denn hier geht es zwar nicht um Geld-, wohl aber um Zeitspenden. Und es geht ihnen darum, ein diakonisches Unternehmen wie z.B. das Rauhe Haus so zu profilieren, dass es zu einem Ort des Lernens und des Engagements wird. Aber auch Landeskirchen wie die Ev. Kirche in Württemberg oder die Ev.-lutherische Kirche Hannovers haben mit Ehrenamtsgesetzen und Dienststellen eine Art »Personalentwicklung« für Ehrenamtliche aufgebaut – von der Werbung über Kontrakte und Zielvereinbarungen bis zu Kostenerstattung, Fortbildung und Gratifikationen.

Professionalität ist also gefordert im Umgang mit denen, die ihre Zeit aus freien Stücken und persönlichem Engagement einbringen. Anderswo, wie in den Niederlanden oder den USA, ist das seit langem selbstverständlich. Vor fast 20 Jahren habe ich in Plymouth Place, einer Altenhilfeeinrichtung in Chicago, eine Dame kennengelernt, deren Hauptjob es war, die mehr als 100 Freiwilligen in der Einrichtung zu managen. Die Informationsmappe, die sie mir damals mit ihrer Visitenkarte überreichte, halte ich noch immer für vorbildlich. Zu meiner Überraschung war diese Dame selbst ehrenamtlich tätig. In einer Altenhilfeeinrichtung in den Niederlanden arbeiten insgesamt 250 ehrenamtlich Engagierte. Dort sind Repräsentanten der Ehrenamtlichen in allen Teams und Gremien vertreten: in den Stationsbesprechungen ebenso wie in der Heimleitung. So ist gewährleistet, dass die Interessen freiwillig Engagierter in allen zentralen Diensten selbstverständlich mitgedacht und berücksichtigt werden – dass sie aber auch selbst an Entscheidungen beteiligt sind.

Die Zusammenarbeit mit Freiwilligen verändert die Organisation. Die wesentliche Arbeit wird dabei nicht in den Einsatzzentralen, sondern in den Einrichtungen selbst geleistet. Dabei habe ich den Eindruck, dass die zunehmende Ökonomisierung des Sozialen die Zusammenarbeit

6.4 Freiwilliges Engagement und Beruflichkeit auf dem Markt

von Haupt- und Ehrenamtlichen erschwert. Hauptamtlich Mitarbeitende erleben den Wandel des Sozialstaats vor allem als Druck auf ihren Arbeitsplatz, ihre Entgelte und die Qualität der Arbeit. Zudem sehen sie sich mit der Erwartung konfrontiert, freiwillig Mitarbeitende, die sie entlasten sollen, einzuführen und zu begleiten. Wenn dabei Konkurrenzgefühle wach werden, fällt es schwer, sich zu öffnen. Während beruflich Tätige mit dem Stress am Arbeitsplatz zu leben versuchen, reagieren Ehrenamtliche zudem sensibel auf Überforderung und Missstimmung und klagen fehlende Wertschätzung ein. Beruflich Mitarbeitende haben das Gefühl, sie müssten nun nicht mehr für das Wohlbefinden von Patientinnen und Patienten, Bewohnern und Angehörigen, sondern auch für die Zufriedenheit von Ehrenamtlichen sorgen, während für sie selbst der Arbeitsdruck zunimmt.

Im Jahr 2003 wandte sich im Rahmen des Palliativ Care Prozesses der Kaiserswerther Diakonie eine Projektgruppe mit einem umfangreichen Fragebogen an Mitarbeitende auf den Stationen des Krankenhauses und in den Wohnbereichen der Altenzentren, um Probleme und Erwartungen abzufragen. Das Interesse und der Rücklauf waren außergewöhnlich hoch. Auf die Frage: »Haben Sie schon darüber nachgedacht, Ehrenamtliche in die Betreuung Sterbender einzubeziehen«, antworteten damals mehr als die Hälfte der Mitarbeitenden mit »Nein«. Stattdessen wünschten sich viele, die hauptamtlich Pflegenden für diese Zeit weitgehend von anderen Diensten »freizustellen«.

Einer Befragung von 2010 zufolge verließen 80 Prozent der Absolventinnen eines Fachseminars für Altenpflege bei einem anderen traditionsreichen diakonischen Träger das Arbeitsfeld innerhalb der ersten fünf Jahre. Ihre Erwartungen an den eigenen Beruf hatten sich nicht erfüllt. Die Zeit, Beziehungen aufzunehmen und am Leben der älteren Menschen Anteil zu nehmen, ist aus ihrer Sicht zu knapp geworden. Jeder Einsatz muss rational geplant und ökonomisch verantwortet werden, Spontaneität ist kaum noch möglich. Da fällt es schwer, Tätigkeiten an Ehrenamtliche abzugeben, die man gern selbst übernähme: ein Fest gemeinsam gestalten, das Haus schmücken, einen Literaturkreis oder ein Wochenende organisieren, an einem Bett sitzen und das Sterben begleiten.

Zusammenfassend lässt sich feststellen: Die Zusammenarbeit von Haupt- und Ehrenamtlichen in sozialen Einrichtungen wird nur dann verbindlich und erfolgreich gestaltet werden können, wenn die Herausforderungen gemeinsam besprochen, anstehende Aufgaben und Rollenteilungen gemeinsam definiert werden. Beruflich Mitarbeitende müssen Ehrenamtliche als Gegenüber entdecken. Dabei gilt es, nüchtern zu klären, wo professionelle Hilfe erforderlich ist und wo sie an

Grenzen stößt. Wo Verbindlichkeit notwendig und wo Spontaneität gefragt ist. Wo professionelle Arbeit allein zu kurz greift und Angehörige, Freunde und Freiwillige einen unverzichtbaren Dienst leisten. Andererseits müssen Ehrenamtliche wahrnehmen, dass ihr Engagement auf professionelle Begleitung und organisationale Stabilität angewiesen ist, um sich zu entfalten. Sie brauchen das Gegenüber der beruflich Mitarbeitenden, um die professionellen, finanziellen und rechtlichen Rahmenbedingungen der Arbeit kennenzulernen. In neuen Initiativen, die zunächst ehrenamtlich starten – wie z.b. bei den Tafeln – zeigt sich zudem: Ehrenamt schafft hauptamtliche Stellen! Das Wechselspiel von Beruflichkeit und Engagement, von Freiheit und Verbindlichkeit, professioneller Sicherheit und phantasievoller Veränderungsbereitschaft ist durchaus spannungsvoll – aber es ist von Anfang an eine der entscheidenden Wachstumskräfte der Diakonie. Und es zeichnet Kirche und Diakonie als intermediäre Organisationen in der Gesellschaft aus.

6.5 Engagement und Spiritualität auf dem Sozialmarkt – Über die Grenzen der Funktionalisierung

Die Arbeit mit ehrenamtlich Engagierten muss auch die Hauptamtlichen weiterbringen – sie darf keinesfalls auf deren Kosten gehen.[104] Im Blick auf die Freiwilligendienste wie das freiwillige soziale Jahr oder den Bundesfreiwilligendienst ist das in den entsprechenden Gesetzen auch so vorgesehen – doch gibt es immer wieder Grenzüberschreitungen. Aber nicht nur die Arbeitsplätze von beruflich Mitarbeitenden gilt es zu schützen, sondern auch deren Arbeitsmoral. Ich halte es für wenig hilfreich, wenn Ehrenamtliche so geworben werden, wie es vor einigen Jahren in einer süddeutschen Einrichtung geschah: »Was bekomme ich dafür? Was steht mir zu? Welche Vorteile habe ich davon? Diese Fragen scheinen für mehr und mehr Menschen zu Leitfragen zu werden. Individualismus und Egoismus werden großgeschrieben. Aber es gibt auch Ausnahmen. Menschen, die sich ehrenamtlich und oft unauffällig im Hintergrund um alte und kranke Menschen oder um Menschen mit einer Behinderung kümmern.«[105]

Der Gegensatz zwischen Selbstverwirklichung und Einsatz für andere, der hier aufgemacht wird, ist Gott sei Dank überholt – das zeigen überdeutlich die oben angesprochenen CSR-Projekte von Firmen wie

---

[104] Ich wechsle bewusst die Begriffe ehrenamtlich Engagierte, freiwillig Engagierte, Freiwillige, Ehrenamtliche, Engagierte – die Begriffe werden in der »Szene« alle gebraucht, zum Teil mit politischen Deutungen versehen, und sind zwischen Kirche und Diakonie strittig. Deshalb lieber ein Nebeneinander.
[105] Ehrenamt Ehrensache, Neuendettelsauer Chronik 4/2000.

Ford oder Henkel oder der Deutschen Bank.[106] Erwerbstätige wie ehrenamtlich Engagierte wollen und brauchen beides: persönliches Fortkommen, die Zugehörigkeit zu einer Gemeinschaft und das Gefühl, mit dem eigenen Einsatz etwas bewirken zu können, ein gutes Einkommen und eine Aufgabe, in der sie ihre eigene Berufung finden. Was davon wir beruflich umsetzen können und was eher ehrenamtlich, das kann sich im Laufe des Lebens immer neu mischen.

Als wir vor inzwischen 27 Jahren ehrenamtlich Engagierte für einen Stadtteilladen, den »Gemeindeladen« in Mönchengladbach-Wickrath, suchten, fühlten sich vor allem Frauen und Männer in biographischen Übergangsphasen angesprochen: junge Leute zwischen Schule und Beruf, Mütter, die eine sinnvolle soziale Beschäftigung in der Familienphase suchten, Frauen, deren Kinder gerade aus dem Haus waren, Arbeitslose, die in diesem Ehrenamt eine neue Chance entdeckten, Rentnerinnen und Rentner, die mit Ende 50 oder Anfang 60 aus dem Beruf ausgestiegen waren. Viele brachen ihre beruflichen Erfahrungen und Erwartungen in das Ehrenamt ein – von der Erstellung eines Dienstplans bis zur Vorbereitung eines Betriebsausflugs. Sie arbeiteten flexibel, aber verbindlich zusammen und diskutierten Zielkonflikte mit hoher Professionalität. Einige nutzten ihr Ehrenamt als Sprungbrett für eine Honorartätigkeit im Umfeld der Arbeit, andere für eine neue Berufstätigkeit. Es ist nicht untypisch für Kirche und Diakonie, dass aus Ehrenamtlichen irgendwann Honorarkräfte, geringfügig Beschäftigte oder auch hauptamtlich Mitarbeitende werden. Gerade in den Berufsbiographien von Frauen in hauswirtschaftlichen, Erziehungs- und Pflegeberufen gibt es vielfältige Übergänge zwischen Ehrenamt, Praktika, Ausbildung und Teilzeitbeschäftigung. Auch darum sind die Begleitung von Ehrenamtlichen, sind Zielvereinbarungen und die Einbindung in die Dienstgemeinschaft so wichtig: Freiwilliges Engagement kann ein Weg in die soziale Beruflichkeit sein, wie es bei vielen »Zivis« und Absolventen eines sozialen Jahres der Fall war – und umgekehrt engagieren sich Profis in der Diakonie nach oder auch neben ihrer Berufstätigkeit ehrenamtlich. Auch ich selbst engagiere mich auf dem Hintergrund meiner beruflichen Erfahrungen ehrenamtlich für eine diakonische Initiative. Denn eins hat sich gegenüber den Anfängen nicht verändert: Engagement und Lebenserfahrung sind wesentliche Voraussetzungen für einen diakonischen Beruf. Mit der Entwicklung von Professionalität verändert sich die Rolle der Helfenden – aber gerade in der Zusammenarbeit mit Ehrenamtlichen steht sie noch einmal zur Debatte. Vielleicht ist auch deshalb die Abgrenzung manchmal so stark. Jetzt kommt es darauf an, sich bewusst zu machen, welchen Gewinn

---

106 Vgl. z.B. www.pass-on-your-passion.com/index_de.html.

die eigene Ausbildung bedeutet und wie sie Arbeit und Haltung verändert hat.

Professionelle Distanz schützt, aber sie funktionalisiert auch und schafft weitere Distanzierungen. Besonders spürbar wird das, wo Zeit und Stellenschlüssel knapp sind. Bewohner und Angehörige in den Einrichtungen der Altenhilfe suchen aber nicht nur gute Pflege, sondern auch Hilfen für einen lebenswerten und möglichst normalen Alltag. Und junge Leute in Einrichtungen der Jugendhilfe suchen nicht nur Mentoren für den Kontakt zu Familie oder Arbeitsamt, sondern einfach einen Menschen, der aus freien Stücken verlässlich für sie da ist. Wo ehrenamtlich Engagierte die Brücke zwischen Nachbarschaft und professionellen Dienstleistern im Quartier bilden und dabei eigene Kompetenzen einbringen können, entsteht ein neuer Mix aus Professionalität, Engagement und nachbarschaftlichen Netzen, eine neue Sozialkultur, die mehr Selbstbestimmung und Freiräume ermöglicht. Problematisch wird es allerdings, wenn kritische Fragen und kreative Ideen freiwillig Engagierter nicht aufgenommen werden, wenn Strukturentscheidungen über die Köpfe der Engagierten hinweg fallen, wenn bürokratische Hemmnisse die Mitarbeit erschweren und wenn Menschen, die in ihrem Beruf Verantwortung tragen, sich plötzlich als ehrenamtliche »Helfer« von beruflich Tätigen erleben.

Viele Hoffnungen richten sich derzeit auf diese neue Kultur der Freiwilligkeit in unserem Land. Und die große Nachfrage nach Plätzen im Bundesfreiwilligendienst zeigt: Menschen aller Lebensalter sind bereit, sich für eine gewisse Zeit verbindlich zu engagieren. Manche haben allerdings den Eindruck, das Ehrenamt drohe inzwischen zum »billigen Jakob« eines ausblutenden Sozialstaats zu werden. Und es gibt sie tatsächlich, diese Tendenz, freiwillig Engagierte zu geringen Aufwandspauschalen für Aufgaben einzusetzen, die bislang von Hauptamtlichen wahrgenommen wurden – in Kirchengemeinden werden Jugendleiter, Küsterstellen und Sekretärinnen eingespart, in Pflegeeinrichtungen Sozialarbeiterinnen. Inzwischen werden auch in der Kirche Ehrenamtliche funktionalisiert, um die Organisation in der bisherigen Form aufrechtzuerhalten und die bestehende Struktur zu stützen, obwohl die finanzielle Grundlage dafür nicht mehr gegeben ist. Dabei ist die Grenze zwischen Ehrenamt, Freiwilligendiensten und geringfügiger Beschäftigung fließend geworden. Von den freiwillig Engagierten mit Auslagenersatz über die Ein-Euro-Jobber und die 400-Euro-Kräfte bis hin zu den geringfügig Beschäftigten gibt es viele, die bei geringem Entgelt ein hohes Engagement erbringen. In diakonischen Unternehmen soll es schon vorkommen, dass Ehrenamtliche mit Aufwandsentschädigung am Ende gar einen Nachtdienst versorgen. Die Sorge, dass unterkapitalisierte soziale Unternehmen im Wettbewerb alle verfügbaren Ressourcen nutzen, ist nicht unberechtigt. Deshalb müssen

6.5 Engagement und Spiritualität auf dem Sozialmarkt

Betriebsräte und Mitarbeitervertretungen einbezogen werden, wenn es darum geht, die Aufgaben Ehrenamtlicher im Unternehmen zu beschreiben.

Gerade in der augenblicklichen Krisensituation zeigt sich aber auch: Das soziale Ehrenamt hat große und wachsende Anziehungskraft.[107] Viele Menschen wollen sich einmischen, wenn es um die Zukunft ihres Quartiers und ihrer Nachbarschaft geht; es ist ihnen eben nicht gleichgültig, wie es Familien in Armut, Flüchtlingen oder Pflegebedürftigen geht, sie wollen etwas tun für den sozialen Zusammenhalt in unserer Gesellschaft, für die Nachbarschaften, in denen sie leben. 230 Wellcome-Büros mit insgesamt 2500 Ehrenamtlichen kümmern sich in ganz Deutschland um junge Familien und ihre Kinder: Beim Babysitten, bei Arztbesuchen, mit Hilfen bei Ausstattung und Ernährung sorgen sie in den ersten Monaten dafür, dass die Familie sich auch dann stabilisiert, wenn das Baby nicht »geplant« war. Dabei wurde das erste Wellcome-Büro erst vor 10 Jahren eröffnet. In Berlin und Köln haben »Stadtteilmütter«-Projekte Konjunktur, die vor allem Migrantenfamilien helfen, sich in der neuen Sprache, in Tageseinrichtung, Schule und Vereinen einzuleben. Immer öfter kommen Profis als Unterstützung hinzu: Community-Organizer, die die Knoten im Netz wechselseitiger Hilfe knüpfen.

Als wir vor einiger Zeit das 25. Jubiläum des Wickrather »Gemeindeladens« feierten, von dem ich oben schon erzählt habe, da wurden in der Ansprache der langjährigen Leiterin, Petra Vogt, noch einmal die Herausforderungen sichtbar, denen sich das Kleinstadt-Team in diesem Vierteljahrhundert gestellt hatte: Sie sprach von den 80ern, als erwerbslose Frauen einen Hauswirtschaftsdienst aufbauten, von dem Roma-Projekt und dem Christlich-islamischen Dialog, von den acht Mutter-Kind-Gruppen, die damals den Laden bevölkerten, von der Gründung des Treffpunkts für die Aussiedler in den 90ern und schließlich auch von dem aktuellen Projekt: der Erstellung einer Stadtkarte für eine alters- und generationengerechte Stadt. Der Gemeindeladen war immer offen für die Fragen und Projekte, die Bürgerinnen und Bürger und Nachbarn vom Marktplatz mit brachten – ins Cafe und an den Besprechungstisch.

Gute Nachbarschaft ist zu einem zentralen Schlüssel des Zusammenhalts in der neuen Bürgergesellschaft geworden – trotz oder vielleicht gerade wegen der wachsenden Mobilität. Man teilt wieder Autos und Gärten und kauft füreinander ein. Der Anteil derjenigen, die ihren Nachbarn gern etwas ausleihen, ist zwischen 1953 und 2007 von 22 auf 51 gestiegen; die Bereitschaft, Nachbarn einzuladen und zusammen zu feiern, ist von 13 auf 43 gestiegen. Neben dem Ehrenamt in

---

[107] Vgl. die Ergebnisse des 3. Freiwilligensurveys der Bundesregierung von 2009.

Organisationen, Kirchengemeinden, Vereinen, neben neuen Initiativen wächst auch die Bereitschaft, einfach »füreinander da zu sein«. Dabei spielt nicht zuletzt die Unterstützung durch den lokalen Einzelhandel oder durch Internetplattformen wie www.niriu.com eine Rolle.[108]
Die Erfahrung, gebraucht zu werden, sich einbringen zu können und mit dem eigenen Engagement etwas verändern zu können »birgt eine ungeheure, sinnstiftende Energie.« Victor Frankl, ein jüdischer Psychotherapeut, hat diese Entdeckung im KZ gemacht und aufgeschrieben.[109] Alles hängt davon ab, schreibt er, ob unser Leben Bedeutung für andere hat – und sei es nur für einen Menschen, den wir lieben. Wer darauf schaut, erträgt auch Demütigungen, an denen andere zerbrechen. Menschen, die wissen, dass sie gebraucht werden, leben länger. Wir schöpfen Energie daraus, dass wir nicht nur für uns selber leben. »Keiner von uns lebt für sich selber«, heißt es einmal beim Apostel Paulus, »und keiner stirbt für sich selbst.« Die Erfahrung von Zugehörigkeit zu einer Gemeinschaft ist übrigens auch eine wichtige Ressource für unsere Gesundheit – das zeigen alle Forschungen der Salutogenese. Und es war diese heilende Kraft der Gemeinschaft, die die junge Kirche von Anfang an so attraktiv gemacht hat. Der Wiener Theologe Paul Zulehner sieht deshalb die Not der Kirche in einem Verlust von Spiritualität wie im Verlust an Empfindsamkeit für die Not des Nächsten: Denn »wer in Gott eintaucht, der taucht neben dem Nächsten wieder auf«.[110]
Trotz des Rückgangs der Kirchenbindung bleiben religiöse Motivation und kirchlicher Hintergrund bis heute ein entscheidender Faktor für zivilgesellschaftliches Engagement.[111] Das zeigen Befragungen aus den Niederlanden.[112] Während dort nur noch 29 bzw. 27 Prozent der Befragten meinen, wenn Menschen nicht mehr an Gott glauben, sei die Moral gefährdet bzw. das Zusammenleben verkomme, meinen 41 bzw. 40 Prozent, ohne Kirchen würden sich weniger Menschen freiwillig für andere einsetzen, bzw. schwache Gruppen in der Gesellschaft blieben ihrem Schicksal überlassen. Religiosität und soziale Verantwortung sind nach wie vor stark miteinander verknüpft. Thomas Rauschenbach, der Leiter des Bundesjugendinstituts, der über viele Perioden im Beirat der Bundesregierung für den Freiwilligensurvey mitarbeitete, geht davon aus, dass in Deutschland noch immer gut die Hälfte der freiwillig Engagierten im Umfeld der christlichen Kirchen aktiv

---

108 Vgl. *Elisabeth Niejahr*, Das Netzwerk nebenan, »Die Zeit«, 10.8.12.
109 *Victor Frankl*, Trotzdem Ja zu Leben sagen (1946), München ⁵2009.
110 *Zulehner, Paul M. / Patzelt, Elke,* Samariter – Prophet – Levit. Diakone im deutschsprachigen Raum. Eine empirische Studie, Ostfildern 2003, 412.
111 *Nolte, Paul,* Religion und Bürgergesellschaft. Brauchen wir einen religionsfreundlichen Staat?, Berlin 2009.
112 *Joop de Hart / Paul Dekker,* »Von der Lebensgrundlage zur Dienstleistung«, in: *Bauerkämper/Nautz,* 2009, 304.

sind – in Diakonie und Gemeinde, in Jugendarbeit und Frauenverbänden, in Kultur und Entwicklungsarbeit. Und immerhin jeder zweite freiwillig Engagierte in Deutschland ist der Kirche »stark« bzw. »mittel« verbunden.[113]

»Lass dich nicht abschrecken, wenn du warten oder experimentieren musst, auch auf Enttäuschungen sei gefasst«, hat Albert Schweitzer einmal geschrieben. »Aber lass dir ein Nebenamt, in dem du dich als Mensch am Menschen ausgibst, nicht entgehen.« Mensch für Menschen sein – darum geht es nicht nur im Ehrenamt, sondern überall in den sozialen Diensten. Johann Hinrich Wichern sprach in diesem Zusammenhang von den »Netzwerken der brüderlichen Liebe«. Und in der gleichen Zeit schrieb Alexis de Toqueville in seinem Buch über die Demokratie in den USA: »Nur durch die gegenseitige Wirkung der Menschen aufeinander erneuern sich die Gefühle und die Ideen, weitet sich das Herz und entfaltet sich der Geist des Menschen«.[114] Wie Wichern stellte er die Bedeutung der Netzwerke und freien Zusammenschlüsse der Bürger heraus. Wo Freiheit, Eigenverantwortung wie Solidarität gefördert werden, da kann, wie gerade die Geschichte der USA zeigt, ein Klima des freiwilligen Engagements und vielfältiger Initiativen entstehen. Dabei ist von Bedeutung, dass die unterschiedlichen religiösen und kulturellen Wurzeln des Engagements geachtet werden.

Die deutsche Subsidiaritätstradition mit ihren starken Vereinen und Verbänden lebt von der konfessionellen Vielfalt unterschiedlicher Wertehorizonte. Das gilt für die Unternehmen von Caritas, Diakonie und den übrigen Wohlfahrtsverbänden, für Freiwillige in den Wohlfahrtsunternehmen genauso wie für Engagierte in den Vereinen und Initiativen vor Ort. Gleichwohl ist nicht zu übersehen, dass Individualisierung, Säkularisierung und Pluralisierung, aber auch Mobilität und Migration diese Tradition auf den Prüfstand gestellt haben. Heute muss es darum gehen, die ökumenische Zusammenarbeit zu verstärken, vor allem aber dem sozialen Engagement von Muslimen Raum und einen Rahmen zu geben. Wenn wir eine offene und tolerante, soziale Bürgergesellschaft gestalten wollen, kann und darf gerade diese Kultur nicht außen vor bleiben. Dabei ist das Engagement der muslimischen Community schon traditionell weit mehr durch familiäre und nachbarschaftliche Netze geprägt und wurde deshalb lange bei Surveys systematisch unterschätzt. Erst die Veränderung des sozialen Engagements, die wir als Gesamtgesellschaft derzeit im Kontext von Nachbarschafts-

---

[113] *Grosse, Heinrich W.,* Freiwilliges Engagement in der Evangelischen Kirche hat Zukunft. Ergebnisse einer neuen empirischen Studie, Hannover ²2006.
[114] *Adloff, Frank,* Zivilgesellschaft. Theorie und politische Praxis, Frankfurt a.M. 2005, 40.

hilfe und Stadtteilarbeit erleben, wirft ein neues Licht auf die Gaben, die Migrantinnen und Migranten in unser Miteinander einbringen.

7. Spannungsfelder diakonischer Führung

Nicht nur in der Zivilgesellschaft, auch in diakonischen Unternehmen spielen Musliminnen und Muslime inzwischen eine entscheidende Rolle. Ohne Mitarbeitende mit »Migrationshintergrund« lässt sich ein Krankenhaus oder Altenheim in Berlin oder Köln, in Duisburg oder Frankfurt kaum noch betreiben. Das gilt nicht nur für die Küchen- und Reinigungsdienste, sondern genauso für Pflegekräfte und auch für Ärztinnen und Ärzte. Dabei sind nicht nur diakonische Träger wegen des Fachkräftemangels auf diese Mitarbeiter und Mitarbeiterinnen angewiesen, auch Fachkräfte muslimischen Glaubens haben je nach Region in Deutschland Schwierigkeiten, einen anderen als einen christlichen Träger zu finden. Zwar kämen grundsätzlich kommunale oder private Einrichtungen, die AWO oder das Rote Kreuz in Frage, doch gibt es trotz Subsidiaritätsprinzip und Pluralität der Freien Wohlfahrtspflege noch immer wenige muslimische Einrichtungen und Pflegedienste. Dabei spielt allerdings auch eine Rolle, dass die Entwicklung einer individualistischen, offenen Zivilgesellschaft und eines Sozial- und Gesundheitsmarktes die traditionelle Milieubindung der Wohlfahrtsverbände aufgelöst hat. Nicht nur in den östlichen Bundesländern ist es schwierig, die Rahmenrichtlinien von Landeskirchen und Diakonischen Werken zu erfüllen, nach denen Fach- und Führungskräfte genauso wie die Mitglieder einer Mitarbeitervertretung einer christlichen Kirche angehören sollen.[115] Aus diesem Grund haben nicht alle diakonischen Einrichtungen und Verbände die Integrationsrichtlinie unterzeichnet.[116] Wer heute ein diakonisches Unternehmen leitet, gerät in dieses Spannungsfeld. Im Blick auf Mitarbeitende wie Betroffene und Angehörige muss eine diakonische Unternehmenskultur ökumenisch offen und interreligiös bewusst sein. Damit trägt sie allerdings zur weiteren Erosion eines einheitlichen Profils bei.

Dabei spielt auch eine Rolle, dass die Fragen von Glaube, Kirchenbindung und Zugehörigkeit in den Hintergrund getreten sind, wenn es um das Management eines diakonischen Unternehmens geht. Soziale Unternehmen werden heute vor allem ökonomisch gesteuert. Selbst die Führungskräfte aus Medizin, Pädagogik oder Pflege verstehen sich in-

---

[115] Vgl. dazu: Jahrbuch Gerechtigkeit 2007.
[116] In diesen von den einzelnen Bundesländern umzusetzenden Richtlinien um die Förderung der Integration von Migrantinnen und Migranten in den Arbeitsmarkt auf dem Gesundheitssektor, die zuweilen mit konfessionellen und religiösen Definitionen in Konflikt geraten (www.sachsen-anhalt.de/fileadmin/Elementbibliothek/ Bibliothek_Integrationsportal/Dokumente/Förderung/ foerderrichtlinie9.3.09.pdf).

7. Spannungsfelder diakonischer Führung

zwischen auch als Betriebswirte – als Medizinmanager oder Pflegewirte. Die »Vorsteher« und »Leitenden Geistlichen«, die die Träger der Diakonie traditionell mit der Kirche verbunden haben, sind in der Regel zu theologischen Beratern und Profilgebern geworden, und die Oberinnen, die die Brücke in die Gemeinschaft schlugen, zumeist von Pflegemanagern abgelöst wurden. Gleichwohl bleiben geistliche Impulse entscheidend für das Profil diakonischer Arbeit. Wer das ernst nimmt, gerät als Führungskraft in eine weitere Zerreißprobe, die allerdings auch die Fach- und Führungskräfte in Medizin und Pflege oder in der Bildungsarbeit kennen. Denn nicht nur die Erfahrung von Spiritualität, auch die heilende Zuwendung zu Kranken und Pflegebedürftigen, das Wachsen tragfähiger Beziehungen braucht Zeit. Zeit ist aber in einem personalintensiven Unternehmen der wichtigste Faktor für Rationalisierung. Auf dem wettbewerbsorientierten Sozial- und Gesundheitsmarkt geht es deshalb immer auch um die Spannung zwischen Zeit und Geld. Diese Spannung spiegelt sich auch im Verhältnis von beruflich und ehrenamtlich Mitarbeitenden. Ehrenamtlich Engagierte sind heute die entscheidende Brücke in Kirchengemeinden, Nachbarschaften und Familien und ein wichtiger Gradmesser für diakonische Qualität. Wer aber ein diakonisches Unternehmen für Ehrenamtliche attraktiv machen, wer den Stellenwert der ehrenamtlich Engagierten im Unternehmen erhöhen, ihre Entscheidungskompetenzen stärken, Bildungsangebote entwickeln und Ansprechpartner vorhalten will, der braucht dafür ein entsprechendes Budget.

Möglicherweise entscheidet sich aber gerade am Einsatz der Ehrenamtlichen, in welchem Maße ein sozialer Dienstleister ein bürgernahes diakonisches Profil entwickelt und seine Anwaltschaftlichkeit ernst nimmt. Denn während die Autonomie der Patientinnen und Patienten, der Bewohner und ihrer Angehörigen wächst und die meisten »Verbraucher« sich inzwischen als Kunden sozialer Organisationen sehen, deren Angebote sie vergleichen, um entsprechende Leistungen abzufordern, steigt mit der gesellschaftlichen Ungleichheit zugleich die Zahl derer, die weder über den finanziellen Hintergrund noch über die sozialen Ressourcen verfügen, die geforderte Eigenverantwortung wahrzunehmen. Nicht nur ältere Menschen mit geringer Rente, Menschen mit Behinderung oder Hartz-IV-Empfänger, sondern auch Arbeitnehmerinnen und Arbeitnehmer mit geringen Einkommen erleben von »Reform« zu »Reform« steigende finanzielle Belastungen bei sinkenden Leistungsstandards. Und vielen anderen Hilfebedürftigen fehlt schlicht das familiäre Netz und das notwendige Wissen, um Ärztinnen und Ärzten als informierter Kunde gegenüberzutreten oder nach einer kurzfristigen Entlassung für eine Anschlussbehandlung zu sorgen. So bildet sich die gesellschaftliche Spaltung inzwischen auch in den Unternehmen ab: zwischen Wahlleistungsstationen und Notfallambulanzen, zwischen hochpreisigen Wohnanlagen und Quartiersarbeit, zwischen Marktmacht und Verantwortung für den sozialen Zusammenhalt im Quartier. Von Diakonie als Teil der Kirche wird aber am Ende mehr erwartet, als dass sie eine qualitativ gute Dienstleistung erbringt, sie soll zugleich soziale und gesellschaftliche Verantwortung übernehmen. Auch diesem Anspruch gilt es, als Führungskraft gerecht zu werden.

Von Seiten der Kirche, aber auch von Partnern aus den Unternehmen werden die Zerreißproben, die Führungskräfte in der Diakonie erleben, oft unterschätzt: Es geht darum, erfolgreich kompetentes Personal zu gewinnen, ohne den Anspruch eines besonderen Profils aufzugeben – angesichts des kommenden Fachkräftemangels durchaus eine große Herausforderung. Es gilt, Pluralität wertzuschätzen und dezentrale Verantwortung zu ermöglichen und dabei zugleich einen gemeinsamen Rahmen und verbindliche Standards zu setzen. Die Herausforderung besteht darin, sensibel zu bleiben für Prozesse, die eigene Wahrnehmung für Zeiten und Rhythmen zu schulen, für die Ausstrahlung von Räumen achtsam zu bleiben – und gleichwohl Arbeitsprozesse, Gewinne und Verluste ökonomisch und vorausschauend zu planen. Es ist durchaus anspruchsvoll, ein Dienstleistungsunternehmen rentabel zu führen und es zugleich mit öffentlichen Trägern, Gemeinden, Schulen und freiwillig Engagierten zu vernetzen. Und es bleibt ein Kunststück, ehrenamtlich Engagierten Wertschätzung in einem ökonomisch geführten Unternehmen zuteil werden zu lassen – jenseits von Euro und Cent. In einer Reflexion über systemisches Führen unter wachsender Komplexität kommt der Berater Rudolf Wimmer[117] zu dem Ergebnis, die dauernden Veränderungsimpulse, die Unternehmen heute erlebten, führten zu einem Zustand des dauerhaften Angespanntseins. Zudem sei es nicht mehr möglich, Folgekosten des eigenen Agierens »ungestraft externalisieren« zu können – »gleich, ob es sich dabei um die Verlagerung von Problemen auf die Beschäftigten mit ihren Folgen für die Gesundheit derselben handelt, oder um das Abschieben von personellen Versorgungsleistungen auf das öffentliche Sozialsystem oder um die Schädigung der ökologischen Lebensbedingungen«. Unternehmen würden vielmehr auch von der eigenen Belegschaft daran gemessen, ob sie ihrer längerfristigen gesellschaftlichen Verantwortung gerecht werden. Das gilt in besonderem Maße für soziale Unternehmen.
In diesen Spannungsfeldern treten unweigerlich Konflikte auf: um Zeit und Geld, um Ressourcen, Einflusssphären und Glaubwürdigkeit. Entscheidend ist, sich dieser Konflikte bewusst zu werden, die Komplexität diakonischer Unternehmen nicht zu unterschätzen und Spannungen im System Kirche wie die zwischen Gemeinden und diakonischen

---

[117] *Rudolf Wimmer*, »Die neuere Systemtheorie und ihre Implikationen für das Verständnis von Organisation, Führung und Management« in: osb-international Reader 2013, 167f.

7. Spannungsfelder diakonischer Führung

Dienstleistern nicht zu leugnen. Wie Führungspersonen mit solchen Konflikten umgehen, wie bewusst und offen, wie konstruktiv und fehlerfreundlich sie dabei sind, ist wesentlich für Kultur und Ausstrahlung des gesamten Unternehmens.

Das zeigt sich im Umgang mit Kooperationspartnern, Mitarbeitenden und Kunden. Gelingt es, Kritik und Beschwerden ernst zu nehmen, Bruchstellen nicht zu verkleistern? Werden Management-Tools und Zahlen genutzt, um Distanz herzustellen, oder haben Führungskräfte ein offenes Ohr auch für Situation und Geschichte eines anderen Menschen? Haben Gefühle wie Wut und Enttäuschung angesichts von Veränderungen Raum, oder müssen sie unterdrückt werden? Lebendigkeit, Ehrlichkeit und Kommunikation auf Augenhöhe und nicht zuletzt die Erfahrung von Dienstgemeinschaft – das sind Kriterien, an denen Mitarbeitende wie Patienten und Angehörige messen, ob das Profil »stimmt«, ob also die Marke mit dem Kronenkreuz wirklich gelebt wird.[118]

Führungskräfte erfahren die Spannungen, in denen das Unternehmen steht, sozusagen »am eigenen Leib« – als Frage der Glaubwürdigkeit. Für die Mitarbeitenden wie für die Umwelt verkörpern sie das Ganze des Unternehmens. Sie sollen die Werte leben, die die Organisation sich auf die Fahnen geschrieben hat, sie stehen für das Selbstverständnis und müssen sich mit der Geschichte wie mit den Mythen auseinandersetzen, die sich um den Träger ranken. Vorstände in den Traditionsunternehmen der Mutter- und Bruderhausdiakonie, im Rauhen Haus oder in Bethel, in Neuendettelsau oder in Kaiserswerth, erfahren das in ganz besonderer Weise.

So ging es mir jedenfalls in Kaiserswerth. Die »Wiege« der Pflegediakonie verkörpert eine ganze Pflegetradition – es war also unumgänglich, sich in der Qualitätsentwicklung damit auseinanderzusetzen. Das biblische Bild vom kleinen Senfkorn, aus dem ein großes Werk wurde, auf vielen alten Kaiserswerther Zeichnungen durch Fliedners Gartenhäuschen symbolisiert, war immer präsent – und damit zugleich die Frage nach unternehmerischem Mut und Risiko, nach Erfolg und Vertrauen. In einem solchen geschichtsträchtigen Kontext können strategische Fragen jederzeit historisch gedeutet und »aufgeladen« werden. Die Gründerpersönlichkeiten bleiben in den wichtigen Entscheidungen so präsent wie die heutigen Eigner. Was für Daimler, Krupp oder Porsche gilt, gilt auch für Bodelschwingh, Wichern oder Fliedner. Theo-

---

[118] Das Kronenkreuz, das bundesweite Logo der Diakonie, ist das alte Zeichen für »Innere Mission«, die ineinandergeschobenen Buchstaben I und M, das auf einer Gesundheitsmesse 1923 in Düsseldorf zum ersten Mal vorgestellt wurde. Es setzte sich als diakonisches »Markenzeichen« im charakteristischen blau und weiß in den letzten Jahrzehnten auch in den diakonischen Einrichtungen durch, die nicht zum Traditionsstrang der Inneren Mission Johann Hinrich Wicherns gehören.

logisch verstanden allerdings ist der Eigner eines diakonischen Unternehmens Jesus Christus selbst – das Haupt der Gemeinde, der »Herr der Kirche«, dem alle anderen als Schwestern und Brüder zugeordnet sind. Und tatsächlich wird ja die diakonische Arbeit bis heute mit seinem Leben verglichen und am Evangelium gemessen. Das ist eine ungeheure Herausforderung – und ein großer Trost.

Ungeachtet der Spannungen zwischen Kirche und Unternehmensdiakonie stehen diakonische Führungskräfte in den Augen der Öffentlichkeit für die Kirche, ja, für die Glaubwürdigkeit des Evangeliums. Das zeigt sich, wenn angesichts aktueller Erfahrungen die biblischen Gründungsgeschichten in Erinnerung gerufen werden – zumeist die Geschichte vom barmherzigen Samariter. Dafür an der Spitze eines Unternehmens einzustehen, ist eigentlich eine Zumutung. Gleichwohl habe ich die unmittelbare Wucht dieses Vergleichs immer wieder erlebt. Nach einer Sonntagspredigt über die »Bittende Witwe und den hartherzigen Richter« gab mir eine ehemalige Mitarbeiterin und Mieterin der Kaiserswerther Diakonie, die zugleich eine treue Gottesdienstbesucherin war, einen Beschwerdebrief voller Ohnmacht und Wut; wir hatten ihr nach der Renovierung der Mitarbeiterwohnungen eine Mieterhöhung angekündigt, die sie tatsächlich auf Dauer nicht tragen konnte.

Wie kommt man mit dieser grundlegenden Spannung zurecht? Die theologische Tradition unterscheidet zwischen Person und Werk. Was wir tun, bleibt unvollkommen und widersprüchlich, Erfolg und Gelingen unseres Handelns bleiben unverfügbar. Mit unserer Person können wir unseren Zielsetzungen im Wege stehen, mit unserem Management verhindern, was geschehen könnte, wenn wir losließen.[119] Nach biblischer Überzeugung soll die Arbeit in der Kirche nicht auf schnellen Erfolg ausgerichtet sein, sondern auf Nachhaltigkeit. Und auch gemeinnützige Unternehmen arbeiten per Definition nicht, um Gewinne zu erzielen, sondern um des Dienstes und der Menschen willen. Diese Kriterien gilt es im Blick zu behalten, wenn in Vorständen und Kuratorien diakonischer Unternehmen über Erfolgsrechnungen und Vierteljahresgewinne gesprochen wird oder wenn auch Führungskräfte in diakonischen Einrichtungen sich im Wettbewerb mit anderen über Einkommen, Dienstwagen und Status definieren. Je mehr wir auf diese äußeren Reize fokussiert sind, desto schwerer ist es wohl, den eigenen, inneren Werten zu folgen. »Sie müssen innerlich bereit sein zu kündigen«, rät ein amerikanischer Unternehmensberater. Das allein macht frei, die bestmöglichen Entscheidungen zu treffen und zu verantworten und Zerreißproben auszuhalten.

---

[119] *Gebhard, Dörte*, Menschenfreundliche Diakonie. Exemplarische Auseinandersetzungen um ein theologisches Menschenverständnis und um Leitbilder, Neukirchen-Vluyn 2000, bes. 272–277.

7. Spannungsfelder diakonischer Führung

Vertrauen und Offenheit ohne Angst vor Verwundbarkeit sind möglich, wenn ich meinen Glauben nicht mit Leistung unter Beweis stellen muss. Glaubwürdigkeit lebt davon, dass wir gerade nicht vollkommen sein müssen, sondern Fehler zugeben und korrigieren können. Entscheidend ist, dass wir eine Rückbindung haben, einen roten Faden im eigenen Leben. Die alten Schwestern im Mutterhaus hatten mit ihrer Bindung an die Gemeinschaft einen solchen roten Faden, dem sie über die unterschiedlichsten beruflichen Stationen im In- und Ausland folgten, ein Netz, das sie trug. Nur wer sich darüber klar ist, was wirklich zählt und was Erfolg bedeutet, hat Kraft, auch Verunsicherungen und Zerreißproben auszuhalten, rät Howard Gardner, ein amerikanischer Unternehmensberater.

Der Theologe Dietrich Bonhoeffer, kurz vor Kriegsende als Widerstandskämpfer hingerichtet, hat in seiner Zelle das Gedicht »Wer bin ich?« geschrieben. Auch darin geht es um Glaubwürdigkeit. »Sie sagen mir oft, ich träte aus meiner Zelle gelassen und heiter und fest wie ein Gutsherr aus seinem Schloss«, beginnt der Text, um dann sogleich fortzufahren: »Bin ich das wirklich, was andere von mir sagen? Oder bin ich nur das, was ich selbst von mir weiß: unruhig, sehnsüchtig und krank wie ein Vogel im Käfig?« Wer bin ich – der oder jener oder beides zugleich? Bonhoeffer verortet sich am Ende in einem Horizont, der die engen Wände seiner Zelle sprengt und die Urteile anderer wie die eigenen Unsicherheiten relativiert – bei dem, der ihn frei macht. »Wer ich auch bin, Du kennst mich, dein bin ich, o Gott«.[120] Im Gebet kommt er sich selbst auf die Spur, um sich im gleichen Augenblick loszulassen. Solche Freiheit von sich selbst, auch von der Angst um die eigene Glaubwürdigkeit, ermöglicht erst den Dienst als Zuwendung zu anderen.

Wie aber gehen wir damit um, dass wir Menschen allein lassen, enttäuschen oder entlassen müssen, dass wir anderen und oft auch selbst nicht gerecht werden? Auf die so genannten Sachzwänge zu verweisen ist keine befriedigende Lösung. Denn anders als in Wirtschaftsunternehmen, in denen die Verantwortung für Mitarbeitende und Kunden produkt- und zeitgebunden ist, wird Führungskräfte in Kirche und Diakonie bis zuletzt die Frage begleiten, die ein Freund beim Geburtstag des 75-jährigen Diakonievorstands zitierte: Wo sind die Menschen – und wo ist Dein Menschsein? Die Kunst besteht darin, aufmerksam und präsent zu bleiben, auch wenn es weh tut. Schmerzhafte Entscheidungen auszusitzen, nutzt niemandem. Im Gegenteil: Es hemmt neue und notwendige Entwicklungen. Führungskräfte sollten sich klar machen, wer in der Mitarbeiterschaft gerade eine Krise bestehen muss,

---

[120] *Bonhoeffer, Dietrich,* Widerstand und Ergebung. Briefe und Aufzeichnungen aus der Haft, hg. von E. Bethge, Gütersloh 1998, 513f.

wer in anstehenden Veränderungen Unterstützung braucht, wer krank ist oder sich gerade besonders eingesetzt hat.
Personalentwicklung in einem diakonischen Unternehmen ist nicht nur auf Funktionalität ausgerichtet. Unter der Bedingung von Netzwerkstrukturen in den Dienstleistungsbranchen haben die feudalhierarchischen Leitungskonzepte ohnehin längst abgewirtschaftet. Leiten heißt heute nicht mehr kommandieren, kontrollieren, korrigieren, sondern fordern, fördern und Feedback geben. Und darüber hinaus: Initiativen setzen, Ideen weitergeben, Energie freisetzen. Die Energie eines diakonischen Unternehmens kommt aus der Überzeugung, dass jeder und jede gebraucht wird und eine ganz besondere Berufung hat. Es hängt deshalb viel davon ab, dass Führungskräfte auch mit den eigenen Gaben, Fehlern und Irrtümern offen umgehen. Dass sie frei sind von falscher Angst und Scham, von Sorge um das eigene Ansehen und den persönlichen Erfolg. Wer in der Diakonie arbeitet, hat hoffentlich irgendwann schon einmal erfahren, wie sehr wir alle auf Hilfe und Vergebung angewiesen sind. Das relativiert das Gefälle zwischen Führenden und Geführten – und wappnet gegen die Versuchung, so zu tun, als wären wir »besser« als andere.

7.1 Diakonie auf dem Sozialmarkt: Ein unverwechselbarer Beitrag

Die Rahmenbedingungen der unternehmerischen Diakonie werden vom Markt bestimmt – und auch die Organisationsform der einzelnen Unternehmen unterscheidet sich nicht grundsätzlich von der anderer Dienstleister. Stiftungen, Vereine, GmbHs tragen zunächst keine spezifisch diakonischen Kennzeichen, sie sind säkularer Natur. Das gilt in anderer Weise auch für die Rahmenbedingungen, die Kirche und Gemeinden in Deutschland bestimmen – für Kirchensteuern und Stellenpläne, Stellenschlüssel und Umlagen, Beamtenstatus, Dienstanweisungen und Territorialprinzip und die Kirchenmitgliedschaft als Zeichen der Zugehörigkeit. Während Kirche mit ihrer staatskirchlichen Geschichte sich noch immer eher an Recht und Verwaltung orientiert, ähnelt Diakonie als gemeinnütziges Unternehmen einem Wirtschaftsbetrieb – die vielen Vereine und Initiativen von der Hospizarbeit bis zur Tafelarbeit schließlich sind Teil der Zivilgesellschaft. In Deutschland sind diese unterschiedlichen Sphären über das Selbstbestimmungsrecht der Kirchen und das Subsidiaritätsprinzip in der Freien Wohlfahrtspflege miteinander verknüpft. Danach unterliegt auch die Arbeit der diakonischen Unternehmen dem Selbstbestimmungsrecht der Kirche; zugleich refinanzieren Staat und Sozialversicherungen deren Arbeit als Teil der Vielfalt der Freien Wohlfahrtspflege.
Aber es ist schwierig geworden, beides zusammenzuhalten. Das zeigt sich an den Problemen bei der Kooperation zwischen diakonischen Diensten und Kirchengemeinden, es zeigt sich aber auch im kirchli-

chen Arbeitsrecht. Mitarbeitende in diakonischen Unternehmen sind wie deren Kunden immer häufiger nicht (mehr) Kirchenmitglieder. Während die Zahl der Gemeindeglieder abnimmt und Kirchen verkauft werden, während viele Gemeinden unter »Milieuverengung« leiden und Kirchenleitungen Reformprozesse anstoßen, die darauf zielen, die kleiner werdenden Kräfte wirksam einzusetzen, wächst die Diakonie so stark, dass Bürgerinnen und Bürger sich in manchen Regionen darüber beklagen, keine Alternative zu christlichen Kindergärten oder Krankenhäusern zu finden. »Wie viele Diakonissen haben Sie denn noch?« hieß die Frage, die ich in meiner Zeit als Kaiserswerther Vorsteherin so oft gehört habe wie keine andere. Wenn Besucherinnen und Besucher das Mutterhaus besichtigten, fragten sie mich regelmäßig danach, und immer war die Freude groß, wenn denn noch einmal eine Schwester in Tracht und Haube zu sehen war. Fast jeder konnte von der Gemeindeschwester erzählen, die den Kindergarten geleitet und die Oma gepflegt hatte, viele von einer Tante, die Diakonisse gewesen war. Die Sentimentalität, die mit diesen Erinnerungen verbunden war, kann ich gut nachvollziehen. Auch mein Herz macht einen Sprung, wenn ich den dunkelblauen Stoff der Schwesterntracht sehe, den die Diakonissen schon in meiner frühesten Kindheit trugen – den dunklen Stoff mit den hellblauen Pünktchen, der mich immer an den Sternenhimmel erinnerte. In der Melancholie, die mit diesen Erinnerungen verbunden ist, zeigt sich aber auch das klare Bewusstsein, dass die Zeit vorbei ist, in der diakonische Gemeinschaften groß genug waren, um ganze Organisationen und Einrichtungen zu tragen und zu prägen. Während die Gemeinden schrumpfen, wachsen die diakonischen Unternehmen, aber die Zahl der kirchlichen Mitarbeiterinnen und Mitarbeiter wächst nicht mit.

»Wie viele Schwestern haben Sie denn noch?« Die Trauer über den Verlust, die in dieser Frage erkennbar wird, macht es schwer, ein christliches Profil zu entwickeln, das auch in Zukunft trägt. In der Kaiserswerther Schwesternschaft gab es einen kleinen Konvent von Diakonissen neuer Form. Weil immer wieder Besucher fragten, wie die Zukunft aussehen könnte, haben wir manchmal Gäste dorthin eingeladen. Sie waren zumeist enttäuscht, die Frauen, die sich dort trafen, trugen weder Tracht noch Haube, einige von ihnen waren verheiratet und hatten Familie, manche lebten in einer Partnerschaft mit einer anderen Frau, nur wenige in einer Wohngemeinschaft. Jede von ihnen hatte ihren eigenen Lebensstil, einige waren berufstätig, andere ehrenamtlich tätig. Was diese Gruppe verband, war auf den ersten Blick nicht zu erkennen: Sie waren auf der Suche nach den Quellen, die die eigene Motivation stärken; sie hatten sich verpflichtet, einen Teil des eigenen Einkommens für ein ökumenisches Projekt zu spenden, sie lasen – jede für sich einmal am Tag – den gleichen Bibeltext, sprachen das gleiche

Gebet und kamen regelmäßig zusammen, um sich auszutauschen. Für ein modernes Schwesternleben zwischen Beruf und Familie ist das viel – aber man muss Augen haben, das zu erkennen.

Als Oberin der Kaiserswerther Schwesternschaft habe ich manchmal an die alte Wüstenvätergeschichte gedacht, in der ein Pilger an einer Baustelle vorbeikommt. Es scheint eine Abtei zu sein, an der gearbeitet wird. Der Pilger spricht einen Mann an, der davor sitzt und die Arbeit beaufsichtigt – vermutlich ein Mönch. Es ist sogar der Abt, wie sich bald herausstellt: »Oh, es tut so gut zu sehen, dass an einem Kloster gebaut wird«, sagt der Pilger. »Nein,« antwortet der Abt, »wir reißen es ab«. »Sie reißen es selber ab? Warum denn?« »Damit wir wieder im Morgengrauen den Sonnenaufgang sehen können,« lautet die Antwort.

Um den Kern des Evangeliums freizulegen, muss man Traditionen hinter sich lassen können, man muss bereit sein, sie zu »entmythologisieren«. Das ist der Sinn von Reformation. Um sich selbst wieder neu zu entdecken und zu erfinden, die eigene Motivation freizusetzen, muss man das eigene Image aufs Spiel setzen, das Bild zu zerstören, das andere sich gemacht haben. Und was für Einzelne gilt, das gilt auch für Organisationen. Wer sich die Jahresberichte und Spendenbroschüren diakonischer Träger ansieht, wird merken: Gerade in der Pflegediakonie hängen viele ihr Herz an überkommene Traditionen. Noch immer finden sich die schönen alten Fotos von Schwestern in Tracht und Haube. Sie wecken Vertrauen und symbolisieren schon auf den ersten Blick das diakonische Profil. Aber Tradition heißt nicht, die Asche zu bewahren, sondern das Feuer zu hüten. Die Frage ist also: Lässt sich noch einmal ein Feuer entfachen unter der Asche?

Bei den Kaiserswerther Einführungsseminaren für neue Mitarbeitende faszinierte nichts so sehr wie die Berichte der alten Diakonissen über ihren Alltag in der Gemeinschaft. Dabei kam es eigentlich nicht darauf an, ob die Schwester, die da erzählte, Tracht und Haube trug. Ihre Erfahrungen waren gefragt – Erfahrungen aus einer anderen Welt. Da gehörten der gemeinsame Mittagstisch und die Tagzeitengebete noch selbstverständlich zum Arbeitsalltag. Da blieb Zeit, an einem Sterbebett zu sitzen – wenn es sein musste, bis in die Nacht. Küchenschwestern waren als Mitglieder der Gemeinschaft genauso geachtet und versorgt wie Stationsleitungen, und kein Tarif spaltete die Kerntruppe vom outgesourceten Rest. Schwestern erzählten von ihren Berufskarrieren mit immer neuen Stationen und immer neuen Lernerfahrungen, von Auslandsaufenthalten in Porto Alegre, Brasilien, in Konstantinopel/Istanbul oder Rom, in Jerusalem und Beirut[121] – von Karrieren, die

---

[121] Die meisten dieser Auslandsstationen bestehen heute noch in anderer Trägerschaft; die Schwesternschaft in Porto Alegre gehört zur Ev.-luth. Kirche in Brasilien, das deutsche Krankenhaus in der Nähe des Taksim-Platzes hat einen türkischen Trä-

7.1 Diakonie auf dem Sozialmarkt: Ein unverwechselbarer Beitrag

heute in verantwortliche Leitungspositionen führen konnten und einen morgen wieder auf die Schulbank brachten, *down to earth*. Beim Erzählen leuchteten die Augen der Zuhörerinnen.
Und das, obwohl jeder wusste, dass dieses Leben seinen Preis hatte: Diese Sterbebegleitung war nur möglich, weil Schwestern so mit ihren Stationen verbunden waren, dass sie dort lebten und oft genug auch übernachteten. Der gemeinsame Mittagstisch war nur möglich, weil das Mutterhaus seine Töchter versorgte – und weil jede von ihnen auf eine eigene Familie verzichtete. Die Gleichstellung aller Dienste war nur möglich, weil alle auf Einkommen verzichteten. Ins Ausland, wo manche auflebten, wurde man geschickt – oft genug, ohne die Sprache vorher zu lernen. Entschiedenheit, Courage, Verzicht und Konzentration waren der Schlüssel für dieses Leben; das wussten die jungen Mitarbeiterinnen, die so begeistert zuhörten. Aber das alles änderte nichts an der Faszination.
Es ist wohl eine verlockende Vorstellung, sich einordnen zu können in ein größeres Ganzes und den komplexen, funktionalisierten Alltag mit all seinen Konflikten hinter sich zu lassen. Die Schmerzen der Autonomie, des dauernden Zwangs zu entscheiden, sich selbst immer neu zu erfinden und immer wieder unterschiedlichste Rollen zu vereinbaren – einfach hinter sich zu lassen. Menschen sehnen sich danach, ganz einfach der Stimme ihres Herzens zu folgen und einen unverwechselbaren Beitrag zu leisten. George Bernhard Shaw – eher ein Skeptiker als ein überzeugter Christ – hat das einmal in Sätze gekleidet, die erschreckend steil und unmodern sind, aber diese Sehnsucht treffen. »Dies ist die wahre Freude im Leben – gebraucht zu werden für einen Zweck, den man selbst als einen mächtigen erkennt, vollständig aufgebraucht zu sein, bevor man auf den Müllhaufen geworfen wird. Eine Naturkraft zu sein, statt ein kleiner, fiebernder, egoistischer Klumpen der Wehleidigkeit und des Jammers, der sich beschwert, dass die Welt sich nicht aufopfern will, ihn glücklich zu machen.« Gebraucht werden, die eigene Berufung zu finden und Teil eines Ganzen sein – das ist gerade in unserer individualisierten Moderne gefragt.
Die kleiner und älter gewordenen diakonischen Gemeinschaften sind Erinnerungen an einen Geist der Hingabe, der uns vielleicht gerade deshalb fasziniert, weil er uns fremd geworden ist. Als ich vor 15 Jahren als Vorsteherin in Kaiserswerth anfing, waren gerade zwei neue, junge Schwestern eingeführt worden. Eine von den beiden wollte sich noch einmal ganz hineingeben in diese Tradition des Dienstes und der Selbstvergessenheit – sie trug nach ihrer Einsegnung Tracht und Haube als sichtbares Zeichen der Sehnsucht nach einem anderen Leben. »Ich werfe meine Sehnsucht zu Dir rüber – wie ein Tau von einem Schiff an

---

ger, das Auguste-Victoria-Hospital gehört zum Lutherischen Weltbund, das Diakonissenhaus in Rom, heute Casa Valdese, besteht als Hotel der Waldenserkirche fort.

Land«, heißt es in einem Lied. »Vielleicht ist einer da und holt mich rüber, vielleicht, vielleicht, vielleicht nimmt einer meine Hand.« Diakonische Gemeinschaften sind Hoffnungsanker gegen den Schmerz der Einsamkeit. Das gilt auch für die neu entstandenen wie die »Arche-Gemeinschaften«, »Brot und Rosen« oder die »Wulfshagener Hütte«. Diese Basisgemeinschaften wecken die Hoffnung, dass die Zeit der »Egomanie« zu Ende geht, wie es Horst-Eberhard Richter schon vor Jahren in einem Buch über die Krise des westlichen Bewusstseins formulierte. Aber der Schmerz der Selbstbezogenheit, die Angst um die eigene Zukunft lebt auch in der Gemeinschaft. Die jungen Novizinnen in Kaiserswerth wurden, wie es wohl überall geschieht, schnell zu Hoffnungsträgerinnen der alten Diakonissen – eine Rolle, der vermutlich kaum jemand auf Dauer gewachsen ist. Keine von beiden gehört mehr dazu.

Noch gibt es 4000 Diakonissen und diakonische Schwestern im Kaiserswerther Verband.[122] Aber die meisten leben im Feierabend. Die Mutterhausdiakonie in ihrer traditionellen Form ist Geschichte. Tracht und Haube spiegelten das Frauenbild einer vergangenen Zeit, und mit der Zeit haben sich unsere Vorstellungen von Familien- und Sorgearbeit verändert – genauso wie die Gestalt der Organisationen. »Es wird vergehen die Kirche mit ihren Organisationen, mit ihren Arbeits- und Lebensformen, mit ihrer Lehre und ihrem Dienst, mit ihrer Schwachheit und ihrer Kraft, und die Welt mit all ihrer Macht über den Menschen und über die Dinge, mit ihrer Wissenschaft und ihrer Gläubigkeit, mit ihrer Humanität und Unmenschlichkeit«, hat der Theologe Ernst Lange geschrieben, und er fuhr fort: »Die Liebe Christi ist das, was bleiben wird, wenn alles vergeht.«[123]
Die Organisationsgestalt von Kirche und Diakonie verändert sich; sie muss sich verändern. Durch die Zeiten, über die Länder und Kulturen hinweg erscheint die Kirche Christi in ganz unterschiedliche Gestalten: als Volkskirche oder Freiwilligkeitskirche, als öffentlich-rechtliche Institution oder als kleiner Verein, als Unternehmen oder als Initiative, als Orden oder Gemeinschaft. Keine dieser Formen garantiert die Erfahrung von Liebe und Gemeinschaft – jede hat ihre Brüche und Schattenseiten. Die Diakonissenhäuser bilden hier keine Ausnahme.
Im Zweifel geht es deshalb nicht zuerst darum, die Organisation zu erhalten: Kaum einer der Gründer hätte je erwartet, dass die großen alten Unternehmen der Diakonie so lange bestehen würden. Zuletzt geht es nicht darum, die eigenen Entscheidungen vor der Stakeholdern zu verantworten – so wichtig es ist, die Interessen von Aufsichtsräten

---

122 Vgl. www. kaiserswerther-verband.de.
123 *Simpfendörfer, Werner*, Ernst Lange. Versuch eines Porträts, Berlin, 2. durchges. Auflage 1997, 68.

und Mitarbeitenden, von Kunden und Kooperationspartnern ernst zu nehmen. Letztlich kommt es darauf an, dem Raum zu geben, was kommen wird, und Maß zu nehmen an der Liebe.

7.2 Geld oder Liebe – Werte im Konflikt

Die diakonischen Unternehmen von heute sind bunt und vielfältig. Da gibt es Migranten, die ihre Konfession kaum nach unseren Kriterien beschreiben können (ist die Krankenschwester aus Thailand nun Baptistin oder ist sie lutherisch?), es gibt Kirchenmitglieder, die in Praxis und Überzeugung Buddhisten sind, aber auch Muslime, die sich ganz protestantisch auf ihr Gewissen berufen, und katholische Chefärzte, die für die Teilnahme ihres Teams am evangelischen Gottesdienst werben. Und es gibt die vielen anderen, die keinen Zusammenhang mehr sehen zwischen Kirchenmitgliedschaft und diakonischer Arbeit, zwischen Kirchensteuer und Diakonie. Zur alten Diakonissenanstalt führt kein Weg zurück. Die alte Form der Einheit von Glauben und Dienst, von Arbeit und Leben ist zerbrochen – und mit ihr die Einheit der Mitarbeiterschaft. Nach Jahrzehnten der Prägung unseres Sozialstaats durch die Kirchen und durch christliche Werte, der Inkulturation des Evangeliums in unsere Gesellschaft, erleben wir heute eine spannungsreiche Situation: Zwar sind in manchen Regionen Deutschlands die Mehrzahl der Träger von Gesundheits- und Sozialeinrichtungen noch immer kirchlich, zugleich aber werden die spezifisch christlichen Werte oft als fremd erlebt und die Bedeutung kirchlicher Berufsträger, von Pfarrerinnen und Pfarrern oder Diakoninnen und Diakonen in diesem Einrichtungen nimmt ab. Man könnte durchaus von einer Exkulturation kirchlicher Berufe sprechen. Wie kann unter diesen Rahmenbedingungen der Zusammenhang von Glauben und sozialer Arbeit, von Menschenbild und Gottesbild erkennbar bleiben?

Christliche Traditionsbestände können längst nicht mehr als selbstverständlich vorausgesetzt werden, und kirchliche Normen und Stellungnahmen werden zumeist auch in der Mitarbeiterschaft nicht als bindend erlebt – kein Wunder angesichts der Tatsache, dass – vor allem in Mitteldeutschland – manchmal nur noch eine Minderheit der Mitarbeitenden überhaupt Mitglied einer Kirche ist. In einem solchen Kontext wird jede ethische Entscheidung als subjektive Wertentscheidung wahrgenommen, die vor allem persönlich verantwortet werden muss. Das wird besonders für Führungskräfte gerade dann zur Herausforderung, wenn diakonische Grundwerte mit ökonomischen oder gesellschaftlich akzeptierten Werten in Konflikt geraten – wie bei der Begleitung Sterbender, bei der Spätabtreibung, bei der Festlegung der Entgelte für Beschäftigte im Niedriglohnsektor. Die Differenz zwischen den offiziellen Stellungnahmen der Kirchen und dem Handeln der Unternehmensleitungen ist dabei oft schmerzhaft und irritierend spürbar. Aber auch Widersprüche im unternehmerischen Handeln selbst führen zu sozialethischen Konflikten und Glaubwürdigkeitsverlusten: So werden prekäre Arbeitsplätze geschaffen, während die Träger sich gleichzeitig in der Quartiersarbeit gegen Armut engagieren. Kinderbetreuungsangebote für Pflegende im Schichtdienst fehlen, obwohl das Unternehmen ein Familienzentrum unterhält. Für Mitarbeitende, Patienten und Bewohner kann es mit großen Enttäuschungen verbunden sein, wenn sie spüren, dass ethische Konflikte und Ambivalenzen auch bei der Kirche nicht aufgehoben sind.

Führung in einem diakonischen Unternehmen bedeutet, solche Wertekonflikte auszuhalten und zu lebensdienlichen Entscheidungen zu kommen. Der Zürcher Sozialethiker Arthur Rich hat von dem magischen Dreieck einer ethisch verantworteten Ökonomie gesprochen: Ökonomische Sachgerechtigkeit, Menschengerechtigkeit und Umweltgerechtigkeit stehen dabei in Spannung zueinander, haben aber die gleiche Wertigkeit. Es geht darum, die Konflikte, die damit verbunden sind, zu managen, Prioritäten und Grenzen zu setzen und gleichwohl Motivation, Veränderungs- und Innovationsbereitschaft aufrecht zu halten.

Um angesichts der wachsenden Herausforderungen zum Dialog über Werte und ethische Normen zu ermutigen, brauchen diakonische Unternehmen Bildungs- und Beratungsangebote. Je schwächer die Traditionen der Gemeinschaften werden, je weniger selbstverständlich der Einfluss kirchlicher Normen auf die Leitung eines Unternehmens und dessen Mitarbeiterschaft ist, je größer die Vielfalt der Kulturen, religiösen Prägungen und Werte wird, umso wichtiger wird es für Fach- und Führungskräfte, sich die eigenen Referenzwerte bewusstzumachen. Wenn wir Diakonie als einen Weg verstehen, den christlichen Glauben weiterzugeben, dann geht es heute mehr denn je ums Vorleben, um eine überzeugende persönliche Präsenz. Reinhard Feiter und Hadwig Müller sprechen in ihrem Buch über pastorale Impulse aus Frankreich[124] von der Bedeutung der »zeugenden Pastoral« in einer Gesellschaft, in der letztlich nur Erfahrung und Authentizität zählen, weil die dogmatische Stimmigkeit einer psychologischen Platz gemacht habe. Es ist der Austausch subjektiver Erfahrungen, der dem Glauben seine Gültigkeit gibt.[125] Angesichts der Spannungsfelder und Konflikte, die in diakonischen Unternehmen den Alltag bestimmen, gilt es, die Orientierungskoordinaten für das eigene Leben wie für die eigene Arbeit immer neu zu überprüfen, die eigene Erfahrung zu reflektieren und den

---

[124] *Feiter, Reinhard / Müller, Hadwig,* Frei geben. Pastoraltheologische Impulse aus Frankreich, Freiburg 2012, 12ff.
[125] A.a.O., S. 62.

inneren Kompass zu schärfen – mit Retraiten, Zeiten in der Natur, Sitzen in der Stille oder Tagebuchschreiben. Dabei geht es auch darum, Aufmerksamkeit für die Gefahr der Erschöpfung zu entwickeln.[126] Führungskräfte in der Diakonie sind dabei in besonderer Weise herausgefordert. Denn die biblischen Texte und Traditionen, die den eigenen Glauben prägen, die Koordinaten, auf die Christen sich beziehen, sind zugleich die Referenzwerte des Unternehmens. Das gilt selbst dann, wenn die Mitarbeiterschaft sich in der Mehrzahl nicht unbedingt christlich definiert. Die biblischen Geschichten und Bilder von der Kindersegnung, der Tischgemeinschaft Jesu mit den Ausgegrenzten, vom Barmherzigen Samariter oder den Werken der Barmherzigkeit sind zugleich Kraftquelle und Wurzelboden für die Diakonie und Kriterium ihrer Glaubwürdigkeit. Der Konflikt, der darin liegt, lässt sich bearbeiten, wenn diese Quellen im Alltag ins Gespräch gebracht und mit anderen Traditionen und Werten konfrontiert werden. Das kann nicht gelingen, ohne die Pluralität, die Gesellschaft wie Diakonie heute prägen, bedingungslos anzuerkennen und die Freiheit jedes Einzelnen zu stärken. Einführungsseminare für Mitarbeitende oder Führungskräfteseminare zur Unternehmensethik sind dafür gut geeignet.

So wichtig die Rolle der Führungskräfte ist – am Ende wird es darauf ankommen, dass die diakonische Ausrichtung des Unternehmens nicht nur am Führungshandeln festgemacht wird. Denn erst im offenen Austausch über die Vielfalt der Erfahrungen können sich die Überzeugungen und Werte herauskristallisieren, die »unveräußerlich« und trotz aller Widersprüche nicht verhandelbar sind und das Miteinander tragen. Gruppen, die sich in Fortbildungsangeboten zusammenfinden, bilden oft den Kern tragfähiger Teams und »Gemeinschaften«, die die diakonische Kultur eines Unternehmens auch heute prägen können. Gemeinschaften haben die Möglichkeit, die Unternehmenswerte kritisch zu befragen und sie im Spannungsfeld von Geschichte, Kirche, Fachlichkeit und Ökonomie überzeugend weiterzuentwickeln, wie es z.B. in Leitbildprozessen geschieht.

7.3 Die neuen Dienstleister: Motivation und Zusammenarbeit stärken

Ohne die eigene Person einzubringen, wird man auf Dauer weder pflegen noch erziehen, weder beraten noch leiten können. Wenn Mitarbeitende allerdings ständig darum kämpfen müssen, ihren eigenen Werten gerecht werden zu können, droht die Gefahr von Burnout und Erschöpfung. In der Konsequenz verlassen einige viel zu früh ihren Beruf. Nach einer Untersuchung an den Schulen in Neuendettelsau fragten sich zwei von zehn Auszubildenden bereits im zweiten Lehrjahr, ob sie

---

[126] *Kleinschmidt, Hans-Peter / Unger, Carola,* Bevor der Job krank macht, München 2006.

tatsächlich den richtigen Beruf gewählt hätten. Ihre Motivation war durchgängig von dem Wunsch bestimmt, mit Menschen zu arbeiten. Wie früheren Generationen geht es ihnen um eine gute Beziehung zu den anvertrauten Patienten, um qualitätsvolle Arbeit und um persönliche Entwicklung. Denn in Abgrenzung zu einer problematischen Seite der Tradition verstehen Pflegende ihren Beruf heute nicht mehr als Selbstaufgabe. Sie erwarten auch angemessene Entgelte und die Beteiligung an Entscheidungsprozessen.

Der Motivationsverlust ist aber nicht nur ein Problem in der Pflege. Bis hinein in den ärztlichen Dienst haben wir es inzwischen auch mit Mitarbeitenden zu tun, die nur noch funktional einen Job ausfüllen, den sie zudem als unterbezahlt erleben. Sie sind so etwas wie das Gegenbild zur immer verzichtsbereiten Diakonisse, die sich keine andere Selbstverwirklichung als den Dienst vorstellen konnte, und zugleich Warnsignal einer ökonomisierten Diakonie, in der die Zeit für Zuwendung, Spiritualität und die Pflege der eigenen Kraftquellen zu kurz kommt. Dabei liegt auf der Hand: Nur selbstbewusste Mitarbeiterinnen und Mitarbeiter, die einfühlsam mit anderen wie mit sich selbst umgehen, können die gesellschaftliche Spaltung überwinden, die Hilfebedürftige von Helfern trennt.

Gesundheitsberufe sind Teil der Dienstleistungsbranche. Längst bemühen sich auch Dienstleistungsunternehmen um eine effizienten Prozess- und Ablauforganisation, um Zeitkompatibilität, um eine möglichst gute Leistung zu erzielen. Dabei verändert sich der Umgang mit Zeit in vier Dimensionen[127]. Zum einen nimmt die Extensität der Arbeit zu – also die Dauer der Tages- und Wochenarbeitszeit. Zwar haben Pflegende schon immer auch am Wochenende gearbeitet – Ärzte haben ihre Dienste zum Teil bis zu 36 Stunden durchgehalten –, inzwischen aber geht es mehr und mehr um die Auslastung der teuren Geräte und OPs auch in den Randzeiten. Aber nicht nur die Extensität, auch die Intensität der Arbeit nimmt zu: Stellenabbau und durchfunktionalisierte Behandlungspfade führen auch in der Pflege zu Arbeitsverdichtung; Zielvereinbarungsprozesse, oft unterstützt durch entsprechende erfolgsabhängige Entgeltkomponenten, sollen die Erfolgsorientierung des Teams fördern, führen aber auch zu weiterer »Selbstausbeutung«. Zugleich ermöglichen Qualitätsmanagement und Dokumentationssysteme eine neue, bürokratische Kontrolle. Dabei ermöglicht die elektronische Ausrüstung in Krankenhäusern und Altenhilfeeinrichtungen, aber auch in Pflegediensten und Arztpraxen ein vernetztes Arbeiten über Berufsgruppen und Stationen hinweg. Die elektronische Patientenakte, das Operieren am Monitor, die zielgenaue Führung eines Pati-

---

[127] *Rinderspacher, Jürgen*, u.a., Zeiten der Pflege. Eine explorative Studie über individuelles Zeitverhalten und gesellschaftliche Zeitstrukturen in der häuslichen Pflege, Studien zur Pflege 2, Münster u.a. 2009.

enten – all das verändert die Zusammenarbeit. Die Synchronizität der Arbeit nimmt zu. Mehr innerbetriebliche Mobilität ist möglich; ein Wechsel zwischen den Teams ist an der Tagesordnung.

Vielleicht ist das auch einer der Gründe, warum junge Mitarbeitende heute mit Sentimentalität auf die alten Diakonissen und ihre Gemeinschaft schauen. Angesichts der wachsenden Anforderungen an Mobilität und Flexibilität, angesichts von Arbeitsplatzunsicherheit, Zeitdruck und einer schwächer werdenden Identifikation mit dem (jeweiligen) Unternehmen wächst der psychosoziale Druck. Der feste Halt, die jahrelange Einbindung in ein Team gehören der Vergangenheit an. Einerseits werden Mitarbeitende der zweiten und dritten Führungsebene zu Managern eines eigenen Geschäftsbereichs. Die Grenzen zwischen der Vorstandsebene und der Mitarbeiterschaft verschwimmen. Auf der anderen Seite halten geringer Qualifizierte und ältere Arbeitnehmerinnen den Veränderungen zunehmend weniger Stand. In den letzten Jahren mussten viele hinnehmen, dass ihre Arbeitsplätze ausgelagert und ihre Löhne gekürzt wurden. Auch zwischen Transferempfängern und Beschäftigten im Niedriglohnsektor verschwimmen die Grenzen. Die Unternehmen sind in Bewegung. Die stabile Gruppe der langjährig beschäftigten mittleren Angestellten wird kleiner.

Wo aber hoch motivierte Mitarbeiterinnen und Mitarbeiter im internen Wettbewerb miteinander stehen, wo prekär Beschäftigte unter dauernder Verfügbarkeit leiden, ohne noch feste Arbeitszeiten zu haben, wo die physische Zusammenarbeit und Kollegialität angesichts des stetigen Wandels und der Dezentralisierung immer weniger Raum einnimmt, erodieren die Strukturen für verlässliche Kooperation, Vertrauen und Solidarität. In seinem oben schon genannten Buch über »Zusammenarbeit« hat Richard Sennett diese Phänomene grundlegend reflektiert. Er kommt zu dem Ergebnis, dass die Bedeutung des Arbeitskontextes abnimmt, weil Mitarbeitende sich angesichts kurzfristiger Beschäftigungszeiten immer weniger darauf einlassen können, und sieht die Gefahr, dass mit dieser »Entwurzelung« Vertrauen und Verantwortungsgefühl ihrer Grundlage beraubt werden. Funktionsfähige Zusammenarbeit, so Sennett, sei aber gerade auf das »soziale Dreieck« von glaubwürdiger Autorität, wechselseitigem Respekt und Hierarchie-überschreitende Kooperation in Krisen angewiesen. Gemeinsame Rituale, dialogische Gesprächsstrukturen, Anregungen statt Anordnungen und die Stärkung der Gemeinschaft, meint der amerikanische Soziologe, wären hilfreiche Gegenkräfte.[128] Interessanterweise bezieht sich Sennett dabei auch auf kirchliche Traditionen wie Dorothy Days

---

[128] *Sennett, Richard,* Zusammenarbeit. Was unsere Gesellschaft zusammenhält, Berlin 2012.

»catholic worker movement«. Die diakonischen Gemeinschaften gehören ebenfalls in diesen Kontext. Es kann also keine Frage sein, dass die Kirche eine besondere Verantwortung hat, Alternativen aufzuzeigen, wenn es um den Wandel der Arbeitswelt geht.

Im Blick auf Wirtschaftsunternehmen hat die Evangelische Kirche in Deutschland definiert, was sie unter »guter Arbeit« versteht. Mit dem Arbeitsplatzsiegel »ARBEIT PLUS«[129], das in Zusammenarbeit mit dem Institut für Wirtschafts- und Sozialethik in Marburg eingesetzt wird, evaluiert die EKD Unternehmen aller Branchen im Blick auf Lebenschancen, Beteiligungschancen, Entfaltungschancen und ihre Sozialkultur.

Dabei geht es unter dem Aspekt Lebenschancen um die Beschäftigungsentwicklung im Branchenvergleich, insbesondere um die Einstellung und Übernahme von Auszubildenden und Beschäftigungschancen für Langzeitarbeitslose und Schwerbehinderte. Unter dem Kriterium »Beteiligungschancen« werden die Maßnahmen zur Beschäftigungssicherung untersucht: Fort- und Weiterbildung, Gesundheitsschutz und Qualitätsmanagement. Die Frage nach Entfaltungschancen hat Familienförderung, Genderfragen und Age Management im Blick. Und unter dem Aspekt der Sozialkultur werden betriebliche Mitbestimmung, materielle Mitarbeiterbeteiligung, Führungskultur und Corporate Citizenship geprüft und mit allen Beteiligten (Management und Betriebsrat) diskutiert. Als Geschäftsführerin von »Arbeit plus« bin ich oft begeistert darüber, wie innovativ Unternehmen sind, wenn es darum geht, Mitarbeitermotivation auch über lange Zeit zu erhalten und Zusammenarbeit zu stärken. Und ich denke bei mancher Begegnung, dass die Kirche mit ihren eigenen diakonischen Unternehmen durchaus davon lernen könnte.

Noch einmal: Die Zeit der Mutterhausdiakonie, in der auch Andachten und Gebetszeiten genauso wie eine starke Gemeinschaft zum Verständnis des diakonischen Dienstes gehörten, ist vorbei. Damit bot die Gemeinschaft viele Möglichkeiten der Entlastung, auch wenn kreative Suche nach einem eigenen spirituellen Weg nicht erwünscht war. Heute wissen wir dank verschiedener Studien: Der Erhalt der eigenen Motivation und der Respekt vor Unterschiedlichkeit in den Teams sind ein wesentlicher Schutz vor Burnout. Moderne Führungskräfte werden deshalb die Gestaltungsspielräume offenhalten und ihre Mitarbeitenden nicht über einzelne Prozesse engführen, sondern Dynamik über gemeinsam erarbeitete Ziele in Gang setzen. Beteiligungschancen, Entfaltungschancen und eine gute Sozialkultur sind in sozialen Dienstleistungsunternehmen mindestens so wichtig wie in jedem anderen

---

[129] www.arbeit-plus.de/.

Wirtschaftsbetrieb. Die EKD-Kriterien für gute Arbeit, die im Arbeitsplatzsiegel beschrieben sind, müssen deshalb auch in der Diakonie ernst genommen werden. Und es gibt durchaus diakonische Unternehmen wie »Hephata Mönchengladbach«, die das Siegel bereits bekommen haben.

Bei einem meiner Vorträge über Unternehmenskultur in christlichen Krankenhäusern sagte kürzlich eine Stationsleitung, sie merke es an ihrer Wut, wenn die diakonische Ausrichtung ihrer Station nicht mehr stimme. Und ich erinnerte mich an die Tränen einer Schwester, die in Kaiserswerth unser Palliativ Care Projekt in Gang gesetzt hatte. Gefühle wahrzunehmen und ausdrücken zu können hat eine enorme spirituelle Kraft. Wer sich für seine Überzeugungen einsetzt, macht unmissverständlich klar, was ihm am Herzen liegt. Wer bereit ist, dafür auch gegen Widerstände den Mund aufzumachen und, wenn nötig, Kopf und Kragen zu riskieren, der muss etwas haben, was stärker ist als Angst oder Macht, Karriere oder Profit. Die Sehnsucht nach Freiheit, die Hoffnung auf Gerechtigkeit, die Solidarität mit den Schwachen, die Liebe zur Wahrheit, die Verbundenheit mit Kollegen – den Glauben an Gott. Lebendigkeit, Vitalität wird spürbar, sichtbar, strahlend, wo Menschen den Quellen ihrer Motivation nahe sind. »Gedenke, dass Du leben sollst«, nennt Heinz Zahrnt das Geleitwort des christlichen Glaubens und zitiert dann das Evangelium: »Was hülfe es dem Menschen, wenn er die ganze Welt gewönne und nähme doch Schaden an seiner Seele.«[130] Wenn wir als Führungskräfte die ganze Person der Mitarbeitenden berücksichtigen wollen, wenn wir sie nicht nur als Dienstleister in einem Job auf Zeit verstehen, dann wird sich das schließlich auch darin zeigen, wie wir über die Werte in der diakonischen Unternehmenskultur sprechen.

7.4 In der Vielfalt der Werte: Der diakonische »Mehrwert«

In Texten und Seminaren zur Führungskultur sind Gedanken über Werte en vogue. Was damit gemeint ist, berührt das Kerngebiet diakonischen Führungshandelns – frei nach dem Motto: ohne Werte kein Wert. Carl Schmitt[131] hat darauf aufmerksam gemacht, dass der Begriff »Wert« im Deutschen seit der Zeit der Industrialisierung ökonomisch definiert war. Dinge haben einen Gebrauchswert, sie haben, wie die Arbeit, einen Tausch- und Handelswert, es ist auch möglich, einen Mehr-Wert zu erzeugen. Personen aber haben keinen Wert, sondern Würde. Schmitt war der Meinung, dass die sogenannte Wertephilosophie des 19. Jahrhunderts diesen ökonomisch geprägten Begriff adap-

---

[130] Mt 16,26.
[131] *Schmitt, Carl*, Die Tyrannei der Werte, Berlin 2011.

tiert hat, ohne damit der zunehmenden Säkularisierung etwas entgegensetzen zu können. Weil eine wertfreie Wissenschaft die Freiheit des Menschen und seine ethische Verantwortlichkeit bedrohe, wurden Werte zu einer Art säkularem Religionsersatz. An die Stelle Gottes trat die Idee des Guten. Die Wertphilosophie Max Schelers oder auch Max Webers, die davon ausgeht, dass der Einzelne in seiner Entscheidungsfreiheit Werte setzt und Werte verabredet, rechne aber nicht hinreichend damit, meint Schmitt, dass es – bei einem Verlust von objektiv gegründeten Werten – einen ewigen Kampf der Werte und Weltanschauungen geben muss. Und in diesen Kämpfen und Spannungsfeldern könnten auch Werte als Waffen missbraucht werden. In den interreligiösen Kämpfen der europäischen Gesellschaften um Geschlechtergerechtigkeit oder Familienbilder ist das bereits zu spüren. Aber auch im Wettbewerb der verschiedenen Anbieter auf dem Sozialmarkt geht es bereits um das Ringen um Werte.

Denn viele diakonische Unternehmen hoffen, dass in dem unausweichlichen Prozess der Ökonomisierung sozialer Arbeit ein »Mehrwert« in der kirchlichen Rückbindung läge. Aber lässt sich Ethik auf diese Weise verrechnen? Zahlt Tugend sich aus? Leben Unternehmen von Diakonie und Caritas überhaupt Werte wie Nächstenliebe und Barmherzigkeit überzeugender als andere? Was unterscheidet Führungsarbeit in einem kirchlich geprägten Unternehmen von anderen? Es gibt hinreichend Skeptiker – bis weit hinein in unsere Unternehmen übrigens –, die behaupten, dass Intrigen und Mobbing gerade da besonders schlimm seien, wo sie im Kleid der Moral erschienen. Und tatsächlich wird sich nicht leugnen lassen, dass die Kehrseite sehr hoher und emotionaler Motivation in der sozialen Arbeit auch eine entsprechend hohe Emotionalität im Umgang miteinander sein kann. Ökonomischer Druck, knappe Zeit, mangelnde Aufstiegschancen, die Notwendigkeit, angesichts des Schichtdienstes die Work-Life-Balance im Team auszuhandeln, verschärfen die Situation. Die Frage ist, ob diakonische Kultur hier auch eigene Mittel zur Verfügung hat, um die Schwierigkeiten konstruktiv zu lösen.

Martina Höber, mit der ich viel in Führungskräfteseminaren zusammen gearbeitet habe, geht von sieben gestaltbaren Wesenselementen einer Organisation aus – jeweils mit einer Außen- und einer Innenseite. Neben der kulturellen Prägung, der Identität und den Strategien der Organisation gehören dazu auch die soziale Prägung in Struktur, Funktionen, Gruppen und Klima sowie die instrumentelle Ordnung durch Arbeitsprozesse und die physische Ausstattung. Johannes Schaaf spricht von Menschen, Werten, Ressourcen, Angebot, Strukturen und Beziehungen. Wenn ich selbst auf die Kultur einer Organisation schaue, dann bin ich überzeugt, dass nicht so sehr das eigene Selbstverständnis in Leitbild und Programmen, sondern vor allem die Auswahl der Mit-

7.4 Diakonischer »Mehrwert« in der Vielfalt der Werte

arbeitenden, der Umgang der Menschen miteinander, Entscheidungs- und Arbeitsprozesse, Führungsstile, Beziehungen und der Umgang mit Konflikten die Kultur bestimmen.

Wenn's drauf ankommt, müssen wir uns jedenfalls Zeit nehmen, um zu klären, worauf es wirklich ankommt. Wenn es gelingt, gemeinsame Werte zu formulieren oder die alten Werte neu ins Bewusstsein zu rufen und mit Leben zu füllen, erschließen wir uns Zukunft. Das zeigen die Leitbild- und Qualitätsprozesse in Unternehmen, die Ethikkonsultationen in Verbänden: Wer eine gemeinsame Basis findet, der kann unterschiedliche Milieus, Herkunft und Kulturen überbrücken. Denn Ethik und Werte haben in jedem Fall auch mit unserem Herkommen und mit unserer Religion zu tun: Männer und Frauen, verschiedene Generationen, Christen und Muslime bringen unterschiedliche Werte mit. In einer freien Gesellschaft gibt es deshalb keine festen Vorgaben von Tradition oder Religion, um den gemeinsamen Wertekodex muss – gegebenenfalls auch vor Gericht – gerungen werden, und diakonische Unternehmen haben Anteil an diesem gesellschaftlichen Prozess, auch wenn sie sich der christlichen Kirche zugehörig wissen.

Werte sind der gefühlte Anspruch des Guten, sagt der Philosoph Hans Joas.[132] Dabei spielen Vorbilder eine große Rolle: Menschen, deren Glaubwürdigkeit uns überzeugt – ob Eltern, Lehrerinnen, Sportler oder Vorgesetzte. Werte prägen uns; sie machen unsere Persönlichkeit aus. Sie stecken uns als Erfahrung in den Knochen, sie äußern sich in unserem Bauchgefühl, nicht nur in unserem Kopf. Oft genug geht es dabei eher ums Tun als ums Reden. Rüdiger Safranski hat es so auf den Punkt gebracht: »Es geht (bei den Werten) nicht um die Frage, wie man handeln soll, sondern was man eigentlich will ... Man wird es erst wissen, wenn man gehandelt hat. Man muss sich entscheiden und handeln, um zu wissen, wer man ist.«[133] Aber unsere Identität und auch unsere Werte verändern sich im Laufe der Biographie – nicht zuletzt in der Auseinandersetzung mit Kolleginnen und Kollegen, mit der nächsten Generation, mit Menschen aus anderen Kulturen. Wir haben ein gutes Gefühl, wenn wir spüren, dass wir in Übereinstimmung mit unseren Werten leben und handeln – auch dann, wenn wir uns dabei von überholten oder beengenden Normen frei machen. Ob einer aber den Mut hat, zu seinen Werten zu stehen, ist eben auch eine Frage der Unternehmungskultur. Ist Widerspruch gefragt? Kommt die Stimme der Minderheiten zu Wort?

Der Theologe Ernst Lange war der Auffassung, es sei eine der wesentlichen Aufgaben von Führungskräften, dafür zu sorgen, dass Konflikte

---

132 *Joas, Hans,* Die Entstehung der Werte, Frankfurt a.M. 1999.
133 Süddeutsche Zeitung vom 16.5.05.

zur Sprache kommen – denn der Geist Gottes »wirke in den Fugen«[134] von Veränderungsprozessen und Umbrüchen. Wer ein Leitungsamt hat, muss einen öffentlichen Raum konstituieren, in dem solche Prozesse und ihre Widersprüche für alle Beteiligten erkennbar werden. »Der öffentliche Raum entsteht, wenn die zusammenkommen, die es etwas angeht, und über das reden, was sie angeht«.[135] Hier diskutieren wir die gemeinsame Sache aus der Perspektive der jeweiligen Rollen und Funktionen. Alle Rolleninteressen, die im öffentlichen Raum kein Gehör finden, entfalten ihre Wirkung im Informellen und Privaten. Nicht nur zu Hause am Frühstückstisch, sondern auch in der Straßenbahn zum Dienst oder auf einer Party im Freundeskreis – und was da zur Sprache kommt, ist dann nicht unbedingt Werbung für die Organisation, das Krankenhaus oder den Pflegedienst. Nur wer als Führungskraft Widerstände und Widersprüche wahrnimmt und den Beteiligten Foren bietet, sie auch öffentlich zu thematisieren, so Ernst Lange, bewährt sich als Autorität und als Repräsentant des Ganzen. In diesem Sinne haben Leitungskräfte ein »Hirtenamt« inne, schreibt Gertrud Höhler. Gerade in der Alphaposition, meint sie, käme es darauf an, immer auch die Schwächsten, die »kleinen Leute« in der Omegaposition, im Blick zu behalten.[136] Wo sie mit Füßen getreten werden, fühlen sich auch andere verletzt. Wo sie mit Respekt behandelt werden, sind sie wichtige Stützen der Gemeinschaft. Auch Auszubildende und behinderte Mitarbeiter und Mitarbeiterinnen, 400-Euro-Kräfte und Ein-Euro-Jobber können Hoffnungsträger werden – oft gerade die, die wissen, was es heißt, ganz unten zu sein. Ich erinnere mich immer wieder an Blätter-Paul, einen behinderten Mitarbeiter in Kaiserswerth, der bei uns die Wege fegte und das Laub aufsammelte. Er tat das, weil er gern arbeitete, er liebte es, Teil des Teams zu sein. Als er starb, war die sonst oft leere Mutterhauskirche voll: 600 Mitarbeitende waren zu seiner Beerdigung gekommen: mehr als beim Tod mancher ehemaligen Führungskraft.

Denn in der Realität ist der Blick auf die Führungskräfte manchmal entmutigend. Zwar verstehen sich viele als die wichtigsten Repräsentanten der Organisation, aber sie übersehen ihre eigene Rolle beim Umgang mit Brüchen und Spannungsfeldern, mit Grenzen und Widersprüchen, mit den Schwächsten und Abhängigen. Werte stehen aber nicht nur in Leitbildern, sie brauchen vor allem Vorbilder. Diakonische Unternehmen brauchen Menschen an der Spitze, die mit den eigenen

---

134 Predigt am 12.3.1967 in der Ladenkirche, zitiert nach: Pastoraltheologie, 76. Jahrgang 1987, S. 481.
135 *Schlehuber, Elke / Molzahn, Rainer,* Die heiligen Kühe und die Wölfe des Wandels. Warum wir ohne kulturelle Kompetenz nicht mit Veränderungen klarkommen, Offenbach 2007, 221ff.
136 *Höhler, Gertrud,* »Die Sinn-Macher«. Wer siegen will, muss führen, München 2002, 339ff.

7.5 Pluralität respektieren – Entscheidungen im Dialog treffen

Widersprüchen zu Recht kommen und die Grenzen ihres Handelns und Einflusses kennen – und gerade darum anderen Raum geben.

Verantwortliche Unternehmerinnen und Unternehmer wissen, dass es bei einem mittel- und langfristig soliden Unternehmen nicht darum gehen kann, immer und unter allen Umständen das Letzte herauszuholen: »Die (Grenzen) sind dort überschritten, wo alle Lebensbereiche einer rein wirtschaftlichen Betrachtungsweise unterworfen werden,«[137] heißt es in der so genannten Unternehmer-Denkschrift der EKD.

Wo (aber) deutlich wird, dass es nicht nur um Gewinne und Geschäftsbeziehungen geht, sondern auch um Menschen und Netzwerke, da machen auch andere »gerne ... Geschäfte mit einem Unternehmen«, so die Denkschrift.«[138] Sollte das nicht viel mehr und erst recht für den »Mehrwert« eines diakonischen Unternehmens gelten?

7.5 Pluralität respektieren – Entscheidungen im Dialog treffen:
    Zur Bedeutung von Ethikberatung

Wo ethische Überzeugungen und unterschiedliche Werte offen zur Sprache kommen können, kann sich ein Klima entwickeln, in dem die Suche nach theologischer Orientierung und persönlicher Spiritualität auch in einer weitgehend säkularisierten und religiös vielfältigen Mitarbeiterschaft kein Tabu bleiben muss. Ein diakonisches Unternehmen in einer säkularen Gesellschaft ist darauf angewiesen, dass Mitarbeitende ihr Menschenbild und ihr Gottesbild reflektieren und darüber ins Gespräch kommen, um die Unternehmensleitbilder und -ziele, aber auch ihre eigene Professionalität auf diesem Hintergrund immer neu auszuleuchten. Wo das gelingt, da tun sich Fenster zu neuen Möglichkeiten auf. In meinem Arbeitszimmer hängt noch immer ein großes Seidentuch, das eine junge Ärztin am Ende eines solchen Führungskräfteseminars für mich gebatikt hat: Es zeigt eine Baustelle, ein Krankenhaus im Umbruch. Durch einige geöffnete Fenster leuchtet ein helles, gelbes Licht – bei anderen sind die Rollläden heruntergezogen. Offenheit, das macht das Bild deutlich, braucht Mut – aber sie schafft neue Perspektiven.

Mit der Spannung zwischen dem, was medizinisch und technisch möglich ist, und den tatsächlichen finanziellen und personellen Ressourcen wachsen die Konflikte in den diakonischen Einrichtungen. Das gilt nicht erst bei den Themen Sterbehilfe oder Präimplantationsdiagnostik, das beginnt schon bei der inzwischen nahezu selbstverständlichen Pränataldiagnostik oder der Sondenernährung. In diesen Konflikten begegnen sich Mitarbeitende und auch Betroffene aus unterschiedlichen

---

137 A.a.O., S. 45.
138 A.a.O., S. 44.

Berufs- und Lebenswelten mit verschiedenen Kulturen, Religionen und Moralsystemen. Auch das wird besonders spürbar, im Umgang mit Schwangerschaft und Geburt genauso wie in der Sterbebegleitung. Was ist erlaubt, wo sind die Grenzen für jeden Einzelnen, aber auch für die Organisation als Ganze? Als im Winter 2012/13 in zwei katholischen Kölner Krankenhäusern einer vergewaltigten Frau keine »Pille danach« verabreicht wurde, weil die Ärztinnen glaubten, damit einer Anweisung des katholischen Trägers nicht zu entsprechen, war die Empörung in der Öffentlichkeit so groß, dass der Kölner Kardinal Meisner sich entschuldigte. Dabei wurde eine ungeheure Verunsicherung der Mitarbeiterschaft erkennbar – genauso wie das Fehlen eines Dialogs über die Ergebnisse des Ethikkomitees. Das Beispiel zeigt, wie groß einerseits der Bedarf nach Orientierung ist; es zeigt aber auch, dass zu einem konsistenten ethischen Handeln ein offener Dialog über die Ausrichtung des Trägers, die Klärung der eigenen Werthaltung und schließlich wechselseitiger Respekt gehört – auch um den »Preis«, dass die kirchliche Dogmatik sich dem offenen Diskurs stellen und sich schließlich wandeln muss, wie es im evangelischen Kontext immer wieder geschieht.

Deshalb muss Ethikberatung heute zu einem selbstverständlichen Bestandteil einer diakonischen Dienstleistung werden.[139] Theologinnen und Theologen, Diakoninnen und Diakone müssen auf dem Hintergrund ihres eigenen Glaubens bereit und in der Lage sein, einen solchen respektvollen Dialog zu organisieren – interreligiös und interprofessionell, zwischen Menschen mit unterschiedlichen Perspektiven und Interessen, Ängsten und Fragen. Das bedarf der Einübung ethischer Entscheidungsprozesse in Studium und Ausbildung. Dazu sind seelsorgliche und praktische Erfahrung im Arbeitsfeld und auch Kenntnis der Organisation, ihrer Werte und ihrer Logik nötig. Es braucht persönliche Autorität, geschützte Räume und eine angemessene Beratungszeit. Seelsorgerinnen und Seelsorger müssen in der Krise so selbstverständlich ansprechbar und verfügbar sein wie Ärzte und Pflegende, so wie es seit Jahren auch in der Notfallseelsorge mit großem Erfolg praktiziert wird.

Die Erfahrungsvielfalt in der Mitarbeiterschaft, die in der Ethikberatung zum Ausdruck kommt, dient auch den Hilfesuchenden, die ja ebenfalls aus ganz verschiedenen Lebenszusammenhängen kommen. Die kirchliche Wohlfahrtspflege, wie sie sich heute darstellt, ist allerdings auf einen so offenen und toleranten Umgang mit der Vielfalt

---

[139] Die Teilnahme der Theologen am Qualitätsmanagement stieß in Kaiserswerth zunächst auf kritische Fragen der Betroffenen. Kann man das Unverfügbare in Verfahrensanweisungen bringen? Der Qualitätszirkel der Theologinnen und Diakoninnen stellte dann fest: In den kirchlichen Agenden geschah das schon immer.

noch nicht angelegt. Die konfessionelle Trägerschaft von Diakonie und Caritas wie das kirchliche Arbeitsrecht sind auf Zugehörigkeit ausgerichtet; das erzeugt Konflikte, wenn die Zahl der kirchlich gebundenen Mitarbeiterinnen und Mitarbeiter sinkt. Staatskirchenrechtlich betrachtet schafft die Unterschrift unter das Leitbild eines diakonischen Unternehmens, wie sie zum Beispiel bei christlichen oder jüdischen Unternehmen auf dem amerikanischen Gesundheitsmarkt üblich ist, noch keine Verbindlichkeit. Der Vergleich mit anderen Ländern zeigt aber sehr wohl: Leitbilder und »Mission-Statements«, Angebote der Ethikberatung und des interreligiösen Dialogs, Glaubenskurse für Interessierte und Suchende, die keiner Kirche angehören, Andachtsräume und Rituale werden immer wichtiger, wenn es darum geht, ein diakonisches Profil zu entwickeln. In einer glaubwürdigen Unternehmenskultur können sie auch neue Türen zu Kirche und Glauben öffnen. Denn in der Diakonie zählt am Ende das konkrete Handeln; hier werden Überzeugungen am Einsatz gemessen. »Entscheidend ist auf Station«, sagte mir einmal eine Pflegekraft im Bewerbungsgespräch, als wir über die Frage der Kirchenzugehörigkeit sprachen, in einer Mischung aus Skepsis und Neugier – und ich wünschte mir in diesem Augenblick nichts mehr, als dass unsere Praxis sie überzeugen konnte.

Wer Entscheidungen auszuführen hat, ohne die eigenen Werte und Widersprüche ins Gespräch bringen zu können, brennt nachweislich schneller aus. Neben den spirituellen Angeboten ist deshalb Ethikberatung im besten Sinne Burnoutprophylaxe, wie eine Untersuchung der Kirchliche Hochschule Wuppertal-Bethel gezeigt hat. Wo solche Angebote Raum haben, können auch Abschiedsprozesse glücken, kommen Eltern mit ihren schweren Schwangerschaftskonflikten zurecht, bleiben Pflegende nicht unbegleitet, wenn sie keine PED–Sonde legen. Da kommen Mitarbeitende vielleicht ein wenig besser zurecht mit der Spannung zwischen dem, was möglich, und dem, was machbar ist – zwischen eigenen Idealen und Grenzen.

7.6 Orientierung, Halt und Geborgenheit: Zur Bedeutung von Ritualen in der Diakonie

Gottvertrauen und Vertrauen ins Leben sind, wie die Untersuchung »Die neuen Gesichter Gottes« von Klaus-Peter Jörns[140] aufschlussreich belegt, eng verbunden mit dem Vertrauen zu Lebenspartnern und Freunden und mit Stabilität im Beruf. Der Tod eines nahen Angehörigen, eine plötzlich Krankheit, aber auch die Geburt eines Kindes – Erfahrungen, die uns überwältigen – können das Lebenskonzept und das Gottesbild entscheidend verändern. Diakonie hat es mit solchen

---

140 *Jörns, Klaus-Peter*, Die neuen Gesichter Gottes, München 1999.

Schwellenerfahrungen, Lebensbrüchen und Krisen zu tun – mit Geborenwerden und Sterben, Erwachsenwerden und Abschied nehmen, mit dem Kampf um Gesundheit und Heilung, der Auseinandersetzung mit Scheitern, Krisen und Veränderungen. Diese »pastoralen Fragen« gehen alle Mitarbeitenden an – nicht nur Pastorinnen und Pastoren. Wie in einem Brennspiegel zeigen Palliative Care-Prozesse, dass auch die medizinische und pflegerische Arbeit voller religiöser Herausforderungen steckt. In Behandlung und Berührung können alte Wunden aufbrechen, können sich Verhärtungen lösen und neue Lebensperspektiven eröffnen. »Heil kann sein, wo keine Heilung ist«, schreibt Michael Nüchtern«.[141] Es kommt darauf an, die Fragen hinter den Fragen zu hören und eine Beziehung aufzunehmen, die Leib und Seele gut tut.

In einer Arbeitsgruppe zum Thema Trauer- und Sterbebegleitung berichteten Schwestern aus der Lungenklinik, in der viele Menschen starben, wie sie sich bemühten, Sterbende in ein Einzelzimmer zu legen und dort zu verabschieden. Auf dieser Station, wo sie mit ihrer Krankheit gekämpft haben, in diesem Bett – nicht im Hospiz, und nicht im Abschiedsraum. Wie sie aber auch versuchten, den anderen, oft jungen, Patienten den Anblick des Todes zu ersparen. So fehlte ein Ritual, wenn das abgedeckte Bett herausgefahren wurde, keine Rose lag, wie inzwischen üblich, auf dem Betttuch über dem Leichnam. Und auch den Schwestern selbst fehlte die Chance, Abschied zu nehmen. Eine von ihnen, die es nicht mehr ausgehalten hatte und in die ambulante Pflege gewechselt war, erzählte von der Traurigkeit, die sie in fünf Jahren Arbeit angesammelt hatte – und begann zu weinen. Das war der Auftakt zu den monatlichen Abschiedsgottesdiensten im Krankenhaus, bei denen für jeden und jede Einzelne eine Kerze angezündet wurde – unter hoher Beteiligung der Angehörigen, aber eben auch der Mitarbeiterschaft.

Rituale am Lebensende sind inzwischen ein typisches Profilmerkmal diakonischer Einrichtungen und Dienste. Wie sieht es aber am Lebensanfang aus? In ihrem Buch über Frauenliturgien hat die katholische Theologin Teresa Berger ein Kapitel über das Verhältnis von Schwangerschaft und Taufe geschrieben. Sie spricht von der Schwangerschaft als katechumenaler Zeit, vom vorgeburtlichen Glaubensweg des Kindes, und berichtet, dass sie selbst ihr Kind unmittelbar nach der Geburt gesalbt habe. Was zunächst fremd erscheint, passt bei näherem Betrachten zu dem neuen Wissen über die Verbindung zwischen der Schwangeren und ihrem Foetus. So wie der Herzschlag der Mutter und die Stimmen der Eltern das Kind bereits vor der Geburt begleiten, begleitet uns die Zuwendung Gottes von Anfang an. Teresa Berger beruft sich auf die Propheten, wenn sie daran erinnert. »Der Herr hat mich im

---

[141] www.ekd.de/download/EZWINF116.pdf.

7.6 Orientierung, Halt und Geborgenheit

Mutterleib berufen«, sagt Jesaja[142]. Wer das ernst nimmt, wird neu nachdenken über die Begrüßung und Segnung des Neugeborenen, über die Bestattung von Foeten, aber auch über die ethischen Fragen bei Spätabtreibungen. Auf dem Kaiserswerther Schwesternfriedhof entstand in der Trauerarbeit mit Eltern früh- und totgeborener Kinder ein kleines Gräberfeld mit ganz besonders schönen Kindergräbern und einer Stele. Es hat dann nicht lange gedauert, bis bei den Pflegenden die Frage auftauchte, wo denn der Ort der Trauer für die spätabgetriebenen Kinder sei, die oft im gleichen Lebensmonat starben? Wie geht ein christlicher Träger um mit den Tragödien, den ethischen Konflikten, den Traumata, die mit solchen Erfahrungen verbunden sind? Solche Widersprüche als unausweichliche Konsequenz von Reproduktionsmedizin hinzunehmen, genügt jedenfalls nicht. Aus den heftigen Diskussionen über dieses Problem in der Ethikberatung erwuchs in der Kaiserswerther Diakonie die Weigerung der Hebammen, sich noch länger an Spätabtreibungen zu beteiligen.

Jörns' Untersuchung zeigt, dass die meisten Befragten Gott als liebevolle und schöpferisch zugewandte Kraft verstehen, die das Leben bewahrt. In Krisenerfahrungen, Krankheit und Tod aber steht dieses Gottesbild auf dem Prüfstand. Warum lässt Gott Leiden zu, nimmt er Anteil an unserem Leiden oder verbirgt er sich? Hat Gott auch eine dunkle, abgewandte Seite? Wenn Geborgenheit heute zentral für religiöses Erleben ist, dann ist damit zugleich die Frage nach einer bergenden Umgebung gestellt. Wem kann ich vertrauen – trotz der Höllenangst vor der Operation oder im Kernspintomographen? Wem kann ich mich in einer Krise, im Scheitern anvertrauen? Wer bleibt bei mir, wenn ich sterbe? Patientinnen und Patienten, Angehörige und Hilfesuchende trauen diakonischen Diensten in dieser Hinsicht noch immer viel zu. Rituale bei der Sterbebegleitung und der Begleitung Trauernder, bei der Begrüßung Neugeborener und beim Abschied von tot geborenen Kindern können dieses Vertrauen stärken. Neue, schöne Stelen und Gräberfelder, so genannte »Sternenkinder«-Grabanlagen auf den Friedhöfen machen deutlich: Hier wird die dunkle Seite des Lebens nicht verschwiegen. Unsere Fragen sind aufgehoben in einer größeren Tradition.

Neben den eigenen begegnen uns inzwischen auch die Rituale anderer Religionen. Dem Neugeborenen eine Sure des Koran ins Ohr flüstern. Den Toten waschen. In der Fastenzeit die Arbeit unterbrechen zum Gebet. Wenn solche praktischen Erfahrungen und die damit verbundenen Verunsicherungen und Fragen in interreligiösen Gesprächen aufgenommen werden, kommt es zu spannenden Wiederentdeckungen christlicher Rituale. So gab es in der Kaiserswerther Tradition eine dif-

---

[142] Jesaja 49,1.

ferenzierte Leichenordnung der Schwesternschaft, die vom Testament über die Aufbahrung bis zur Beerdigung in der Mutterhauskirche einen würdigen und gemeinsamen Abschied beschrieb. Dass Taufe und Krankenkommunion in der frühen Christenheit einmal Aufgabe der Diakonissen und Diakone waren, hält den Zusammenhang zwischen Leibsorge und Seelsorge fest.

Auch beim Neuanfang nach einer Krise kann ein Ritual hilfreich sein. Dabei geht es oft nicht um die eine große Lebenswende, sondern um viele kleine Schritte. Mitarbeitenden und Betroffenen in der Suchtkrankenhilfe ist in besonderer Weise bewusst, wie nötig es ist, sich dabei gegenseitig zu stützen, zu erinnern, zu ermahnen und auch mit Scheitern und Rückfällen umzugehen. Manche dieser Gruppen arbeiten deshalb ganz bewusst mit Symbolen. Ich denke zum Beispiel an den Silberring mit dem D, den *daytop* allen mitgibt, die es geschafft haben – als stete Erinnerung.

Um uns in den Erschütterungen nicht zu verlieren, unser gebrochenes Ich neu zusammenzusetzen, die Gemeinschaft zu stärken, brauchen wir solche Symbole und eine gute Begleitung. Wir brauchen Orte, an denen wir uns bergen können, wo wir Heimat spüren, unseren eigenen Wurzeln und Werten auf die Spur kommen. In einer Welt, in der alles jederzeit verfügbar ist, in der wir virtuell mit Menschen rund um die Erde verbunden sind, ist die Sehnsucht, den Augenblick mit allen Sinnen wahrzunehmen, ganz im Hier und Jetzt zu sein, gewachsen. Unser Atem, die Gefühle von Spannung von Entspannung, Weite und Enge bringen uns in Kontakt mit unserer Geschöpflichkeit. Feministische Spiritualität spricht vom »soulbody«.[143] Die Schöpfungserzählung der Bibel sagt das in einem Bild: Der Mensch, von Gottes Händen geformt, mit Atem belebt, ist lebendige Seele. Rituale bieten die Chance, uns für diese Erfahrung zu öffnen, sie geben dem Augenblick eine Bedeutung, die das Hier und Jetzt überschreitet.

Diese Erfahrung ist aber nicht nur für Klienten, Patienten und Angehörige wichtig, sondern auch für die Mitarbeitenden selbst. Sie können helfen, Abschiedsprozesse und Übergänge zu gestalten, Krisen zu bewältigen und Dankbarkeit zum Ausdruck bringen. Sie nähren und geben neue Energie, weil sie den Alltag unterbrechen. Mitten in den Brüchen können sie das Gemeinsame sichtbar machen, den Augenblick in einen neuen Rahmen stellen, die Einzelnen wieder an den Koordinaten des Ganzen ausrichten. Dorothea Echter nennt Rituale »den Erfolgsfaktor Nummer Eins in Unternehmen, weil sie helfen, die Menschen ganz neu und anders in den Mittelpunkt zu stellen.«[144] Ich denke an die offene Einstiegsrunde oder das sogenannte »Blitzlicht« am Schluss. Ein

---

[143] 1. Mose 2,7ff.
[144] *Echter, Dorothee,* Rituale im Management. Strategisches Stimmungsmanagement für die Business Elite, München 2003, 107ff.

Bibelwort wird geteilt, ein Bild steht in der Mitte, ein Teelicht wird angezündet. Die Trauer über einen Patienten wird in ein Stationsbuch eingetragen. Eine Klangschale eröffnet die Stille, in die hinein jeder sagen kann, was er auf dem Herzen hat. Ein Bibeltext wird gelesen, der das Thema der Gruppe aufnimmt und dem Alltag eine andere Dimension eröffnet. Gerade die Mutterhausdiakonie hat reiche Traditionsschätze an Ritualen, die es wiederzuentdecken und neu zu gestalten gilt.

Bei Weihnachtsfeiern, Jubiläen und Geburtstagen, bei Einzugs- und Abschiedsfesten haben Führungskräfte Gelegenheit, die gemeinsame Geschichte zu würdigen, Beziehungen wert zu schätzen und die oft unsichtbaren Netze im Unternehmen wahrzunehmen. Bei solchen Gelegenheiten wird Gemeinschaft konstituiert, da geschieht Kommunion – und das ist mehr als die Kommunikation im öffentlichen Raum, von der oben schon die Rede war. Beim gemeinsamen Essen und Trinken, bei Reden und Musik entsteht ein Resonanzraum, der über den Augenblick hinausführt, die jeweiligen Rollen und Interessen überschreitet, die Widersprüche für Augenblicke aufhebt. Feste und Feiern sind Rituale, die dazu beitragen, dass Mitarbeitende sich mit dem Ganzen identifizieren.

7.7 Vom Diakonissenbuch zum integrierten Studiengang – Diakonie als spirituelle Bildungsbewegung

»Wer religiös kommuniziert, bewegt sich in einem gesellschaftlich tabuisierten Bereich, der sehr persönlich gefärbt ist: Was glaube ich, was gibt meinem Leben Sinn, wie gehe ich mit der Angst vor dem Tod oder vor Leid um, was gibt mir Kraft, worauf hoffe ich, wie gehe ich mit Grenzerfahrungen um, das sind Fragen, mit denen Menschen im religiös geprägten Engagement konfrontiert werden, für die sie im Raum der Kirche aber auch Antwortmöglichkeiten und Sprachangebote finden. Und darin sehe ich einen großen Unterschied zum Engagement in einem eher humanistisch geprägten Bereich, wo die Antworten auf diese »letzten Fragen« dem Einzelnen überlassen sind und keine große Tradition zur Anknüpfung und Auseinandersetzung da ist. Das ist unser Schatz. Ich halte es für eine Kernfrage, inwieweit dieser Schatz durch Fortbildung und Begleitung Ehrenamtlicher zugänglich gemacht wird und die Sprach- und Reflexionsfähigkeit gefördert wird«, so Beate Hofmann bei einem Vortrag zur religiösen Bedeutung sozialen Engagements.[145]

In meinem Bücherregal steht noch immer ein altes Diakonissengesang- und -lesebuch neben der ersten Schwesternordnung. Es erinnert

---

[145] *Beate Hofmann*, »Und was ist der Unterschied? Kompetenzerwerb im religiös geprägten Engagement«, Vortrag bei der 2. Ökumenischen Ehrenamtstagung am 30.9.2011 in Erfurt.

an eine große diakonische Bildungstradition. Die Kaiserswerther Feierabendschwestern konnten noch sehr lebendig vom großen und kleinen Diakonissen-Kursus erzählen. Und die Schulen und Bildungsstätten in Kaiserswerth, zu denen inzwischen auch wieder eine Pflegehochschule gehört, prägen das Werk bis heute mit ihren mehr als 1000 Schülerinnen und Schülern und Studierenden. Allerdings gehören diese Bildungseinrichtungen längst nicht mehr in den Kontext und die Trägerschaft der Schwesternschaft – und der Religions- und Ethikunterricht hat eine völlig andere Gestalt, als vor Jahrzehnten noch vorstellbar gewesen wäre. Und auch die Verzahnung von Pflegefachlichkeit und diakonisch-theologischen Perspektiven ist in den Pflegestudiengängen längst nicht so entwickelt wie in der Sozial- oder Gemeindepädagogik.

Das Diakonissenbuch des Kaiserswerther Verbandes, das 1935 vom damaligen Kaiserswerther Vorsteher Siegfried Graf Lüttichau herausgegeben wurde,[146] entfaltet zunächst eine biblische Diakonik, erzählt dann in einem kirchengeschichtlichen Teil von Franz von Assisi, Elisabeth von Thüringen, Thomas von Kempen, blickt zurück auf die Entstehung der mittelalterlichen Spitäler –, die Frauen-Diakoniegeschichte der Beginen und ihrer Hospitäler fehlt noch –, erinnert an die Umbrüche der Reformation mit ihrer Arbeits- und Berufsethik, erzählt von Pietismus und Erweckungsbewegung und kommt dann über die Geschichten von Wichern, Elisabeth Fry, Amalie Sieveking endlich zu Theodor, Friederike und Karoline Fliedner, zu Wilhelm Löhe und den Gründungsgeschichten der verschiedenen Mutterhäuser. Das Buch ist zur Hälfte durchgeblättert, wenn über Vater Bodelschwingh erzählt wird; an dieser Stelle fiel mir kürzlich ein Lesezeichen aus rosa Seide in die Hand, das dort in der Mitte des Buches eine besonders wichtige Seite markiert hatte: »Auf Adlers Flügeln getragen«[147] steht darauf, vielleicht ein Lebensmotto, ganz sicher ein Halt in schwierigen Zeiten. Das Lesezeichen lag bei dem Foto von Eva von Thiele-Winkler. Dort findet sich zentral, auf einer eigenen Seite, ihr Gedicht »Ancilla Domini« über die Diakonisse als Gottes Magd. Hier geht es also um diakonische Identität, um das spirituelle Selbstverständnis der Diakonissen. Danach erst erläutert das Diakonissenlesebuch die biblischen Perspektiven auf Pflege und Erziehung, Sterbebegleitung und Nachtwachen, Behindertenhilfe und Gemeindepflege – mit ganz praktischen und lebensdienlichen Hinweisen zu Haltung und Verhalten, die bis heute lesenswert sind.

---

[146] »Diakonissenbuch«, herausgegeben vom *Kaiserswerther Verband Deutscher Diakonissen-Mutterhäuser*, Düsseldorf-Kaiserswerth 1935.
[147] Es handelt sich um ein früher gern gesungenes Kirchenlied: »Auf Adlers Flügeln getragen durch das tosende Meer der Zeit; getragen auf Adlers Flügeln bis hinein in die Ewigkeit.«

7.7 Diakonie als spirituelle Bildungsbewegung

Das alte Diakonissenbuch verstand Diakonie vor allem als biblisch begründete, ethisch getragene Haltung evangelischen Christseins im Alltag: So finden sich zwar Gebete für Sterbebett und Nachtwache, aber »wie wir die Krankenpflege betreiben, daran wird unser Christenstand offenbar: Was macht es doch für einen Unterschied aus, ob jemand im Kranken einen ›Fall‹ sieht oder von ›Krankenmaterial‹ redet, oder ob er im Kranken einen Stellvertreter Christi sieht«, liest man unter Hinweis auf Matthäus 25. Vielleicht deshalb sind es vor allem die Lebensbilder der Frauen, die die ehemalige Besitzerin fasziniert haben. Sie haben Vorbildfunktion und zeigen zugleich etwas von dem inneren Ringen um Glauben in den Herausforderungen des Arbeitsalltags.

»Schaffe ein anderes Herz in mir, ein sanftmütiges Herz für das boshafte, auffahrende Herz«, ist in einem Text über Friederike Fliedners Leben mit Zitaten aus ihrem Tagebuch rot unterstrichen und »Herr, gib mir Liebe. Wer einen Funken deiner Liebe hat, hat alles.« Hier finden sich Anklänge an christliche Mystik in einem ansonsten durchaus den Alltagsproblemen zugewandten Leben. Hier zeigt sich die Suche nach Reinheit und Leere, die notwendig ist, um Zugang zu finden zu den schöpferischen Heilkräften, nach denen Menschen sich sehnen. Es sind solche Sätze, Gedichte, Liedzeilen, es sind die Bilder und Lebensbilder, die die Schwestern spirituell getragen haben, während das bibelkundliche und geschichtliche Wissen, das auch im Buch zu finden ist, eher ungelesen und wenig genutzt erscheint. Spirituelle Bildung in der Diakonie – das war eben nicht nur das Lesen und Lernen im großen und kleine Kursus, das war auch die Gestalt und Atmosphäre des Mutterhauses, die die Frömmigkeit der Schwestern geprägt hat. Es waren die Verbindung von Arbeit und Lernen und die Gestaltung der Häuser, auf denen die Bibelsprüche aus dem Diakonissenbuch sich wiederfanden, es waren aber auch die Mentorinnen, die die Tradition weitergaben: eben »Frömmigkeit als Gestaltwerdung christlichen Glaubens inmitten von Raumzeitlichkeit.«[148]

Die neuzeitliche Diakonie ist eine Bildungsbewegung und knüpft damit an die Impulse der Reformation an. Dabei hatte diakonische Bildung von Anfang an ganzheitlichen Charakter – sie war Berufs- wie Persönlichkeitsbildung. Noch als die große Zeit der Diakonissen in den 60er-Jahren zu Ende ging, prägten Bildungseinrichtungen die Anstalten und Werke. Aus der Berufung der Gemeindeschwester, die bis Ende der 60er-Jahre Kirche und Diakonie im Quartier verknüpfte, waren inzwischen viele Berufe geworden: Erzieherinnen und Gemeindepädagoginnen, Krankenschwestern und Altenpflegerinnen mit unter-

---

[148] *Ratschow, Carl Heinz,* Von der Frömmigkeit, in: *ders.* (Hg.), Ethik der Religionen. Ein Handbuch, Stuttgart u.a. 1980.

schiedlichen Ausbildungsgängen und Eingruppierungen. Dieser Prozess geht weiter – zuletzt angefeuert durch die Differenzierung der sozialen Dienste, die Veränderung der Bildungslandschaft, gesellschaftliche Pluralisierung und eine zunehmende Entfernung von Kirche und Diakonie, zunächst im Wachstum des Wohlfahrtsstaats, dann im Kontext der Ökonomisierung. Dabei ist die Verknüpfung der diakonischen Beruflichkeit mit theologischen Perspektiven und spirituellen Erfahrungen allerdings weitgehend verloren gegangen.

Die Gründe dafür und die Herausforderungen, die damit verbunden sind, hat Fulbert Steffensky in einem Vortrag im Rauhen Haus[149] beschrieben, in dem er einen Diakon der Gründerjahre mit einer Diakonin von heute vergleicht: »Mein Diakon kannte Sitten, eingeschliffene und feste Abläufe ... Er hatte ein fragloses und festes Wissen und Alternativen waren nicht denkbar. Mein Diakon war fest eingebunden in ein soziales System. Was wichtig und was zu tun war, wusste er nicht für sich allein. Er hat es auch anderen von den Lippen gelesen.« Meine Diakonin kennt Brüche. Sie ist eine Durchreisende und nicht eine Nesthockerin. Sie kennt andere Lebenslandschaften als die hiesige. Sie war vielleicht einmal Marxistin, dann hat sie der Esoterik angehangen, und jetzt ist sie im Rauhen Haus. Sie war vielleicht verheiratet und ist geschieden oder wieder verheiratet. Sie lebt in der Zeit der Grenzöffnungen und der Grenzübertritte, wie man sie vor 100 Jahren nicht hat denken können. Sie kann und muss anders mit ihrem Leben und Glauben experimentieren!

Religionswandel ist eine der wesentlichen Bildungsherausforderungen der Zukunft, heißt es in der Orientierungshilfe des Rates der EKD vom November 2009.[150]
Angesichts von Individualisierungs- und Differenzierungsprozessen, angesichts der Subjektivierung der Religion mit ihrer Anhängigkeit vom Lebenslauf steht religiöse Bildung in einem Spannungsfeld zwischen Identität und Relevanz. Die Pluralisierung gesellschaftlicher und religiöser Strömungen macht die Suche nach Identität und Profil in Kirche und Diakonie wichtiger – aber die Frage, wie diese Profilierung Relevanz für den Einzelnen gewinnt, ist damit keineswegs beantwortet. Denn von außen festgelegte Bildungsgänge und Standards können gerade in den Feldern, die mit Religion zu tun haben, als fremd und kalt erfahren werden. Zwar kann Spiritualität für die Berufsträger in Pflege und sozialer Arbeit zu einem wichtigen Halt

---

149 *Fulbert Steffensky*, »Wenn Hoffnung in die Welt tritt – Diakonie im Spannungsfeld zwischen christlicher Hoffnung und säkularer Gesellschaft«; Vortrag auf dem Brüder- und Schwesterntag des Rauhen Haues am 11.9.2010 (veröffentlicht in: Impuls, Zeitschrift des VEDD, 3/2011).
150 Kirche und Bildung 2009.

7.7 Diakonie als spirituelle Bildungsbewegung

und Movens werden – zugleich aber lassen sich die unterschiedlich gelebten und nicht immer theologisch reflektierten Formen spiritueller Erfahrung nur schwer in Organisationsstrukturen einbringen. Zum einen, weil Mitarbeitende die organisationelle Verwertung ihrer religiösen Erfahrung im Sinne eines diakonischen Mehrwerts fürchten. Zum anderen aber, weil offene und gelingende Beteiligungsprozesse der Mitarbeiterschaft die religiöse und kulturelle Vielfalt deutlich machen, die heute auch diakonische Unternehmen prägt.

Dieser Umbruch, der oft genug als Traditionsverlust bezeichnet wird, birgt zugleich enorme Chancen. Denn die Zeiten des Diakonissenlesebuchs und des großen und kleinen Kursus hatten eben auch Schattenseiten, die wir nicht vergessen dürfen. Das Kaiserswerther Oral-History-Projekt, das unter der Leitung von Ute Gause im Jahr 2001 begann, zeigt in den persönlichen Biographie-Erzählungen eine starke Orientierung der Schwestern an »mustergültigen« Lebensläufen und stilisierten Rollen.[151] Persönliches wie Liebesgeschichten und Freundschaften, aber auch Brüche und berufliche wie Glaubenskrisen blieben dabei im Dunkeln, wie auch die Schwester in der kollektiven Identität verschwinden und persönlich namenlos bleiben sollte. So wundert es am Ende nicht, dass die religiöse Deutung des eigenen Lebens dem entspricht, was im Diakonissenbuch zu lesen ist; eine eigene, individuelle Deutung kommt in den Erzählungen kaum zum Ausdruck; stattdessen dominiert eine dogmatische Normativität. Die Hoffnung, mit dem Oral-History-Projekt einer subjektiven, vielleicht sogar »weiblichen« spirituellen Deutung diakonischer Arbeit näherzukommen, erfüllte sich nur in Ansätzen. Genau darin steckt aber eine ungeheure Chance.

Christoph Müller hat in einem Artikel über »Laientheologie«[152] deutlich gemacht, in welchem Maße Theologie auf die Einsichten der Menschen angewiesen ist, die als Christen im Alltag aus ihrer Glaubens- und Welterfahrung schöpfen, ohne akademisch Theologie studiert zu haben. Theologie lebt davon und erneuert sich dadurch, dass sie eben nicht nur Theologentheologie ist. Er schreibt: Durch die Wahrnehmung von Ambivalenzen wie Unabhängigkeit und Abhängigkeit, Trauer und Hoffnung, Wissen und Nichtwissen werden eingespielte (auch christliche) Weltbilder, (schein-)eindeutige Überzeugungen, Machtverhältnisse und Beziehungsmuster in Frage gestellt. Das kann tief verunsichern. Ambivalenzen werden deshalb oft ignoriert, verdeckt oder abgewertet« – so wie es in den biographischen Erzäh-

---

151 *Lissner, Cordula,* Alles konnten wir ihnen natürlich nicht erzählen, in: *Kaiser, Jochen Christoph / Scheepers, Rajah* (Hg.), Dienerinnen des Herrn. Beiträge zur weiblichen Diakonie im 19. und 20. Jahrhundert, Leipzig 2010.
152 *Müller, Christoph,* »So kommen wir denn alle aus Gottes Bauch«, in: Pastoraltheologie 2010, Jg. 99, H. 12, 513–529.

lungen der Diakonissen im »Oral-History-Projekt« immer wieder geschah. Müller betont, dass der offene Umgang mit Ambivalenzen lebensfördernde Suchbewegungen in Gang setzt. Dabei, so schreibt er, spiele die Atmosphäre, der Zusammenhang von Denken und Fühlen eine wesentliche Rolle. In den Fachtheologien sei die Einsicht noch sehr am Rande, dass es kein Denken ohne Gefühl gibt, »kein Erkennen ohne Gefühl, keine Handlung ohne Gefühl, keine Wahrnehmung ohne Gefühl« (Agnes Heller). Noch zu selten, so Müller, würde diese emotionale Dimension mitreflektiert. Wenn es aber stimmt, dass gerade in der Pflege Empathie, Barmherzigkeit und Solidarität eine wesentliche Rolle spielen, dann muss es besonders in der diakonischen Spiritualität darum gehen, Gefühl und Erfahrung als Dimension theologischer Erkenntnis zu reflektieren.

Erfahrungsorientierung ist eine wesentliche Dimension für die neue und persönliche Suche nach Spiritualität. Schon dass wir von Spiritualität und nicht von Frömmigkeit oder Geistlichem Leben sprechen, zeigt: Der Begriff ist offen für unterschiedliche Traditionen, Praktiken und Rituale, für heilige Orte und Pilgerwege verschiedener Religionen und Konfessionen. Ähnlich wie in den mystischen Erfahrungen einer Mechthild von Magdeburg oder Hildegard von Bingen oder auch eines Meister Eckhart geht es um eine Wahrnehmung von Einheit, die die Grenzen zwischen Leib und Seele, Gott und Mensch, Geist und Natur, zwischen Religionen und Konfessionen überschreitet. Diakonische und spirituelle Bildung muss daran arbeiten, dass sich die alten Hierarchien in Partnerschaft wandeln: Geist und Leib, Seelsorge und Leibarbeit, Spiritualität und Fachlichkeit, Kirche und Diakonie, Theologie und Glaubenserfahrung müssen in einen neuen Dialog treten.

Anders als in der Pfarrerausbildung, in der für Kirchen wie theologische Fakultäten eine besondere Bindung an die Institution selbstverständlich ist, haben wir es in den diakonischen Diensten mit der Differenzierung und Pluralisierung zu tun, die unserer Gesellschaft entspricht. Die Berufsträger sind offen für unterschiedlichen Arbeitgeber – auch außerhalb von Kirche und Diakonie. Die Hochschulen und Einrichtungen sind offen für Studierende aus unterschiedlichen kulturellen Kontexten und für unterschiedliche religiöse Deutung. Darüber hinaus hat der Bologna-Prozess zu einer beschleunigten Differenzierung der Angebote, einer neuen Autonomie der Träger und zum wachsenden Wettbewerb unter den Bildungsanbietern geführt, der trotz vieler attraktiver Angebote die Kooperation zwischen Kirchen und Bildungseinrichtungen wie den Wechsel der Studierenden erschwert. Manche befürchten deshalb, dass sich die Landeskirchen bei geringer werdenden Mitteln und einem wachsenden Wunsch nach Profilbildung aus diesem Feld zurückziehen. Nach wie vor haben die Landeskirchen aber eine Schlüsselfunktion: Sie regulieren den Zugang zu kirchlichen

7.7 Diakonie als spirituelle Bildungsbewegung

Stellen – sei es über einen Stellenplan für Diakoninnen und Diakone, sei es über die Anerkennung von Abschlüssen in den diakonischen Arbeitsfeldern. Deshalb wird derzeit in EKD und Landeskirchen, aber auch an den Hochschulen an der Herausforderung gearbeitet, diakonische Bildung so weiterzuentwickeln, dass Handlungsmöglichkeiten für die neuen sozialen Herausforderungen gestärkt, zugleich aber die religiöse Identität und Arbeitsmethodik der Berufsträger entwickelt werden. Die Überlegungen reichen von der Entwicklung einer Kompetenzmatrix mit entsprechenden Modulen bis hin zu einer zentralen Zertifizierungsinstanz für die Abschlüsse.[153]

Welche Fähigkeiten und Fertigkeiten müssen aber die Absolventinnen und Absolventen diakonischer Ausbildungsgänge besitzen, um die notwendigen Kompetenzen für die beruflichen Anforderungen im Blick auf die Spiritualität diakonischer Dienste und Prozesse zu haben? Ohne grundlegende Kenntnis biblischer Texte wird es kaum möglich sein, religiöse Erfahrungen zu verstehen und zu unterscheiden. Schon im Blick auf fachliche Standards sind aber Kompetenzverständnis, Kompetenzprofile und Kompetenzniveaus zwischen den Ausbildungsgängen unterschiedlich – sie bleiben an den Rahmenbedingungen, Schwerpunktsetzungen und Anforderungsprofilen in Landeskirchen und Bundesländern, in den Praxisfeldern wie bei den Anstellungsträger ausgerichtet. Und auch der Kompetenzbegriff selbst ist durchaus strittig – das gilt gerade im Blick auf die Fragen der spirituellen Bildung.

Der breitere Begriff der geisteswissenschaftlichen Tradition in Deutschland ist am Ideal einer umfassenden Handlungsfähigkeit und Mündigkeit orientiert und bezieht auch affektive und motivationale Komponenten ein. In diesem Sinne ist Kompetenz die »Fähigkeit zur erfolgreichen Bewältigung komplexer Anforderungen in spezifischen Situationen. Kompetentes Handeln schließt den Einsatz von Wissen, von kognitiven und praktischen Fähigkeiten genauso ein wie soziale und Verhaltenskomponenten (Haltungen, Gefühle, Werte und Motivationen).«[154] Durchgesetzt hat sich aber das eher *pragmatisch-funktionale Verständnis* in der empirischen Bildungsforschung. Hier wird »Kompetenz als Befähigung (Disposition) zur Bewältigung unterschiedli-

---

[153] Am 3. März 2011 fand in Kassel ein Symposion zur Zukunft diakonischer Ausbildungsgänge unter dem Gesichtspunkt von Modularisierung und Zertifizierung statt. Eingeladen waren missionarische und Diakonen-Ausbildungsstätten, die kirchlichen Fachhochschulen und die in jüngster Zeit neu entstandenen Hochschulen auf dem Boden diakonischer Unternehmen. Hintergrund war zum einen der Bologna-Prozess, zum anderen der Deutsche Qualifikationsrahmen für Lebenslanges Lernen (DQR). Kurz darauf berief der Rat der EKD die Ad-hoc-Kommission »Berufsprofile in Diakonie und Gemeindepädagogik«.
[154] OECD 2003.

cher Anforderungssituationen« verstanden und überwiegend auf kognitive Leistungsdimensionen ausgerichtet. Dieses Verständnis liegt auch den internationalen Schulleistungsvergleichsstudien zugrunde. Kompetenzen werden, so verstanden, durch Erfahrung und Lernen erworben und können durch äußere Interventionen beeinflusst werden.[155]

Auch der erste Diskussionsvorschlag für den Deutschen Qualifikationsrahmen für lebenslanges Lernen (DQR) vom Februar 2009 ist eher funktional. Er orientiert sich an Handlungskompetenzen und hat zum Ziel,»Gleichwertigkeiten und Unterschiede von Qualifikationen für Bildungseinrichtungen, Unternehmen und Beschäftigte transparenter zu machen und auf diese Weise Durchlässigkeit zu unterstützen.« Die Kasseler Erklärung von Trägerorganisationen der Bildung in Kirche und Diakonie vom 3.3.2011 setzt an dieser Stelle an und schlägt vor, Module und Zertifikate für die diakonischen Ausbildungsgänge zu definieren, die – durchaus mit unterschiedlichen Stufen – von den verschiedenen Landeskirchen anerkannt werden können.

Dabei beschreiben die acht Niveaustufen des DQR-Entwurfs die Kompetenzen, die für die Erlangung (und Sicherung bzw. den Ausbau) von Qualifikationen erforderlich sind. Gemeint sind »die Fähigkeit und Bereitschaft, Kenntnisse, Fertigkeiten sowie persönliche, soziale und methodische Fähigkeiten in Arbeits- oder Lernsituationen in Aus-, Fort- und Weiterbildung und für die berufliche und persönliche Entwicklung zu nutzen. Kompetenz wird in diesem Sinne als Handlungskompetenz verstanden ... Individuelle Eigenschaften wie Zuverlässigkeit und Aufmerksamkeit, aber auch normative und ethische Aspekte der Persönlichkeitsbildung und Persönlichkeitsmerkmale wie interkulturelle Kompetenz, gelebte Toleranz und demokratische Verhaltensweisen haben aus diesem Grund – trotz der großen Bedeutung, die ihnen zukommt – keine Aufnahme in die DQR-Matrix gefunden.«[156]

Wenn wir über Spiritualität in der diakonischen Bildung reden, geht es offensichtlich um beides: Es geht zum einen um die Gestaltung von Angeboten und Prozessen beruflicher Arbeit, für die Wissen und Fertigkeiten nötig sind – wie z.B. bei der Gestaltung von Palliativpflege, Sterbe- und Trauerbegleitung, der Vorbereitung von Andachten und der Gestaltung von Abschiedsräumen, der Kenntnis des Kirchenjahres und der Gestaltung der Festzeiten. Es geht aber zugleich um motivati-

---

155 Vgl. www.kompetenzdiagnostik.de; aktuell: http://kompetenzmodelle.dipf.de/.
156 BMBF/KMK 2009, 3 u.: »Der DQR und die Konsequenzen für die diakonische und gemeindepädagogische Beruflichkeit«; unveröffentlichter Vortrag Matthias Spenn, Comenius-Institut beim Hearing der EKD am 3.3.2011 in Kassel.

onale Aspekte der beruflichen Bildung und persönliche Haltungen. Legt man das Raster des Deutschen Qualitätsrahmens DQR an, so ergibt sich die Frage, ob die Kriterien unterschiedlicher Kompetenzniveaus für die Gestaltung einer Andacht oder einer Seelsorgesituation passen? Oder ob es genügt, bislang implizite Kriterien im Sinne einer Qualitätsentwicklung explizit werden zu lassen? Ist die personale Erfahrung gelebter Spiritualität überhaupt mit dem Kompetenzbegriff zu fassen?

Spiritualität hat es vor allem Handeln mit dem Empfangen zu tun. »Die gewöhnliche Frage, was sollen wir tun, muss hier beantwortet werden mit der ungewöhnlichen Frage: Von wo empfangen wir etwas?« so Paul Tillich. »Wir müssen wieder verstehen lernen, dass man nicht geben kann, wenn man vorher nicht empfangen hat.« Wir sind, was wir empfangen haben – und wir werden erkennbar an dem, was wir geben. Beides bestimmt unsere diakonische Identität. Im Blick auf die spirituelle Bildung werden wir es deshalb auch in Zukunft mit einem Nebeneinander von formalen und nonformalen, institutionellen und biographischen Lernerfahrungen zu tun haben. Im diakonischen Arbeitsalltag aber muss beides aufeinander bezogen werden.

8. Dienstgemeinschaft als Stütze der Freiheit

An der Wiege der modernen Diakonie stand die Hoffnung, dass es gelingen könnte, mit dem Dienst der Schwestern und Brüder den Zusammenhalt in den Quartieren und Nachbarschaften und die Teilhabemöglichkeiten der Abgehängten zu stärken: Kinder aus armen Familien zu integrieren, Jugendlichen Ausbildung zu geben, Gefangene zu resozialisieren, Kranke gesund zu pflegen, wo ihre Familien überfordert waren. Die Wohn- und Lernprojekte in Wicherns Jugend- und Lehrlingseinrichtungen, die Pflegeeinrichtungen und Kindergärten der Kaiserswerther Diakonie waren deshalb von Gemeinschaften getragen, die Ausgeschlossenen neuen Lebensraum bieten konnten. Diese Gemeinschaften traten für viele an die Stelle überforderter und zerbrochener Familien, sie bildeten die neue Familie Gottes. Sie wollten mitbauen an der neuen Stadt Gottes, in der Christus im Mittelpunkt steht. Auf dem Thron dieses neuen Jerusalems, erzählt die biblische Offenbarung, sitzt das Lamm – die Gemeinschaft gruppiert sich um das Opfer, um den Schwächsten, den Menschensohn.
Gemeinschaft mit Christus, Gemeinschaft mit dem Nächsten, Gemeinschaft untereinander – das Ideal der Glaubens-, Lebens- und Dienstgemeinschaft – ließ keine Objektivierung des Hilfebedürftigen zu. Im Gegenteil: Die Hilfekette ging vom Bedürftigen aus, die Notwendigkeit der Veränderung setzte Bildungsprozesse auch bei den Helferin-

nen und Helfern in Gang, und die Organisationen, die entstanden, öffneten mit ihrer Gastfreundschaft wie mit ihrem Dienst Türen für Ausgeschlossene. Dabei kann und darf nicht verschwiegen werden, dass dieses Gemeinschaftsideal auch totalitäre Züge entwickeln konnte. Gerade die Mutterhäuser und Schwesternschaften forderten enorme Anpassungsleistungen, und die Dynamik der Träger, die rasant wuchsen und immer neue Arbeitsfelder erschlossen, war mit dem Verzicht der Schwestern auf ein eigenständiges Leben, auf angemessenen Lohn und auf differenzierte Professionalisierung erkauft. Ein hoher Preis, der von Anfang an in der Kritik der Frauenbewegung stand und schließlich zur Erosion der Gemeinschaften geführt hat. Es muss deswegen nicht wundern, wenn der Begriff »Dienstgemeinschaft« heute kaum noch Visionen weckt; er ist kontaminiert und wird eigentlich nur noch im Kontext des kirchlichen Arbeitsrechts gebraucht. Viele denken deshalb vor allem an die Zugehörigkeitsrichtlinien der Kirche, an fehlende Gewerkschaftsmacht und das Verbot des Streikrechts in der Diakonie. Das ist auch deshalb kein Wunder, weil die diakonischen Gemeinschaften in den Unternehmen nur noch eine marginale Rolle spielen. Wenn es um Suche nach ethischer Orientierung und Spiritualität geht, sind die Mitarbeitenden in der Klinikseelsorge oder in der Ethikberatung die entscheidenden Ansprechpartnerinnen und Ansprechpartner. Sie sind es oft, die sich dafür einsetzen, dass Gemeinschaft in den Teams und in Netzwerken erfahren werden kann: Kooperation, Zusammenarbeit, Dienstgemeinschaft im Sinne eines Ereignisses.

Gerade im Wettbewerb mit anderen Gesundheitsdienstleistern werden nun allerdings auch die Schätze der Tradition neu entdeckt: In Leitbildern und Personalentwicklung geht es um das diakonische Profil, den diakonischen »Mehrwert«. Und beim Wiederentdecken von Ritualen, bei der Entwicklung von Ethikkursen, fällt der Blick auch auf die klein gewordenen diakonischen Gemeinschaften. Welchen Einfluss kann deren Tradition und Geschichte heute auf die Unternehmenskultur haben? Und was kann Dienstgemeinschaft bedeuten, wenn die Teams aus Kolleginnen und Kollegen mit ganz unterschiedlichen religiösen Überzeugungen und Werteorientierungen bestehen? Wie ist damit umzugehen, dass die jüdisch-christliche Tradition zwar eine wichtige Wurzel der Pflege ist, dass gute Pflege aber nicht auf bestimmte Glaubensüberzeugungen angewiesen ist, sondern auf Empathie und Compassion, auf Respekt und Vertrauen?
Ich bin überzeugt, dass Dienstgemeinschaft, recht verstanden, auf Inklusion ausgerichtet sein muss – auf die Teilhabe aller, das Aufrichten der Beladenen, die Lebensdienlichkeit der Arbeit. Die Gemeinschaft der Heiligen, von der der Heidelberger Katechismus in Frage 55 spricht, zeigt sich in Teilhabe: »Alle Gläubigen haben Anteil an dem Herrn Jesus Christus und an allen seinen Schätzen und Gaben«, heißt

es da. »Darum soll auch jeder seine Gaben willig und mit Freuden zum Wohl und Heil der anderen gebrauchen.«

Wer Gemeinschaft stärken und diakonische Unternehmenskultur entwickeln will, muss Beteiligungsmöglichkeiten stärken, Gaben erkennen und Freiräume schaffen, in denen sie entfaltet werden können, Individualität und Vielfalt achten und darf Kritik und Konflikte nicht scheuen. Wer Zusammengehörigkeit und Zusammenarbeit stärken will, muss unterschiedliche Wertehorizonte respektieren. »Believing« und »Belonging« sind in einem diakonischen Unternehmen nicht mehr einfach zur Deckung zu bringen. Was die britische Soziologin Grace Davie als Problemanzeige für die westlichen Kirchen analysiert, das lässt sich bereits an der Geschichte der Frauendiakonie in den letzten 100 Jahren ablesen. Pflegende emanzipierten sich mehr und mehr von ihren Mutterhäusern und Gemeinschaften. Nicht vom »Believing« zum »Belonging« geht die Zielrichtung, wie manche meinen, die Diakonie nur als »Frucht« und »Wesensäußerung« des Glaubens verstehen, sondern umgekehrt: vom Behaving zum Belonging und Believing. Nur wo diese Freiheit ernst genommen wird, hat Gemeinschaft eine Chance. Der Weg über das gemeinsame Handeln erschließt auch der Gemeinschaft neue Horizonte. Nur: Was kann »Dienstgemeinschaft« bedeuten, wenn die Teams schon längst nicht mehr aus eingesegneten Diakonissen bestehen, die Arbeit und Leben teilen, ja häufig nicht einmal aus überzeugten Christinnen und Christen oder auch nur aus Mitgliedern einer Kirche?

8.1 Subjekt des eigenen Lebens werden: Gemeinschaft in Freiheit

»Liebe Schwester Annemarie! Leider kann ich zu unserem Schwesterntag nicht kommen und möchte versuchen, meine Gedanken schriftlich zu übermitteln, was ja viel schwerer ist. Aber ich hoffe und wünsche, dass ich verstanden werde. Zu der Frage, wie sich die Schwesternschaft versteht, kann ich wenig sagen; die meiste Zeit war ich in Häusern, wo wir eine nette und gute Gemeinschaft hatten. Und wir Bundesschwestern sind uns auch alle einig, weil wir im Krieg eingetreten sind und darum wussten. Darum meine ich: Wenn wieder gefragt wird: ›Herr, was willst Du, das ich tun soll‹, dann werden wir wieder zu wahren Zeugen des auferstandenen Herrn. Daraus erwächst dann Lebens- und Dienstgemeinschaft. Natürlich können wir nicht alle zusammen leben und arbeiten. Die meisten stehen allein, und nur wenige gemeinsam an einem Arbeitsplatz. Darum wünschen wir Informationen, auch über ganz konkrete Nöte und Schwierigkeiten, damit unsere Gemeinschaft aktiv bleiben kann. So können Vorurteile und Schwätzereien abgebaut werden.«

Diesen Briefauszug aus dem Jahr 1973 fand ich kurz vor meinem Abschied aus Kaiserswerth in der Akte der verstorbenen Schwester Anne-

liese Pulvermüller.[157] Beim Lesen des Briefes kam es mir vor, als würden hier bereits die Themen intoniert, welche die Gemeinschaften in der Pflegediakonie bis heute beschäftigen. Seit Mitte der 60er Jahre erlebten diese Gemeinschaften rapide sinkende Eintrittszahlen und damit einhergehend einen wachsenden Bedeutungsverlust. In vielen Einrichtungen wurden neue Modelle ausprobiert. Der erlebte Zusammenhalt in Teams und Wohngemeinschaften war dabei nicht nur für Schwester Anneliese ungleich wichtiger als die institutionelle Gemeinschaft. Zugleich stellte die wachsende Zahl »ziviler« Mitarbeiterinnen die Schwestern vor die Herausforderung, ihre Zugehörigkeit zu einer Gemeinschaft verständlich zu machen. Gab es etwas, das sie von anderen Mitarbeitern unterschied? Eine diakonische Kompetenz, ein besonderes Profil, ein Amt? Viele legten jetzt die Tracht ab, weil sie darin eher ein Signal entfremdender Exklusivität als ein Zeichen befreiender Demut sahen. Wenn sie mit ihrem Leben Vorbild sein wollten, dann vor allem darin, andere zum Dienst zu ermutigen. Es war die Zeit, in der die pflegerischen und diakonischen Bildungsgänge boomten und sich immer mehr ausdifferenzierten; Professionalisierung stand im Vordergrund und wurde staatlich gefördert – die Hochphase der Wohlfahrtsentwicklung hatte begonnen. In vielen Kaiserswerther Häusern hatten sich die Schulen und Bildungseinrichtungen als eigenständige Trägerstrukturen etabliert und von den Schwesterngemeinschaften gelöst; anders als im Zehlendorfer Verband wurden Krankenpflegeschülerinnen nun auch nicht mehr automatisch Probemitglieder der Gemeinschaft. Und schon in den 60er Jahren hatten junge Diakonissen darum gerungen, die überkommene Struktur der Taschengelddiakonie und deren Abhängigkeiten hinter sich zu lassen; in Kaiserswerth selbst entschieden sich die Angehörigen des Jahrgangs 1964 vor der Einsegnung, als Tarifangestellte zu arbeiten und den »Zehnten« aus freien Stücken an die Schwesternschaft abzugeben.
Eine Neuformulierung des Diakonissenspruches von Hermann Löhe, (»Mein Lohn ist, dass ich darf«) würde »heutzutage eher von der Freiheit reden müssen, zu der uns Christus befreit hat«, hatte auch der Kasseler Vorsteher Friedrich Thiele 1963 geschrieben. Die Schwestern müssten in viel betonterer und andersartiger Weise selbst »Subjekt ihres Lebens ... werden.«[158] Damals war noch für alle erkennbar, welche

---

[157] Viel Archivmaterial wird von Kulturstiftungen der Diakonie zugänglich gemacht, vgl.: www.fliedner-kulturstiftung.de; www.diakonieneuendettelsau.de/lebengestalten/spenden-und-stiften/stiftungszentrum-leben-gestalten/unsere-stiftungen/loehe-kulturstiftung-in-der-diakonie-neuendettelsau/; www.kaiserswerther-diakonie.de/Unsere_Arbeitsbereiche/Diakonie_und_Kultur/Fliedner_Kulturstiftung/fliedner_Kulturstiftung.htm.
[158] *Thiele, Friedrich,* Diakonissenhäuser im Umbruch der Zeit. Strukturprobleme im Kaiserswerther Verband deutscher Diakonissenmutterhäuser als Beitrag zur institutionellen Diakonie, Stuttgart 1963, passim.

Verwüstungen eine problematische Unterordnung und Gehorsamsstruktur in den Gemeinschaften hinterlassen hatte. Die Anpassung der meisten diakonischen Einrichtungen an die Gesundheits- und Rassepolitik des Dritten Reiches belastete die Gewissen vieler Schwestern bis ins hohe Alter schwer. Das konnte ich als Oberin noch um die Jahrtausendwende auf Einkehrtagen erleben, wenn die alten Diakonissen in der kleinen, internen Gruppe ganz offen über die Schatten der Gemeinschaft sprachen. Die Sterilisationen, die viele Diakonissen unter Anleitung der Ärzte vornehmen mussten, die Transporte behinderter Bewohner nach Hadamar, die Entlassung und Deportation psychisch Kranker mit Billigung der Vorsteher, die Deportation getaufter jüdischer Mitarbeiter und Mitschwestern und schließlich der durchaus breite Einsatz von Zwangsarbeitern in diakonischen Einrichtungen[159] – das waren Erfahrungen, welche die Integrität der Einrichtungen und die Autorität der Vorgesetzten kontaminierten. Viele Schwestern fühlten sich gezwungen, gegen das eigene Gewissen zu handeln – im verordneten Gehorsam gegen Vorgesetzte, die sich nicht scheuen, noch die Theologie für wirtschaftliche und politische Zwecke zu missbrauchen. Mit der Bereitschaft, das Leben des Einzelnen der Volksgesundheit unterzuordnen, hatten die Institutionen zwar überlebt, aber das Ethos war beschädigt.

Und doch gab es jene alten Schwestern, die die Freiheit in der Verantwortung ihres Dienstes ganz bewusst wahrgenommen hatten – und es ist vielleicht kein Zufall, dass sie vor allem unter den Schwestern zu finden waren, die Auslandsstationen geleitet hatten und sich für ökumenische Projekte engagierten. So wie Schwester Hilde Robiné, die als Hebamme in Porto Alegre, Brasilien, mehr als 6000 Babies in die Welt geholfen hatte, bei ihrer Rückkehr noch eine neue Ausbildung machte und im hohen Alter den Umgang mit elektronischen Medien lernte, um den Kontakt zur brasilianischen Schwesternschaft aufrechthalten zu können. Oder wie Schwester Agnes Bröcker, die unermüdlich und über Jahre mit dem Verkauf auf dem Schwesternbazar für die Unterstützung eines Pflegenestes und einer Schwesternschule in Rumänien sorgte und Transport um Transport im geliehenen VW-Bus leitete.

8.2 Ungeteilte Aufmerksamkeit – Warum Gemeinschaft nicht funktionalisiert werden darf

Freiheit ist eine Grundvoraussetzung für eine evangelische Gemeinschaft – das gilt für Schwestern- und Bruderschaften ebenso wie für

---

[159] *Kaminsky, Uwe*, Zwangssterilisation und ›Euthanasie‹ im Rheinland. Evangelische Erziehungsanstalten sowie Heil- und Pflegeanstalten 1933–1945, Köln 1995.

die »Dienstgemeinschaft«. Freiheit und eigenständiges Denken öffnen den Blick für neue Herausforderungen und ungewohnte Lösungen. Deshalb ist es wichtig, dass Gemeinschaften sich offenhalten für die kreativen und auch widerständigen Impulse ihrer Mitglieder. Wo Gemeinschaft funktionalisiert wird, um vor allem den Einrichtungen und Unternehmen zu dienen, ist sie gefährdet, wird sie zerstört. In ihrem Brief betonte Schwester Anneliese Pulvermüller die Bedeutung der Glaubensgemeinschaft. Dabei ging es ihr um die Person und die berufliche Motivation der Schwestern – und gerade nicht um ihre Funktion. Sie war damit auf einer Linie mit den jungen Diakonissen, die damals zur Meditation auf den Schwanberg fuhren oder in Reully eine kontemplative Kommunität gründeten und Taizégottesdienste feierten. Schwester Anneliese allerdings sah die Schwesternschaft vor allem als Nachfolge- und Weggemeinschaft, wie den Mitarbeitenden von heute ging es ihr vor allem ums Handeln. »Herr, was willst Du, dass ich tun soll?« hieß die Schlüsselfrage – für sie lebte die Schwesternschaft da, wo in einem guten Team auf dem Hintergrund des gemeinsamen Glaubens soziale Verantwortung übernommen wurde. Dazu gehörte auch politische Einmischung. Schwester Anneliese gehörte in den 60er Jahren zu denen, die sich damals der Friedensbewegung anschlossen und für Flüchtlinge eintraten. Die Zukunft der diakonischen Organisationen war für sie zweitrangig – kein Wunder nach den Erfahrungen des Dritten Reiches. In den anstehenden Entscheidungen der Gemeinschaft aber fordert sie Transparenz und Beteiligung – nur so, davon war sie überzeugt, könne die Gemeinschaft die Herausforderungen der Zukunft bewältigen. Zerreißproben fürchtete sie nicht, sie rechnete auch mit neuen, noch ungeahnten Herausforderungen. Denn »kann man überhaupt so lange vorausplanen bis 1980, bei den raschen Veränderungen überall?« schrieb sie. Und weiter: »Aber wir dürfen gewiss sein, dass wir nicht allein gelassen sind, und können weitergeben von der Liebe, von der wir leben.«

Wahrscheinlich hat die Generation von Schwester Anneliese die sozialen Umbrüche um 1968 ähnlich dramatisch erlebt wie wir unsere eigene Zeit. Was sich damals abzeichnete, ist heute offenkundig: Der institutionelle Zusammenhang von Glaubens- und Dienstgemeinschaft ist verlorengegangen. Die Veränderungen des Sozialsystems und die abnehmende Bedeutung der Wohlfahrtsverbände auf dem Sozialmarkt haben damit zu tun, dass die Milieubindung kirchlicher Träger stetig abgenommen hat, dass der Resonanzboden der Volkskirche ausgetrocknet ist. Noch immer finden die alten Diakonissen begeisterte Zuhörerinnen und Zuhörer, wenn sie von einem Leben erzählen, in dem Arbeit und Dienst ganz deutlich Ausdruck einer Berufung waren. Wenn deutlich wird, dass sie Zeit hatten, einen ganzen Tag am Sterbebett zu sitzen. Oder wenn sie von einer Ausbildung erzählen, die durch alle Arbeitsfelder eines Werkes führte – von der Küche bis in den Operationssaal, von der Pflege bis in die Schule – und damit einen Blick auf das Ganze ermöglichte, der heute nur noch ein Traum ist. Wenn Schwestern sich daran erinnern, dass Rituale wie das gemeinsame Essen, die Morgen- und Abendandachten zum Dienst gehörten, dann leuchtet eine große Sehnsucht auf, die Sehnsucht nach Ganzheit. Aber jedem ist klar: Die mobile Marktgesellschaft treibt Unternehmen und Mitarbeiter längst in eine ganz andere Richtung. Unternehmen und Gemeinschaften haben sich deutlich differenziert: In den Arbeitsfeldern geht es um Wirtschaften und Handeln, um Organisation und Hierarchie, Kapital und Arbeit, Kosten- und Leistungsorientierung, in der Gemeinschaft dagegen um die Identität. Gemeinschaften leben von Engagement, Kooperation und Solidarität auch in schwierigen Zeiten. Gemeinschaftsentwicklung geschieht deshalb nicht im gleichen Tempo wie Unternehmensentwicklung. Wo die Gemeinschaften tatsächlich noch Träger von diakonischen Unternehmen sind oder waren, können die damit verbundenen Verwerfungen zum Problem werden – in Konflikten oder auch in einer verzögerten Unternehmensentwicklung. Wo die Unternehmen aus den Gemeinschaften ausgegliedert sind – in eine Holding z.B. oder eine GmbH überführt, da folgen sie ökonomischen Paradigmen, die sich an den Erfolgsberichten ablesen lassen. Getan wird, was Gewinn bringt. Im Ergebnis sind die Gemeinschaften oft genug fremd im eigenen Haus.

Alle Beteiligten haben sich verändert– das betrifft die Unternehmen genauso wie die Mitarbeiterschaft und auch die Gemeinschaften. Nicht nur äußerlich haben die meisten ihre alte Tracht abgelegt. Heute kommen die Mitglieder aus unterschiedlichen kirchlichen Kontexten; sie suchen eine neue Form von diakonischer Kirche – ökumenischer, offener, mit einer anderen Spiritualität. Integrativ soll sie sein, körperbezogen und alle Sinne ansprechend. Denn wer seine innere Kraft in der auf Effektivität getrimmten Diakonie stärken und schützen will, braucht Mut zu sich selbst, Rückendeckung durch eine Gruppe und ein gerütteltes Maß an diakonisch-theologischer Bildung, welche die Widerstandskraft stärkt.
Auf diesem Hintergrund gewinnen Rituale als gestalteter Ausdruck von Gefühlen, Beziehungen, Übergängen in Zeit und Raum noch einmal eine neue Bedeutung. Viele möchten ihren Glauben »erden« und für spirituelle Erfahrungen aufnahmefähig werden. Dabei verstehe ich unter »Spiritualität« die Wahrnehmung einer anderen Wirklichkeitsdimension, die sich weniger auf den Begriff bringen als erfahren lässt. Diese Erfahrungsorientierung ist offen für unterschiedliche Traditionen, Praktiken und Rituale, für heilige Orte und Pilgerwege verschiedener Religionen und Konfessionen. Ähnlich wie in der Mystik einer Mechthild von Magdeburg, Hildegard von Bingen oder auch eines

Meister Eckhart geht es um ein gesteigertes Gottes- und Selbstbewusstsein, eine Wahrnehmung von Einheit, welche die Grenzen zwischen Leib und Seele, Gott und Mensch, Geist und Natur überschreitet. Solche mystischen Erfahrungen sind in den letzten Jahrzehnten in besonderer Weise in der feministischen Theologie aufgegriffen worden, die sich in der Unmittelbarkeit religiösen Erlebens zugleich von patriarchalen und institutionellen Normen zu befreien suchte. Statt mit »Jakobs Leiter« ein Oben und Unten zwischen Himmel und Erde mit festen Wertehierarchien zwischen Geist und Körper, Mann und Frau usw. zu konstruieren, soll »Sarahs Kreis« das Denken verändern und aus festen Über- und Unterordnungen lösen.[160] Diese Bewegung hat seit den 60er und 70er Jahren auch die Schwesterngemeinschaften erreicht.[161]

Das hierarchische Gegenüber von Geist und Leib, von Dogmatik und Spiritualität, von leitenden Männern und dienenden Frauen hat Kirche und Diakonie, Pfarrhäuser wie Mutterhäuser lange geprägt. Es ist einer der Gründe dafür, dass gerade in der weiblich geprägten Pflegediakonie der Kaiserswerther und Zehlendorfer Tradition die theologische Ausbildung der Schwestern weit hinter derjenigen der Diakone in den Bruderhäusern zurückstand. Das Handwerk der Pflege schien eine eigene Spiritualität und theologische Definition nicht zu benötigen. Im Pfarramt der Kirche ist die männliche Dominanz inzwischen weitgehend überwunden – viele sehen schon eine Feminisierung des Berufsbildes. In den Pflegeberufen aber sind, auch wegen der Entgelte, noch immer 75 % Frauen – und noch immer leidet die Pflege unter einer Armut an verbalen Ausdrucksmöglichkeiten, die Seelsorge hingegen unter mangelnder Integration der Leiblichkeit.

»Den Begriff ›Geistliches Leben‹ kann ich nicht mehr hören«, sagte mir vor Jahren eine ältere Diakonisse im Schwesternrat. »Das klingt, als gäbe es neben dem geistlichen ein körperliches oder ein soziales Leben. Als lebten die einen geistlich und die anderen weltlich. Mit dieser Aufteilung begreifen wir aber die Wirklichkeit nicht. Es kann doch nicht nur um ein Segment unseres Lebens gehen und auch nicht um eine bestimmte Kaste. Reden wir lieber von Spiritualität.«

Charlotte Renner, die Kaiserswerther Oberin der 60er Jahre, hat diese Wahrnehmung schon 1967 thematisiert. Sie schrieb, der Kern der Gemeinschaft sei »ungeteilte Aufmerksamkeit« – in »Gebetsstille und Meditation« –, aber auch in der Wahrnehmung des Dienstes. Zeiten des Rückzugs seien dringend nötig, damit der Blick sich klärt und die

---

160 *Faulkner, Mary*, Women's Spirituality. Power and Grace, Newburyport 2011; *Scharffenorth, Gerta*, Schwestern. Leben und Arbeit evangelischer Schwesternschaften, Offenbach 1984.
161 *Scharffenort* 1984.

8.2 Ungeteilte Aufmerksamkeit

Perspektive sich öffnet für die Transzendenz hinter der sichtbaren Wirklichkeit. Ungeteilte Aufmerksamkeit ist ein Schlüssel für eine diakonische Kultur: Aufmerksamkeit für Gott und die Menschen. Bärbel Görcke, die Äbtissin des Klosters Mariensee in der Nähe von Hannover, ist von ihrer Ausbildung her Krankenschwester und übt nun, gemeinsam mit anderen Konventualinnen, diese Aufmerksamkeit im alten klösterlichen Handwerk: im Klostergarten, bei der Kalligrafie, in der Liturgie. Selbst wenn sie nicht zusammenleben, spielen diese Erfahrungen auch für moderne kontemplative Gemeinschaften eine entscheidende Rolle – wie zum Beispiel für die Frauengemeinschaft *ordo pacis*, die sich nur gelegentlich zu Einkehrtagen trifft, ansonsten aber über gemeinsame Gebetszeiten verbunden ist. Die östliche religiöse Tradition spricht in diesem Zusammenhang von »einfühlsamer Präsenz«. Dazu gehören, wie der Psychologe David Richo[162] schreibt, fünf Qualitäten: Aufmerksamkeit, Annahme, Wertschätzung, Zuneigung und Zulassen. Diese Qualitäten sind notwendig, um andere zu unterstützen und mitzufühlen, sie sind aber ebenso nötig, um mit den eigenen Schwächen und Fehlern angemessen umzugehen.

Darum ging es auch Veronika Peters, die sich auf der Suche nach einem alternativen Leben einer Klostergemeinschaft anschloss. In ihrem Buch »Was in zwei Koffer passt« erzählt sie, wie sie als Nonne gegen ihren Willen mit der Arbeit in der Klosterbuchhandlung betraut wird und dabei allmählich zu einer erfolgreichen Geschäftsfrau heranreift. Der Spagat zwischen Geschäft und Gemeinschaft aber wird zur Zerreißprobe. Während sie die Buchhandlung durchaus erfolgreich leitet, scheint die Regel, auf die sie sich verpflichtet hatte, ihr die Kraft zur eigenen Gestaltung zu rauben. In dieser Zeit gewinnt sie einen neuen Freund, verliebt sich und verlässt am Ende die Gemeinschaft. Kurz bevor sie geht, kommt ihr »das berühmte Beispiel vom Meister ... in den Sinn, der inmitten einer stark befahrenen Kreuzung unerschütterlich meditiert«. Ordensfrau zu sein, das wird ihr klar, ist vor allem eine Frage der inneren Haltung. »Es gibt sie, die in die Tiefe dringen, wie auch immer die äußeren Umstände beschaffen sind. Bei mir hat es bislang nur für ein Kratzen an der Oberfläche gereicht, allenfalls die Freilegung der oberen Schicht«. Wie Veronika Peters geht es vielen, die sich nach dem Leben mit einer Gemeinschaft sehnen, für eine Weile in Klöstern und Mutterhäusern mit leben und Gastfreundschaft erfahren. Es gelingt nicht mehr, unter der Oberfläche in die Tiefe vorzubringen – die Zerreißproben des Alltag sind einfach zu groß. Das spüren die Mitarbeitenden von diakonischen Unternehmen, die sich den Gemeinschaften anschließen, besonders deutlich.

---

162 *Richo, David,* Fünf Dinge, die wir nicht ändern können, und das Glück, das daraus entsteht, Oberstdorf 2010.

8.3 Das Projekt vom gemeinsamen Leben – Sakrales braucht soziale Form

In den traditionellen Formen geistlichen Lebens ist Spiritualität Ausdruck gelebter Praxis – nicht einfach ein Mittel, dem eigenen Leben Tiefe zu geben. »Frömmigkeit geschieht als Gestaltwerdung christlichen Glaubens inmitten von Raumzeitlichkeit«; beschreibt Carl Heinz Ratschow die Tradition, aus der wir kommen. »Solche Gestalt besteht in der einfachen Haltung, die man vor Wort und Sakrament einnimmt, dass man sich zum Beispiel beim Verlesen des Wortes erhebt. Sie besteht im Gebet zu bestimmten Zeiten und in bestimmter Haltung. Sie besteht in gottesdienstlichen Formen, die formend auf das ganze Leben übergreifen. Der Mensch als zeithaftes und räumliches Wesen ist auf solche Formen angewiesen. Jedes ›überall‹ wird für den Menschen zum nirgends«. Wir brauchen feste Zeiten und Orte. »In den räumlichen und zeitlichen Fixierungen verläuft menschliche Freiheit, nicht gegen sie.«[163]
Wie feste Zeiten und Formen Identität stiften können, wird in den jüdischen Wurzeln unseres Glaubens erkennbar. Jüdische Spiritualität lebt von den Festen, vom Sabbat, vom Sederabend. Der Rhythmus der Zeit spielt dabei eine entscheidende Rolle – ebenso wie bestimmte rituelle und natürlich koschere Speisen und Lesungen, Kerzen, Gebetsschal und Tefillin. Die Form prägt die Tage, die Haltung und eines Tages vielleicht auch die innere Wirklichkeit. Ähnliches erleben wir auch bei muslimischen Nachbarinnen und Nachbarn, Kolleginnen und Kollegen: im Ramadan mit seiner Nüchternheit am Tag, dem gemeinschaftlichen Essen am Abend oder bei der Achtsamkeit für die Zubereitung von Speisen. Bei der Diskussion der Frage, warum es wichtig sein könnte, dass christliche Einrichtungen in Deutschland im Sinne des Selbstbestimmungsrechts christliches Personal einstellen, ist mir schon vor Jahren deutlich geworden, dass das christliche Profil heute weder in der Küche noch beim Putzen spürbar ist. Auf diesem Hintergrund konnten diese Arbeitsbereiche ausgegliedert werden – mit dem Ergebnis, dass Cateringfirmen schon in der Karwoche Ostereier auf die Tabletts der Bewohner legen. Inzwischen wird es aber auch für Christinnen und Christen wieder wichtiger, dem Rhythmus des Kirchenjahres zu folgen und »andere Zeiten« zu erleben, wie die gleichnamige Initiative oder auch die Fasten-Aktion »Sieben Wochen ohne« zeigen. Ideen für ein anderes Leben werden ausgetauscht, Advents- und Osterbräuche neu entdeckt, traditionelle Rezepte weitergegeben. Dass nicht alles zu jeder Zeit verfügbar ist, gewinnt wieder an Faszination.

---

163 *Ratschow, Carl-Heinz*, Von der Frömmigkeit, in: *ders.* (Hg.), Ethik der Religionen. Ein Handbuch, Stuttgart u.a. 1990.

8.3 Das Projekt vom gemeinsamen Leben

Die Ökonomisierung der sozialen Arbeit verführt nun aber dazu, die Zeit eben nicht mehr in Rhythmen von Arbeit und Festen, von Ankommen und Abschied, von Werden und Vergehen zu begreifen, sondern nach Planung und Wirkung zu berechnen und auch Räume zu funktionalisieren. Wir leben in einer »entzauberten Welt«, wie Wolfgang Schmidbauer schreibt[164], in einer »Diktatur der instrumentellen Vernunft«, in der der Mensch dem Menschen zum Objekt der Manipulation wird. Fast alle Traditionsschätze der Diakonie werden im Kontext dieser ökonomisch-technischen Dominanz zu Zusatzgeschäften; Tischgemeinschaften sind den Kantinen oder »Betriebsrestaurants« oder, schlimmer noch, dem Tablettservice zum Opfer gefallen, Kirchen lassen sich nur über Denkmalmittel und Spenden erhalten, Bildungsangebote werden von Finanzämtern als geldwerter Vorteil verstanden, und selbst Weihnachtsfeiern werden nach Stundensatz berechnet. Und die Zeit, die für Sterbe- und Trauerbegleitung nötig ist, kann häufig nur noch von Ehrenamtlichen aufgebracht werden.

Wie wesentlich Spiritualität für die soziale Arbeit ist, war aber gerade in der so genannten Mutterhausdiakonie immer präsent. Die Schwesternschaften verstanden sich nicht nur als Trägerinnen diakonischer Arbeit, sondern auch als Gebetsgemeinschaft mit eigenen Ritualen wie der monatlichen Betstunde Herrnhuter Prägung. So haben die alten Mutterhäuser eine eigene Frömmigkeitskultur entwickelt – bis hin zur Wiederentdeckung und Weiterentwicklung des Stundengebets in den lutherischen Diakonissenhäusern.[165] Dass in Wort und Sakrament ein wichtiger Energiestrom sozialer Arbeit fließt, wurde bis vor einiger Zeit erfahrbar, wenn die Schwesterngemeinschaft sich als Abendmahlsgemeinschaft um den Altar versammelte und Brot und Wein teilte. In Neuendettelsau kamen und kommen die Oblaten aus der eigenen Diakonissen-Bäckerei. Und der Kaiserswerther Altarteppich, auf dem die Schwestern beim Abendmahl standen – in den zwanziger Jahren noch in der eigenen Paramentik geknüpft –, zeigte die vier Ströme des Paradieses, die von diesem Platz aus in alle Richtungen des Diakoniewerks flossen. Wer durch Kaiserswerth, durch Neuendettelsau oder Bethel geht, stößt bis hinein in die Anlage der Orte, in der Prägung der Häuser und Friedhöfe, der Bibelworte und Bilder überall auf diesen Kraftstrom des biblischen Glaubens.

---

164 *Schmidbauer, Wolfgang*, Das Floß der Medusa. Was wir zum Überleben brauchen. Zur »Eventisierung« unserer Gesellschaft, Hamburg 2013, 74.
165 Um mehr zu erfahren über die kollektive Identität der Schwesternschaft, ihre Frömmigkeitsprägung und ihr Dienstverständnis, hat die Kaiserswerther Diakonie zusammen mit verschiedenen Fakultäten um die Jahrtausendwende ein Oral-History-Projekt initiiert, das schließlich von Prof. Dr. Ute Gause geleitet wurde. Die Ergebnisse bei *Gause, Ute / Lissner, Cordula* (Hg.), Kosmos Diakonissenmutterhaus. Geschichte und Gedächtnis einer protestantischen Frauengemeinschaft, Leipzig 2005.

So ist über der Mutterhauspforte in Kaiserswerth das Leitwort Theodor Fliedners zu lesen: »Er muss wachsen, ich aber muss abnehmen[166]«. Eine humorvolle Bemerkung ist noch die freundlichste Reaktion der Besucherinnen und Besucher. Meistens wird das dahinter stehende Bekenntnis Johannes des Täufers schlicht nicht mehr verstanden. Aber auch richtig verstanden bleibt der biblische Satz eine Provokation. Denn alles, was wir heute tun, um ein erfülltes Leben zu finden, soll unser Ich stärken. Insbesondere Frauen haben zu Recht genug davon, zurückzutreten und sich kleinzumachen, wie ganze Generationen von Schwestern, die auf Ehe, Familie und Einkommen verzichteten, damit die Arbeit, die Einsatzfelder, das Werk wachsen konnten. Dennoch zeigt die Reaktion junger Mitarbeiterinnen auf die Diakonissengeschichte, dass die Vorstellung, nicht um das eigene Fortkommen kämpfen zu müssen, sich in einem Größeren bergen zu können, auch eine entlastende Seite hat. Darin liegt wohl die Faszination der Klöster für die Gestressten und Suchenden. Denn auch wenn die geistlichen Gemeinschaften kleiner werden – die Orte und Elemente des geistlichen Lebens sind en vogue –, sie sind Teil der einen spirituellen Suche geworden. Viele mühen sich um eine innere Ordnung für ihren Tag, sie haben die morgendlichen Meditationen oder das Sitzen in der Stille zum Teil ihrer Lebenspraxis gemacht, wie frühere Generationen die Stundengebete. Fastenzeiten gewinnen an Popularität, weil man in der Überreizung des Alltags die Sinne schärfen will. Und nicht nur in charismatischen Gruppen spielt die Segnung wieder eine große Rolle. Verschiedene Studien zur Spiritualität in der Medizin können inzwischen belegen, wie viel Kraft und Hoffnung Menschen aus religiösen Erfahrungen schöpfen können. Religiöse Formen und Rituale geben Halt in einer unübersichtlichen Welt. Zugleich tun sich viele immer schwerer damit, die alten Schriften zu deuten und die Glaubenssysteme zu begreifen, die diese Rituale geprägt haben. Spiritualität, für Carl-Heinz Ratschow noch ein »Nebenprodukt« gelebter Frömmigkeit, ist heute zu einem Mantel geworden, unter dem unterschiedliche religiöse Systeme und Elemente Platz haben – oft auch in einem bunten Patchwork.

Vor einiger Zeit habe ich in Barcelona ein Museum besucht, in dem ein Privatsammler christliche Skulpturen aus dem Mittelalter zusammengetragen hatte: eine riesige Sammlung von Madonnen und Kruzifixen. Für uns ist es kaum noch vorstellbar, wie eine Welt ausgesehen haben muss, in der diese christlichen Symbole nahezu die einzigen allgegenwärtigen Zeichen waren. In der globalen und säkularisierten Welt leben wir mit einem unüberschaubaren Nebeneinander unterschiedlicher Symbole – kein Wunder, dass das Verständnis für die Differenziertheit christlicher Überzeugungen, die Kenntnis biblischer

---

[166] Joh 3,30.

Texte zurückgeht. Die meisten Menschen sind wohl nicht mehr in der Lage, sich die Anlage eines Diakoniewerks als Inszenierung biblischer Gleichnisse und Wundergeschichten zu erschließen; stattdessen kennen sie vielleicht auch islamische Feiertage oder die ayurvedische Medizin und eine buddhistische Meditationspraxis.

Wer in Zeiten von Zweifeln und Irritationen, Resignation und Entfremdung nicht nur innere Ruhe, sondern auch neue Orientierung finden will, der braucht über Rituale und religiöse Erfahrungen hinaus auch geistliches Wissen: die Kenntnis zentraler Texte und Feste, die Auseinandersetzung und das Gespräch mit Menschen, die diesen Glauben teilen und eigene Erfahrungen weitergeben. Denn es ist am Ende doch »ein großer Unterschied im Blick auf das Welt- und Menschenbild, ob es heißt ... ›und ob ich schon wanderte im finsteren Tal, fürchte ich kein Unglück; denn du bist bei mir‹ – oder: ›und ob ich schon wanderte im finsteren Tal, fürchte ich kein Unglück, denn Kraft und Energie wächst mir zu‹«, schreibt Michael Nüchtern.

Die diakonischen Gemeinschaften erinnern daran, dass wir im Prozess der Selbstwerdung und des Heilwerdens auf andere angewiesen sind, dass wir unsere Identität nicht nur selbst entwerfen, sondern dass sie uns zugesprochen wird. Dass wir ergänzungsbedürftig sind – nicht nur in Zeiten der Krise, auch in Zeiten des Wachstums. Ohne die Zeugnisse anderer, ohne den Heiligen Geist kann ich mir Wachstum im Glauben nicht vorstellen. Es gehört aber Vertrauen dazu, sich auf andere einzulassen – und dabei bleiben Enttäuschungen nicht aus. Und trotzdem ist klar: Nur wer vertrauen kann, ist befreit von dem Erfolgsdruck, der mit der Konstruktion und Präsentation des eigenen Lebens einhergeht. Dieses Vertrauen ist aber nicht einfach herstellbar, es will im Handeln riskiert und gewagt werden – es ist die Kraft, die uns befähigt, mit dem Unkalkulierbaren zu leben und die Grenzen der Machbarkeit zu akzeptieren.

8.4 Was nicht kalkuliert werden kann

Wie viel Zeit braucht ein Todkranker, um zu sterben? Wie viel soll in den neuen DRGs berechnet werden? Wie lange brauchen Angehörige, um nach dem Tod eines Bewohners Abschied nehmen zu können? Und was darf die Belegungslücke zwischen zwei Bewohnern das Pflegeheim kosten? Woran macht die Leitung eines Krankenhauses fest, ob ein Chefarzt einen guten Job gemacht hat – und welche Rolle spielt dabei sein Führungsverhalten? Wie viel Geld sparen Kliniken und Pflegeheime mit Zeitverträgen und Beschäftigungs-Gesellschaften ein, und was bedeutet das für das Image ihres Hauses in Zeiten des Fachkräftemangels? Wenn ich wissen möchte, welche Sozialkultur ein diakonisches Unternehmen bestimmt, spreche ich solche Fragen an. Denn bei der diakonischen Kultur geht es nicht nur um »weiche Angebote«

wie Ethikberatung und Rituale, sondern auch um den Umgang mit den harten Kennzahlen – mit Liegezeiten, Mietverträgen, Krankheitszeiten, Führungskräftezulagen. Eine tragfähige diakonische Kultur[167] ist übrigens, wie eine Studie des Sozialwissenschaftlichen Instituts der EKD zur Pflege zeigte, der beste Schutz gegen Burnout am Arbeitsplatz.[168]

Instrumente der Mitarbeiterbeteiligung und, wo möglich, auch der Angehörigenbeteiligung, können helfen, auf diese Fragen zu achten und, wo politische Veränderungen problematische Entscheidungen erzwingen, für frühzeitige Transparenz und Klarheit zu sorgen. Nach innen wie nach außen spielt dabei auch die Sprache eine Rolle. Ein diakonisches Unternehmen, das eine »Erfolgsrechnung« präsentiert, die mit Druck auf die Gehälter oder mit Outsourcing zustandegekommen ist, verliert seine Glaubwürdigkeit. Wer, um im Wettbewerb zu bestehen, Personal einsparen muss, sollte nicht von »ehrgeizigen Zielen« sprechen. Wenn das Vertrauen, das Menschen gerade in diakonische Unternehmen setzen, erhalten bleiben soll, dann brauchen die Trägervertreter mehr Sensibilität für die Perspektive der Betroffenen, sie brauchen die Kraft zu einer neuen Sprache, die eine andere als nur die ökonomische Wertorientierung erkennen lässt: Kirche und Diakonie genießen noch immer ein hohes gesellschaftliches Ansehen. Staat wie Nutzer gehen davon aus, dass die Dienste, um die es hier geht, nicht um des Gewinns, sondern um des Nächsten willen erbracht werden. Die Kundenbindung, die damit einhergeht, ist schwer kalkulierbar – und leicht zu beschädigen. Aber etwas lässt sich doch über sie sagen. Ein Beispiel dafür habe ich in Kaiserswerth erlebt: Vor Jahren hatte dort eine Fundraisingagentur eine Landkarte entwickelt, auf der zu erkennen war, aus welchen Teilen Deutschlands die Spenden für die Arbeit des Unternehmens kamen. Diese Karte werde ich nie vergessen: Sie zeigte – über ganz Deutschland verteilt – die alten Diakonissenstationen; die Orte, wo Kaiserswerther Schwestern in Krankenhäusern, Kindergärten, Einrichtungen für psychisch kranke und behinderte Menschen gearbeitet hatten. Noch 20, 30, 40 Jahre später gab es Menschen dort, die aus Dankbarkeit spendeten. Niemand hatte damals diese Einnahmen geplant. Niemand kann heute diese Art der Drittmittel

---

[167] *Lubatsch, Heike,* Führung macht den Unterschied. Arbeitsbedingungen diakonischer Pflege im Krankenhaus, SI konkret, 5, Berlin u.a. 2012.
[168] Für die Studie des Sozialwissenschaftlichen Instituts, mit dem Titel »Führung macht den Unterschied« wurden knapp 3000 Fragebögen versandt, etwa ein Drittel kam zurück und konnte ausgewertet werden. Dazu zeigte sich knapp die Hälfte der Befragten mit Entlohnung und Anerkennung ihrer Leistung unzufrieden; 80 Prozent klagten über Zeitdruck – während umgekehrt an erster Stelle der Zufriedenheit die vielfältigen Aufgaben und vor allem die sozialen Beziehungen zu den Kollegen für 69 Prozent ganz oben stehen. Das Wohl der Patientinnen und Patienten, ein gutes Team, eine sinnstiftende Tradition und Selbstverwirklichung – in dieser Reihenfolge – sind nach wie vor hohe Werte.

planen. Die Für-Sorge, aus denen sie erwachsen sind, war unbezahlt und nicht bezahlbar. Die Ökonomie der Liebe wird immer in Spannung stehen zu der des Wettbewerbs, die unseren Alltag prägt. Aber auch die Liebe steht im Wettbewerb – im Wettbewerb nämlich um die Herzen der Menschen. Nichts anderes ist Mission. In dieser Perspektive sind Mitarbeitende in der Diakonie nie nur Arbeitskräfte. Sie sind Menschen mit der Bereitschaft zu Hingabe und Nächstenliebe, auf der Suche nach Glauben und Vertrauen. Wer in Pflege, Medizin, Erziehung oder Bildung arbeitet, ist besonders sensibel für Beziehungs- und Sinnfragen. Mitarbeitende in der Diakonie haben eine besondere »Antenne« dafür, wie Leben sich entwickelt. Das Glück der ihnen Anvertrauten, die Dankbarkeit und Resonanz, die sie in ihrer Arbeit erleben, stärken die eigene Motivation und Energie, das eigene Vertrauen ins Leben.

8.5 Mein Traum von einem neuen Netzwerk

Heilung und Erfolg, Verstehen, Gemeinschaft und gelingendes Leben bleiben aber letztlich unverfügbar. Das gehört zum Kern unseres Glaubens.[169] Und dieses Wissen kann helfen, sich trotz Scheitern und Grenzerfahrungen diakonisch zu engagieren. Rechtfertigungsglaube bewährt sich im Dienst. Dabei zeigt jede Art von Dienstleistungsgesellschaft: Auch Dienstleister sind auf Dienstleistung angewiesen, sie sind Teil einer größeren Wertschöpfungskette. Für die Diakonie heißt das: Wer sich für andere einsetzt, muss selbst eingebunden sein in eine geistliche Kette der Barmherzigkeit und Versöhnung. Mitarbeitende in der Diakonie sind ganz besonders auf Resonanz angewiesen. Wo mit Grenzen und Scheitern, mit Widerspruch und Konflikten nicht offen umgegangen wird, wo die Unterscheidung zwischen Person und Werk nicht gelebt wird, wo Menschen nur nach ihrer Funktionalität und der Effektivität ihrer Arbeit beurteilt werden, reißt diese Kette. Darum ist gerade Diakonie auf Seelsorge, Begegnung und Spiritualität angewiesen. Das symbolisieren die Gemeinschaften.

Aber die alte Koppelung von Diakoniewerk und Schwesterngemeinschaft, die am Ursprung der diakonischen Unternehmen stand, ist eben längst zerbrochen. Und die Pflege- und Gesundheitsbranche wird längst nicht mehr von den Kirchen, sondern vom Markt bestimmt. Die Logik der Arbeitsabläufe ist entsprechend ökonomisiert, die Berufe im Gesundheitswesen sind Dienstleistungsberufe wie andere auch. Effektivität bei hoher Qualität zu günstigen Preisen bestimmen die Ziele der Arbeit. Diakonische Kultur aber will mehr: Sie will Menschen stark machen, mit dem Unberechenbaren umzugehen. Dabei setzt sie auf Vertrauen und Gemeinschaft.

---

[169] Vgl. *Gebhard* 2000, passim.

Diese Kultur braucht heute besonderen Schutz, sie braucht Vorbilder und neue Regeln, damit nicht gerade die, die wirklich Nächstenliebe leben, die das Unerwartete tun, das Ungewöhnliche riskieren, am Ende ausgebeutet werden und ausbrennen. Solche Modelle und Regeln für einen diakonischen Lebensstil waren in den diakonischen Gemeinschaften präsent. Bis heute halten sie die Erinnerung an die Wurzeln diakonischer Arbeit, an ihre DNA, wach. Sie pflegen ein auf Caring und Compassion ausgerichtetes Wertesystem. Deswegen sind sie einerseits hoch geachtet und andererseits auch in den Unternehmen oft an den Rand geraten. In den neu eingerichteten Pflegemuseen wie in den Fundraising-Prospekten ist die Geschichte der Gemeinschaften präsent. Um aber diakonische Kultur heute zu prägen, brauchen die Unternehmen mehr: Leitbilder und Qualitätsentwicklung, Fortbildung und Ethikberatung. Gemeinschaften werden überfordert, wenn Unternehmensleitungen sie funktionalisieren, um den diakonischen »Mehrwert« zu erwirtschaften, während zugleich harte wirtschaftliche Entscheidungen getroffen werden, die die diakonische Kultur gefährden. Diakonische Gemeinschaften sind eine Gegenmacht. Deshalb brauchen sie Freiräume für das Widerständige ihrer Tradition und Unterstützung für neue Modelle, ganz ähnlich wie Mitarbeitervertretungen Freiräume für die Vertretung des Personals und neue Kompetenzen brauchen, wenn das kirchliche Arbeitsrecht Zukunft haben soll. Mein Eindruck ist, dass beide – Gemeinschaften wie Mitarbeitervertretungen – strukturell zu schwach sind, solange sie nur an die einzelnen Unternehmen gebunden bleiben. Das ist einer der Gründe dafür, dass Gewerkschaften als Dachverband selbstbewusster Einzelmitglieder inzwischen auch in der Diakonie wachsende Attraktivität verzeichnen. Wenn Mitarbeitervertretungen gestärkt werden sollen, brauchen sie neue Kompetenzen; wenn diakonische Gemeinschaften eine Zukunft haben wollen, müssen sie in viel stärkerem Maße auf theologische Bildung, Beratung und Coaching setzen und in einem größeren Verbundsystem denken.[170] Bis heute fehlt im Feld der Pflege- und Gesundheitsberufe, die aus der Tradition der Frauendiakonie kommen, ein diakonisches Netzwerk, das gerade Frauen in ihren Berufs- und Lebensübergängen begleitet und deren moderne, mobile Biografie unterstützt – ein Netzwerk, das mit einem flexiblem Wechsel von Arbeit und Weiterbildung, beruflicher und familiärer Tätigkeit rechnet. Bildungshäuser und Klöster, die heute schon entsprechende Angebote vorhalten, könnten zu Ankerpunkten werden. Mit ihnen gemeinsam könnte ein solches Netzwerk Mentoring anbieten oder auch diakonische Pilgerwege zu den Kraftorten der Tradition organisieren.

---

170 Dazu könnte auch die Einrichtung von Pflegekammern gehören, die wie die Ärzte- oder Handwerkskammern die Interessen, auch die Qualitätsinteressen, dieser Berufe wahrnimmt.

8.5 Mein Traum von einem neuen Netzwerk

Um einen Pflegeberuf zu erlernen oder auszuüben, ist die Zugehörigkeit zu einer Gemeinschaft längst nicht mehr nötig. Aber wer sich wünscht, die eigene Berufung mit anderen zu teilen und das Feuer gemeinsam zu pflegen, dem kann eine Gemeinschaft dienen. Das aber gelingt nur in Freiheit, jenseits beruflicher Hierarchien, die die Regeln der Gemeinschaften bis heute prägen. Im Blick auf die Gemeinschaften, gilt es, die Entwicklung von Bildungs- und Berufsbiographien im Gesundheitswesen sehr viel genauer zur Kenntnis zu nehmen – denn die traditionelle, enge Verknüpfung von Bildungsangeboten, Unternehmen und Gemeinschaften trägt angesichts der Entwicklung des Bildungs- und Arbeitsmarkts nur noch begrenzt. Auch der Auftrag einer Gemeinschaft muss angesichts der aktuellen Herausforderungen im Sozial- und Gesundheitswesen wie angesichts veränderter Biographien neu definiert werden – biblisch, fachlich und gesellschaftspolitisch. Letztlich ist die Frage zu stellen, mit welchem »Angebot« eine Gemeinschaft an den Gesundheits- und Sozialmarkt wie an den Personalmarkt geht. Das gewachsene »Wir« einer traditionellen Gemeinschaft kann bei diesen Überlegungen ein wichtiger und möglicherweise attraktiver Ausgangspunkt sein, solange gute Mentorinnen und »Vorbilder« die Brücke über die Generationen schlagen und attraktive Angebote sich neu konstituieren. Aber die Fragen bleiben – und sie müssen so beantwortet werden, dass sie sich Außenstehenden, Suchenden, Interessierten erschließen: Können und müssen sich die alten Gemeinschaft öffnen – im Blick auf Konfessionen, Berufsprofile, Bildungsabschlüsse? Welche Voraussetzungen sollen die Mitgliedschaft in Zukunft konstituieren, und wo kann oder muss die Gemeinschaft Grenzen ziehen?

Ich selbst träume noch immer von einer neuen christlichen Gemeinschaft für beruflich und freiwillig Engagierte im Sozial- und Gesundheitswesen. Als ich Kaiserswerth verließ und von Düsseldorf nach Hannover zog, als damit auch der Rahmen dieses diakonischen Unternehmens für mich schwand und neue Horizonte sich öffneten, bin ich aus der Kaiserswerther Schwesternschaft ausgetreten. Gleichwohl: Die Schwesterlichkeit der Gemeinschaft, ihre Kritik wie ihre Fürsorge, habe ich vermisst. Bei meiner Suche nach Alternativen – ich war damals viel im Nahen Osten unterwegs – wurde aber auch erkennbar: Zu viele Gemeinschaften sind regional aufgestellt und noch immer von »ihren« Unternehmen bestimmt, viele leben noch mit Erwartungen, die einem mobilen Leben nicht mehr entsprechen. So träume ich also noch von einer neuen Gemeinschaft.

Sie wäre kein Unternehmensverband und keine Mitarbeiterorganisation, sondern eine Initiative, in der man auch auf Zeit Mitglied sein kann. Eine Initiative von »Christinnen und Christen« in der Gesundheits- und Sozialbranche – von solchen, die sich dort beruflich oder auch freiwillig engagieren –, gleich, ob in Kirche und Diakonie oder auch bei einem privaten Träger.[171] Ein Netzwerk mit vielfältigen Angeboten von Mentoring und Fortbildung bis zu Glaubenskursen. So wie die Kommunität »geistesgegenwärtig Leben und Arbeiten«, die sich vor kurzem gegründet hat. Noch ist es eine kleine Gruppe, eine Handvoll Frauen und Männer, die gemeinsam in einem Projekt zum Thema »Spiritualität und Pflege« gearbeitet haben. Die Mitgliedschaft in einer christlichen Kirche ist nicht zwingend. Zentral ist die Haltung: geistesgegenwärtig leben und arbeiten. Darunter versteht die Gruppe Gelassenheit des Geistes, Gutherzigkeit, Selbstbeherrschung und Reinheit. Spiritualität ist für alle Beteiligten die wesentliche Dimension von Gesundheit und Krankheit des Menschen.

Ein solches Netz zu unterstützen, da hinein zu investieren, wäre gut angelegtes Geld für die Unternehmen, aber auch für eine diakonische Kirche. Aber auch Einzelne sehen darin mehr und mehr einen Gewinn für sich selbst.

9. Die verborgene Schrift – Vergessene Aspekte einer Kultur des Sozialen

Mission und soziales Engagement, Pflege und Spiritualität, Heil und Heilung, Kirche und Diakonie bilden, geistlich betrachtet, ein Gesamtsystem. Das ist auch in den Erwartungen der Bürgerinnen und Bürger noch präsent. Wo Diakonie an Profis delegiert wird und ihr spezifisches Profil verliert, wo die Kirche sich aus der Gesellschaft zurückzieht und ihre Sprache vielen fremd wird, sind Außenstehende oft irritiert: Sie erwarten geistliche Stärkung auch und gerade da, wo sie sich sozial engagieren oder eben Patienten und Nutzer diakonischer Dienste sind.
Gemeinsam haben Kirche und Diakonie noch immer große Chancen, den sozialen Wandel aktiv und profiliert zu gestalten. Als große Träger vieler Einrichtungen können sie beispielhaft Veränderungen im Verhältnis von beruflicher Arbeit und freiwilligen Aufgaben initiieren. Sie können Verantwortung für die Ausschöpfung zusätzlicher Beschäftigungspotentiale in den sozialen Diensten übernehmen. In ihren Unternehmen können sie sich die Vereinbarkeit von Beruf und Familie auf die Fahne schreiben. In den Gemeinden können sie mit Mehrgenerationenhäusern und Familienzentren neue Knotenpunkte im Stadtteil bieten. Dabei müssen sie sich als Wettbewerber diakonisch profilieren – was die Qualität der Arbeit, die Beteiligung der Mitarbeitenden, Angebote von Fortbildung und Supervision oder die Wahrnehmung religiöser und ethischer Fragen angeht. Als Kirchengemeinden müssen sie wieder zu Multiplikatoren im Wohnquartier werden und sich für

---

171 Vgl. www.christen-im-gesundheitswesen.de und www.christlicher-gesundheitskongress.com.

unterstützende Netzwerke und eine gute Infrastruktur einsetzen. Als politische Akteure in Kirchenkreisen, Landeskirchen und Verbänden können sie mit ihren Stellungnahmen bis auf die Bundesebene politische und gesetzliche Veränderungen begleiten und anregen. Die Abstimmung der Prozesse über die verschiedenen Ebenen von Kirche und Diakonie ist oft mühsam – wenn sie aber gelingt, kann die Kirche im gesellschaftlichen Wandel bestehen und vielleicht sogar an Attraktivität gewinnen. Gefährlich wird es dagegen, wenn Kirche und Diakonie sich in Hierarchien und paternalistischem Fürsorgedenken verfangen oder sich hinter falschen Abgrenzungen verschanzen, statt sich für einen neuen Aufbruch zu engagieren. Letztlich wird es darauf ankommen, dass sich die Kirche in der pluralen Gesellschaft als soziale Organisation und als zivilgesellschaftlicher Akteur neu erfindet – dazu wünsche ich mir eine ähnliche Energie wie in den Aufbrüchen in der Mitte des 19. Jahrhunderts. Heute wie damals werden Respekt vor den Einzelnen, eine klare Positionierung zum gesellschaftlichen Zusammenhalt, das politische Eintreten für die Würde der Schwächsten, spirituelle Achtsamkeit, theologische Reflexionskraft und Sprachfähigkeit und eine konfessionelle Grenzen überschreitende Ökumenizität in jedem Fall dabei sein.

9.1 Auf der Seite der Loser: Kirche als Motor für die neue Stadt

Zum Beispiel am Leipziger Hauptbahnhof: Ich habe ihn kennengelernt als eine Insel des Konsums mitten in einem Gewerbegebiet mit abbruchreifen Häusern. Der Leipziger Hauptbahnhof ist der Bahnhof des Jahres 2011. Er hat den Wettbewerb mit dem Flughafen gewonnen: Die mobilen Geschäftsleute bekommen hier alles, was sie unterwegs brauchen. Nicht erst seit der frühere Bahnchef Mehdorn erklärt hat, man brauche keine Suppenküchen, sondern Servicezentren, spüren die Mitarbeiterinnen und Mitarbeiter der Bahnhofsmission die Zerreißprobe, die mit dem Auseinanderdriften von Armut und Reichtum in unserer Gesellschaft verbunden ist. Hier treffen sich Menschen, die in der mobilen Gesellschaft heimat- und oft hilflos sind: Wohnungslose, Flüchtlinge ohne Aufenthaltserlaubnis, aber auch Menschen mit Behinderungen. Eine Zeit lang stand die Arbeit der über 100 Bahnhofsmissionen in Deutschland im Schatten – nicht zuletzt der kirchliche Name und der hohe Anteil an Freiwilligen signalisierte anscheinend eine Abkoppelung von der Professionalisierung sozialer Arbeit.
Das hat sich geändert. Die Bahnhofsmissionen sind wieder geworden, was sie von Beginn an waren: Seismografen der sozialen Entwicklung. Sie nehmen als erste wahr, wo Angebote fehlen und Probleme ungelöst bleiben. Gerade im Service- und Erlebniscenter Bahnhof wird die Frage relevant, wie wir mit denen umgehen, die nicht marktfähig sind – so wie die Wohnungslosen. 284.000 Menschen waren im Jahr 2010 laut

Spiegelbericht[172] wohnungslos. Jeder Zehnte davon war unter 18. Günstiger Wohnraum ist immer schwerer zu finden. Viele Städte haben ihren Wohnungsbestand privatisiert. Neun von zehn Wohnungslosen sind zugleich arbeitslos. Dabei reduzieren die Jobcenter die Arbeitsgelegenheiten; die knapper werdenden Mittel werden auf die konzentriert, in die zu investieren sich lohnt. Die Gescheiterten, Verzweifelten, Entmutigten haben immer weniger Chancen. Wer seine Arbeitskraft nicht zu einem angemessenen Preis verkaufen kann, wer sein Leben nicht in den Griff bekommt, gilt als Versager, als »Loser«. Friedrich von Bodelschwingh, der Gründer von Bethel, der sich schon als deutscher Auslandspfarrer in Paris um Migranten und Wanderarbeiter kümmerte und später die sogenannten Arbeiterkolonien für Obdachlose gründete, konnte noch sagen: »Ich habe erfahren, wie hart Gott gegen Menschen sein kann, und darüber bin ich barmherzig geworden gegen andere.« Er stand damit ganz in der Tradition von Martin Luthers berühmtem Bekenntnis: »Wir sind Bettler, das ist wahr.« »Die Konsumentenökonomie des 20. Jahrhunderts aber hat erstmals eine Kultur hervorgebracht, die sich durch einen Bettler an nichts erinnert fühlt«, schreibt John Berger.

Der öffentliche Protest von Diakonie und Caritas gegen die Verbannung der Suppenküchen und die Vertreibung der Obdachlosen aus den neuen Servicezentren der Einkaufsbahnhöfe vor einigen Jahren fand gleichwohl große Resonanz: Hier äußerte sich kein Lobbyverband, hier sprachen die Kirchen – nicht im Interesse der eigenen Organisation, sondern anwaltschaftlich und ökumenisch. Neben den professionellen Mitarbeitern stand eine große Zahl von Freiwilligen hinter dieser Aktion. Menschen also, denen niemand unterstellt, dass sie eigene Interessen verfolgen – zum Beispiel, um ihre Arbeitsplätze zu sichern. Die Stärkung der Verbraucher, so die Botschaft, darf nicht zum Triumph des Eigennutzes führen. Der Markt der Konsumenten darf die Bürgergesellschaft nicht ersticken. Wenn es um die Frage geht, wem die Stadt gehört und welchen Gott wir auf den Marktplätzen anbeten, ist die Kirche deshalb gefordert. Denn der unbekannte Gott, daran erinnert Paulus auf dem Athener Areopag, ist in Jesus an der Seite der Opfer.[173] Und die Diakonie der christlichen Gemeinde, das wird in Jerusalem spürbar, zielt auf ein gleichberechtigtes und solidarisches Miteinander – von den israelischen Männern bis zu den Witwen der griechischen Migranten – und wird damit zu einem Modell für die neue Stadt.

So wie heute in der Diakoniekirche in Offenbach[174], wo kirchliche und diakonische Handlungsfelder neu aufeinander bezogen werden: Das

---

172 www.spiegel.de/wirtschaft/soziales/zahl-der-wohnungslosen-ist-in-deutschland-drastisch-gestiegen-a-914380.html.
173 Apg 17.
174 Die Diakoniekirche ist eines der Modelle von »Kirche findet Stadt«.

Familienzentrum, basierend auf der Tageseinrichtung, ist der Knotenpunkt im Netzwerk familienbezogener Dienste, das Beratungszentrum unterstützt die Einzelnen in ihren individuellen Notlagen, und der diakonische Gemeindeaufbau zielt ganz auf Community Organising und interkulturelle Projekte. Denn die Diakoniekirche liegt im Mathildenviertel, wo Menschen aus 50 verschiedenen Nationen zu Hause sind. Eine wesentliche Aufgabe ist darum, Barrieren in Sprache und Kultur abzubauen und deutlich zu machen, in welcher Weise das Miteinander der Religionen Vertrauen schafft. AWO und Caritas, Schulen und interkultureller Arbeitskreis – hier machen viele mit, damit eine neue Heimat entsteht. Es geht darum, die Kirche wieder neu im Stadtteilbewusstsein zu verankern – die Türen zu öffnen und Räume anzubieten, Milieus zu überbrücken und gemeinsame Orte zu gestalten, Andockpunkte zu bieten für Hilfe und für Engagement. Eine ähnliche Bedeutung hat die Heilig-Kreuz-Kirche in Berlin-Kreuzberg. Hier wurden ein Café und Diakoniebüros in eine neoromanische Kirche eingebaut. Soziale Arbeit und Gottesdienst gehören sichtbar zusammen, denn von den Büros auf den Emporen und durch die Glastüren des Cafés sieht man in den Kirchenraum, in dessen Mitte eine wunderbare Spirale als Zeichen für unseren Lebensweg erkennbar wird.

Projekte wie dieses sind die Leuchttürme der Gemeinwesendiakonie-Bewegung. Sie nutzen Programme wie die »Soziale Stadt« oder auch das ökumenische Projekt »Kirche findet Stadt«, um sich mit ihren Familienzentren und Mehrgenerationenhäusern, mit Quartierpflege und der Entwicklung von Stadtteilzentren an der Quartiers- und Stadtteilentwicklung zu beteiligen. Angebote der Kinderbetreuung und Pflegedienste, aber auch Unterstützungsleistungen bei Haushalt, Wäsche, Einkäufen spielen dabei eine zentrale Rolle. Dabei kommen Familien und ältere Menschen aber keinesfalls nur als Hilfebedürftige in den Blick: Sie engagieren sich vielmehr auch selbst als Stadtteilmütter, »Leihomas«, Senior-Mentoren für Schüler und Azubis. So entstehen neue Netze, die Generationen überschreiten. Mit einem Mix aus ehrenamtlich Engagierten und sozialen Dienstleistungen setzen sie an privaten Bedarfen an, wenn es darum geht, neuen Zusammenhalt und ein neues Miteinander zu gestalten.

Diakonische Unternehmen und Gemeinschaften können dabei eine wesentliche Rolle spielen. Mit dem Projekt »GemeindeSchwester« kehrt die Diakoniegemeinschaft in Witten an die Ursprünge der diakonischen Bewegung zurück. Ausdrücklich bezieht sich das Projekt auf Theodor Fliedner. Ausgebildete Fachkräfte, die zugleich Mitglieder der Gemeinschaft sind, werden zu Initiatorinnen und Projektmanagerinnen von Gemeinwesendiakonie-Projekten – bei der Unterstützung von Familien, im Besuchsdienst für alte Menschen, beim Aufbau eines Telefonnetzwerks für alte und kranke Menschen, bei der Unterstützung pflegender Angehöriger. Die Schwestern kommen in der Regel aus den Kirchengemeinden, in denen sie arbeiten, sie werden vom Kirchenvorstand angestellt und verstehen sich als »Netzwerkerinnen« aus christlicher Grundhaltung. In dem alten »Dreieck« der Kaiserswerther Tradition – zwischen Schwesterngemeinschaft, Krankenhaus und Kirchengemeinde – ist, während der Einfluss der Schwesternschaft im Unternehmen sinkt, nach langer Zeit wieder eine starke Achse zwischen Kirchengemeinde und Gemeinschaft entstanden.

Aber auch Kirchen, Gemeindehäuser und aufgegebene Pfarrhäuser können zu neuem Leben erwachen – genauso wie die alten Dorfläden. Sie werden zu zentralen Treffpunkten auch da, wo nur noch wenige der Kirche angehören. Gerade im Osten Deutschlands finden sich engagierte Stifter und Kuratoren, die ihre Dorfkirchen pflegen und offen halten, aber auch Ehrenamtliche, die Gräber auf Friedhöfen pflegen. Sie setzen sich für die Sozialkultur ihrer Orte ein und halten das kulturelle, geistige und geistliche Gedächtnis für die nächste Generation wach. Mit ihrem hohen Potential an engagierten Älteren kann Kirche zur Vorreiterin der sozialen Bürgergesellschaft werden. Das kann aber nur gelingen, wenn sie aufräumt mit der versteckten Abwertung Älterer, vor allem älterer Frauen, und stattdessen endlich die Lebensleistung und den sozialen Beitrag der oft verspotteten »Kümmerer« zum Leuchten bringt.

9.2 Erinnern und Durcharbeiten: Das Gedächtnis der Religionen

Die Schweizer Pflegewissenschaftlerin Elisabeth Käppeli hat gezeigt, dass das Motiv des mitleidenden Gottes die wichtigste religiöse Wurzel der sozialen Arbeit im Christentum und auch im Judentum ist.[175] Das griechische Wort »Sympathie« ist das gleiche wie das englische »compassion«, einer der zentralen Begriffe der Pflegewissenschaft heute, die manche auch als die Kunst der mitleidenden Aufmerksamkeit bezeichnen. Hinter dieser Bewegung des Mitgehens, der Liebe und der Solidarität steht die biblische Überzeugung, dass jeder Mensch Ebenbild Gottes ist, auch wenn er uns noch so erbärmlich oder unmenschlich erscheint. Kein Untermensch, kein Unberührbarer, kein Objekt, kein Bürger zweiter Klasse und auch mehr als ein Klient oder Kunde. Wer Hilfe braucht, ist mit der gleichen Würde ausgestattet wie der, der helfen kann. Die biblische Rede von der Ebenbildlichkeit, die schon im ersten Schöpfungsbericht vorkommt, hat übrigens einen

---

[175] Die Überlegungen dieses Kapitels bauen auf dem Gedanken von Johann Baptist Metz auf, nach dem die Welt das Leidensgedächtnis und die Hoffnungsgeschichten der Religionen braucht, um Leiden zur Sprache zu bringen und Solidarität entwickeln zu können: *Metz, Johann Baptist*, Memoria passionis. Ein provozierendes Gedächtnis in pluralistischer Gesellschaft, Freiburg 2006.

atemberaubenden Hintergrund: Das Wort »zäläm«, also Ebenbild, das da im hebräischen Wortlaut steht, wurde damals für die Götterbilder und Götterstatuen gebraucht, in denen der Gott oder die Göttin auf der Erde anwesend war. Stellen Sie sich so eine vergoldete griechische oder ägyptische Statue vor, die man kaum zu berühren wagte – und denken Sie: »So ist der Mensch, jeder Mensch, nicht nur der, den du liebst: heilig, unverletzbar, schön, zum Niederknien.« Wer so denken und handeln kann, wer das mit seiner diakonischen Arbeit vermittelt, kann unglaubliche Kräfte freisetzen.

Die alten Geschichten vom barmherzigen Samariter bis zum Gleichnis vom Weltgericht, von der Fußwaschung über die Speisungsgeschichten bis zum 23. Psalm, haben sich tief eingegraben in unsere soziale Kultur. Generationen haben daran gelernt, in den Geringsten Gottes Ebenbild zu entdecken, auf den Ruf Gottes zu achten und darauf zu vertrauen, dass ein Reinigungsprozess in Gang kommt, wo wir uns für andere die Hände schmutzig machen. Sie haben gelernt, auf Gottes fürsorgliche Liebe zu vertrauen, wenn sie mit anderen teilen. Was bedeutet es für unsere Sozialkultur, wenn die Erinnerung an diese Geschichten verloren gehen?

In einem Geschichtsworkshop im Kontext des Leitbildprozesses der Kaiserswerther Diakonie haben verschiedene Gruppen die Orte im Unternehmen aufgesucht, die von der Tradition erzählen. Eine Tafel am Krankenhaus verkündete: »Ich bin der Herr, Dein Arzt«, auf dem Friedhof stand: »Es ist noch eine Ruhe vorhanden dem Volk Gottes«, und über dem Mutterhauseingang das Leitwort von Fliedner. Die Gruppe, die dort gearbeitet hatte, kam zurück und führte ein kleines Stehgreifstück auf – über das Spannungsfeld zwischen der Hoffnung auf eine andere diakonische Kultur auf der einen und Selbstausbeutung, Überlastung und Burnout auf der anderen Seite: »Zwischen Verheißung und Verheizung«. Was hat es für Konsequenzen, wenn Theologinnen und Theologen in diesen Einrichtungen die Mühe nicht mehr auf sich nehmen, mit der oft belasteten Geschichte dieser Texte zu arbeiten, obwohl unverkennbar ist, dass sie Wirkung entfalten, bis heute? Eine kritische Auseinandersetzung mit dieser Geschichte kann dazu beitragen, dass Fürsorge und Selbstsorge in eine neue Balance kommen. Auf diesem Hintergrund hieß es in dem Leitbildtext, der in Kaiserswerth in einem breiten Beteiligungsprozess erarbeitet wurde: »Nächstenliebe und Selbstachtung gehören für uns zusammen«. Auch dass hier nicht, wie ursprünglich vorgeschlagen, von »christlicher Nächstenliebe« die Rede ist, hat seine Gründe. Dahinter stand die Auseinandersetzung der Schwestern- und Mitarbeiterschaft mit dem Schicksal der beiden nach Ausschwitz deportierten jüdischen Mitschwestern Erna und Johanne Aufricht, an die mit einer Gedenktafel auf dem Kaiserswerther Schwesternfriedhof erinnert wird. Dabei erinnerten die muslimischen Kolleginnen und Kollegen daran, dass Nächstenliebe auch für sie ein Wert ist. In einer solchen Auseinandersetzung mit der Leuchtkraft und den Schattenseiten unserer Geschichte, im interreligiösen Dialog, in der Suche nach einer angemessenen diakonischen Sprache, steckt eine nach vorn weisende, frei machende Energie, die neue Aufbrüche möglich macht.

In solchen Prozessen habe ich oft das Gefühl, dass das Feuer der Begeisterung wieder zum Leuchten kommt, weil der frische Wind des Heiligen Geistes in die Asche bläst. Ich habe dieses Bild hier schon mehrfach verwendet und damit einen Buchtitel der amerikanischen Äbtissin Joan Chittister aufgenommen: »Unter der Asche ein heimliches Feuer«.[176] In ihrem so betitelten Buch zum spirituellen Aufbruch heute beschreibt Joan Chittister den Prozess der Inkulturation des Evangeliums aus der Perspektive der Frauenorden, die sich über Jahrhunderte der Pflege von Kranken und Sterbenden gewidmet haben. Wer das Buch liest, verfolgt das Einwandern christlicher Werte und Haltungen in unsere Gesellschaft, entschlüsselt die verborgene Schrift. Die Entwicklung unseres Sozialstaats mit seiner Achtung vor Recht und Würde des Einzelnen und seiner Verpflichtung zur Solidarität, der Aufbau flächendeckender sozialer Dienste und Sicherungssysteme verdanken sich nicht zuletzt den Anstößen aus Innerer Mission und Caritas. Was wäre unser Gesundheitssystem ohne die Frauendiakonie, was der Fürsorgestaat ohne Wicherns Impulse?

»Wenn sich die Religion angemessen in eine Gesellschaft integriert, gewinnt sie Bedeutung für ihre Umgebung, sie verleiht den Erfahrungen der Menschen ein spirituelles Gewicht, ohne ihnen fremde Formen überzustülpen«, schreibt Joan Chittister, betont aber auch: »Inkulturation muß eine Gruppe schwächen, wenn sie am Ende allen anderen ähnelt, wenn sie ihre Ziele und ihr Profil verliert«. Wenn also im alten Speisesaal von Bethel die Speisung der Fünftausend auf einem Wandbild zu sehen ist, ja, wenn hinter dieser Evangelienszene das große Abendmahl aufscheint, oder wenn im Wandfenster eines Hospizes die Werke der Barmherzigkeit erkennbar werden und auf den »Mantel der Barmherzigkeit« in der Palliativpflege verweisen, dann lässt sich von einer gelungenen Inkulturation des Evangeliums sprechen: Hier scheint das Heilige im vertrauten Alltag auf – am gedeckten Tisch, in der liebevollen Pflege. Oder ist diese »spirituelle Transparenz« nur noch Erinnerung? Unterscheidet sich der Alltag von Pflegediensten und Caterern in der Diakonie tatsächlich noch von dem anderer Dienstleister? Oder hat sich das spezifische Profil im Prozess der Inkulturation in eine Wohlfahrtsgesellschaft aufgelöst, deren Wurzeln kaum noch je-

---

176 *Chittister, Joan,* Unter der Asche ein heimliches Feuer. Spiritueller Aufbruch heute, München 2000.

mand kennt? Das Ethos der Pflege jedenfalls, die compassion, die Parteinahme für die Leidenden, ist inzwischen selbstverständlicher Teil unserer Sozialkultur. Ohne das Gedächtnis der Religionen aber besteht die Gefahr, dass die Seele des Sozialen sich verflüchtigt.

9.3 Grenzen überschreiten: Ökumene und Interkulturalität

Ein früher Ableger der Kaiserswerther Diakonissenanstalt war die Schule Talitha Kumi in Beit Jala bei Bethlehem. Das Berliner Missionswerk, seit 1975 Trägerin der Schule, ist inzwischen Erbin der Kaiserswerther Schwestern, die ihre Bildungs- und Erziehungsarbeit mit arabischen Mädchen schon Mitte des 19. Jahrhunderts, im März 1851 begannen. Damals hatte Theodor Fliedner auf seiner Orientreise Alexandria, Beirut, Konstantinopel und schließlich Jerusalem besucht und war mit der Idee zurückgekommen, dort für die deutschen Auslandsgemeinden, aber auch für türkische und arabische Kinder und deren Familien Kindergärten, Schulen und Pflegestationen zu errichten. Die Schwestern, die bald darauf nach Jerusalem ausreisten, sahen ihren Auftrag darin, die palästinensischen Mädchen zu einem eigenen, bewussten Leben zu erziehen – ganz im Sinne des aramäischen Jesusworts, auf das sich der Name der Schule bezieht: »Mädchen, steh auf.« Sie schlossen die Mädchen ins Herz und bildeten bald schon arabische Erzieherinnen aus. Und so blieben sie auch im Land, als die Einrichtungen in den beiden Weltkriegen geschlossen wurden. Ganz ihrem Auftrag verpflichtet, überstanden sie Internierungslager und Enteignungen und zogen schließlich mit ihrer Schule von Jerusalem nach Beit Jala um, wo sie 1948 unter schwierigsten Bedingungen neu begannen. Die ehemalige Leiterin des Kaiserswerther Archivs, Schwester Ruth Felgentreff, hat diese Geschichte nachgezeichnet.[177] Dabei wird deutlich: Es war nicht die Kaiserswerther Diakonissenanstalt, die die Arbeit durch alle politischen Schwierigkeiten am Leben hielt – als deutsche Trägerin war sie in den beiden Weltkriegen und erst recht im werdenden Staat Israel nicht mehr handlungsfähig. Dass Talitha Kumi bis heute besteht, ist vielmehr dem persönlichen Einsatz zweier Frauen zu verdanken: der deutschen Schwester Bertha Harz, der Heimleiterin für das Internat, und der palästinensischen Schwester Najla Moussa, der Schulleiterin. Die beiden Kolleginnen und guten Freundinnen, denen die Mädchenerziehung am Herzen lag, teilten eine Perspektive, die nationale oder ethnische Grenzen überschritt, und ein Engagement, eine Leidens- und Versöhnungsbereitschaft, die auch schwere Krisen überstehen ließ. Ihre Durchhaltekraft, ihre Fähigkeit, für Unterstützung zu werben, und ihr politisches Geschick haben die Schule schließlich auch offiziell wieder in die deutsche Trägerschaft geführt.

---

[177] Jahrbuch Ökumene und Auslandsarbeit 2002.

Wer sich klarmacht, dass jeder zweite Einwohner in Jordanien und Palästina unter 20 ist, wird auf Anhieb die große Bedeutung der Schulen für diese Länder, aber auch den außerordentlich hohen Status von Lehrerinnen und Lehrern nachvollziehen können. Gerade für die christliche Minderheit in Palästina hängt viel davon ab, welche Bildung die kommende Generation mitbringt. Wird es gelingen, junge Bürgerinnen und Bürger für ein tolerantes und demokratisches Gemeinwesen zu erziehen? Werden sich Menschen finden, die anderen Religionen aufgeschlossen und informiert begegnen und die eigene Identität selbstbewusst vertreten können? Werden sich Bürger finden, die gut genug ausgebildet sind, um ihre eigene Geschichte zu verstehen, politische Steuerungsprozesse zu gestalten und Führungspositionen im Sozial- und Gesundheitswesen, in Bildung und Erziehung, aber auch in Justiz und Unternehmen zu übernehmen? Talitha Kumi ist es in besonderer Weise gelungen, ihre Absolventen zur Übernahme von Verantwortung zu ermutigen.

Eine der Talitha-Schülerinnen, die Friedensaktivistin Sumaya Farhat-Naser, schreibt in ihren Erinnerungen[178]: »Talitha Kumi öffnete für mich den Weg zur Bildung und zum Leben. Was ich heute bin, ist ein Produkt dieser Arbeit. Das Zusammentreffen von orientalischer und okzidentaler Kultur sowie der Schatten des Krieges und der andauernden politischen und existentiellen Konflikte im Nahen Osten komplizierten zwar das Leben, doch boten sie die Möglichkeit, sich auseinanderzusetzen.« Das gilt bis heute. Angesichts der demographischen Entwicklung der Bethlehem-Region insgesamt, in der die christliche Mehrheit schwindet, und angesichts des Bevölkerungswachstums in den schulnahen muslimischen Dörfern wird Talitha zunehmend zur Nachbarschaftsschule für Christen und Muslime.[179] Mit 70 % Christen und 30 % Muslimen ist die Schule tatsächlich ein Mikrokosmos für das interreligiöse Lernen.[180] So finden sich inzwischen auch unter den liberalen Muslimen im Lande viele ehemalige Talitha-Schüler. Sie können dazu beitragen, dass in einem zukünftigen palästinensischen Staat die Rechte der religiösen Minderheiten gewahrt bleiben und ein respektvolles Zusammenleben unterschiedlicher Bevölkerungsgruppen Raum greift. Gleich hinter der Mauer, im Auguste-Victoria-Krankenhaus des Lutherischen Weltbundes in Ost-Jerusalem, ist übrigens zu erleben, dass und wie die Grundhaltung des Respekts auch das Hilfesystem eines Hauses prägt, in dem die überwiegende Mehrzahl der Mitarbeitenden wie der Patienten Muslime sind. Und jenseits der Staatsgrenze, in Beirut im Libanon, treffen sich in der deutschen Gemeinde auch Frauen aus christlich-muslimische Familien mit ihren

---

178 Vgl. *Naser* 2000.
179 Vgl. *Goller* 2000.
180 Jahresberichte der Schule Talitha Kumi (vgl. www.talithakumi.org).

Kindern. In Yogakursen und Tanzprojekten, in Kindergruppen und Konzerten geht es vor allem darum, dass Menschen nach Kriegen und Traumata, angesichts von Spannungen und Verletzungen wieder auf die Beine kommen. Neben einer Traumaberatungsstelle, einem Notdienst für Frauen, deren Kinder entführt wurden, und einem Wohnprojekt zeichnet sich die Friedens- und Versöhnungsarbeit der Kirchengemeinde durch ihre kulturellen Angebote aus. Der Dialog zwischen den Kulturen und Religionen, die »Mehrsprachigkeit« und Anwaltschaft für die Bedrängten gehört integrativ zu diesem protestantischen Selbstverständnis. Auch in Beirut hatte die Kaiserswerther Schwesternschaft schon sehr früh eine Station, an die sich alte Diakonissen noch vor einigen Jahren gern erinnerten.
Heute finden sich Hilfesuchende und Mitarbeitende aus allen Religionen und Konfessionen auch in der Diakonie in Deutschland. Das gilt für Kindergärten wie für Krankenhäuser und Heime. In manchen Gemeinden des Ruhrgebiets schicken muslimische Eltern ihre Kinder ganz bewusst nicht in städtische, sondern in kirchliche Kindergärten, und viele muslimische Krankenschwestern, Ärzte, Altenpflegerinnen arbeiten gern bei kirchlichen Trägern. Zu Recht erwarten Angehörige und Mitarbeiter hier einen anderen Umgang mit dem Leben, ein geschärftes Bewusstsein bei ethischen Entscheidungen, einen wachen Sinn für die spirituelle Dimension des sozialen Dienstes. Nach meiner Beobachtung sind gerade muslimische Mitarbeiterinnen und Mitarbeiter sehr aufmerksam und engagiert, wenn es darum geht, die Bewohner eines Altenheims zum Gottesdienst zu begleiten, wenn es um eine angemessene Begleitung Sterbender und eine würdige Aufbahrung und Bestattung geht. Und die alten Kaiserswerther Diakonissen, die einst in Istanbul und Kairo, in Beirut und Talitha Kumi gearbeitet hatten, fühlten sich in ihrer Nähe verstanden und zu Hause. Inzwischen haben sich viele Fachverbände in Caritas und Diakonie mit den Rahmenbedingungen beschäftigt, unter denen eine kultursensible Altenpflege oder Erziehung gelingen kann. Dazu gehört der interkulturelle und interreligiöse Dialog in den Einrichtungen selbst ebenso wie die Wahrnehmung der Unterschiedlichkeit von Patienten und Bewohnern im Blick auf Alltags- und Festtagsriten oder Speisevorschriften. Kein einfaches Vorhaben in einem Krankenhaus oder Altenheim, wo das Essen an einen Caterer delegiert ist und nach jedem Tod das Zimmer schnellstmöglich belegt werden muss – vielleicht aber eben auch eine Chance, das eigene Profil neu zu entdecken.

Wenn es allerdings um Pränataldiagnostik und Abtreibungen, um Forschungsvorhaben und Sterbehilfe geht, wenn also mit der Religion auch normative Fragen ins Spiel kommen, dann bleiben Spannungen nicht aus. In ethischen Konflikten treten Unterschiede im Gottes- und Menschenbild, in den Werthaltungen zwischen den Einzelnen mit ihren religiösen und kulturellen Traditionen zu Tage. In solchen Situationen wird deutlich: Diakonische Träger und Teams brauchen ein Wertegerüst, das die Freiheit unterschiedlicher Zugänge und Lebenswege achtet und gleichwohl gemeinsames Handeln ermöglicht. Dabei muss der christliche Glaube mit der säkularisierten Wissenschaft, mit dem herrschenden Zeitgeist einer liberalen Ökonomie, aber eben auch mit anderen Religionen ins Gespräch gebracht werden. Was dabei christliche Spiritualität und diakonische Ethik bedeuten kann, muss theologisch reflektiert werden. Auch wenn in der Diakonie die Arbeit an Leib und Seele im Vordergrund steht, darf sich diakonische Spiritualität deshalb die »Kopfarbeit« theologischen Nachdenkens nicht ersparen. Der christliche Glaube, seine Auferstehungshoffnung, seine Tauftraditionen bieten Kriterien für den Umgang mit den Lebensgrenzen wie für die Verantwortung des Einzelnen und der Gemeinschaft.

9.4 Arbeit an der Identität: Zur Bedeutung von Bildung und Personalentwicklung

Die christlich geprägte Kultur des Sozialen geht längst weit über den Raum der Kirche hinaus. Wo Kranke gepflegt werden, wo Hungrige gespeist oder Kinder aufgenommen werden, wo Flüchtlinge ein Zuhause finden, da ist Christus – oft unerkannt – präsent; da kann sich Kirche ereignen, selbst wenn die kirchliche Trägerschaft einer Einrichtung nicht kirchlich ist. In den Werken der Barmherzigkeit wird der Geist Gottes leiblich erfahrbar, das Wort wird Fleisch. Menschen spüren das, wo sie sich auf scheinbar auswegslose Situationen einlassen, Zeit und Ressourcen miteinander teilen und auf diese Weise selbst Gemeinschaft und Stärkung erfahren. Hier kommt Erfahrung vor Dogma, Lernen vor Lehre, der Geist vor dem Wort. Es ist Aufgabe der Theologie, zur Sprache zu bringen und zu deuten, was geschieht – und dabei mit Überraschungen und Veränderungen zu rechnen – mit Menschen, die den Glauben neu entdecken, mit neuen Bekenntnissen und mit ökumenischen Erfahrungen. In diesem Sinne hat die Vollversammlung in Vancouver festgestellt: »Diakonie als teilendes, heilendes und versöhnendes Amt der Kirche gehört unabdingbar zum Wesen der Kirche. Sie fordert von dem Einzelnen und von der Kirche, dass sie nicht von dem geben, was sie haben, sondern aus dem, was sie sind. Diakonie muss die bestehenden Strukturen und Grenzen durchbrechen und durch die Gemeinschaft des Volkes Gottes zum teilenden und heilenden Wirken des Geistes in der Welt werden«.

Eine selbstbewusste Identität, die auch in der Lage ist, von sich selbst abzusehen, sich neu zu orientieren und Wandlungsprozesse zu gestalten, braucht aber auch die Erinnerung an die eigenen Wurzeln. Nichts anderes wollten die Gründerväter und -mütter erreichen, als sie Bibel-

9.4 Arbeit an der Identität

worte über Kinderheime und Fürsorgeeinrichtungen setzten und in den Hospitalkirchen Krankenhäuser auch räumlich mit ihren Kirchen verbanden. Wenn die Diakonie nicht mehr in der Lage ist, die Sprache dieser Zeichen und die alten Schriften zu deuten, verliert sie ihre Kompetenz, einer kurzsichtigen Verzweckung des Menschen ein anderes Menschenbild entgegenzustellen.

Deshalb brauchen wir eine neue diakonische Bildungsinitiative. Die Geschichten hinter unserer Geschichte müssen neu erzählt werden – als Kommentar zu unseren Erfahrungen. Die Schätze, die unsere Sozialkultur geprägt haben, müssen in den Blick gerückt werden, damit sie nicht verloren gehen. Von den Tageseinrichtungen für Kinder bis zur Konfirmandenarbeit, vom Religionsunterricht über das freiwillige soziale Jahr und die Angebote für ehrenamtlich Engagierte bis zu den Schulen und Hochschulen haben Kirche und Diakonie enorme Chancen, dazu beizutragen.

Von Beginn an ist Diakonie auch eine Bildungsbewegung: Mit den diakonischen Einrichtungen und Diensten entstanden von Anfang an auch neue Berufe – von der Erzieherin bis zur Krankenschwester, vom Diakon bis zum Heilpädagogen; Schulen und Hochschulen wurden gegründet. Angesichts der starken gesellschaftlichen wie kirchlichen Veränderungsdynamik, aber auch auf dem Hintergrund der Umbrüche in der Bildungslandschaft entstehen derzeit neue Hochschulen und neue Studiengänge – insbesondere in der Kombination von Human-, Sozial-, und Wirtschaftswissenschaften wie auch in den besonderen Handlungsfeldern von Quartiersarbeit und Gemeinwesendiakonie. Zugleich ist zu erkennen, dass trotz aller Unterschiede in den verschiedenen Handlungsfeldern ähnliche Kompetenzen für die Arbeit erforderlich sind: Projekt- und Qualitätsmanagement, strategisches Denken und wirtschaftliche Methoden, aber auch die Zusammenarbeit mit Angehörigen oder Freiwilligen und grundlegende Beratungskompetenzen sind in allen Ausbildungsgängen und Arbeitsfeldern gefragt.

Florence Nightingale, die 1851 in Kaiserswerth ihre Krankenpflegeausbildung machte, hat zu Recht beklagt, dass der Unterricht zu großen Teilen aus biblischer Bildung und zu wenig aus Pflegemethodik bestand – heute allerdings haben wir das umgekehrte Problem. Der Zusammenhang von Fachlichkeit und Spiritualität ist nur noch für diejenigen erkennbar, die als Diakonin oder Diakon eine Doppelqualifikation anstreben oder bei einer Hochschulausbildung die entsprechenden Zusatzmodule wählen. Um die spezifisch diakonische Arbeit in Pädagogik, Pflege und Heil- oder Sozialpädagogik zu gestalten – von der Helferausbildung über die Fachoberschulausbildung bis zum Hochschulabschluss –, ist aber auch heute ein spezifisch diakonisches Angebot nötig. Der Diakonat in der Kirche beschreibt eine dritte Dimen-

sion in allen Arbeitsfeldern und Ausbildungslevels. Dabei geht es um ethische Urteilsbildung und theologische Begründung, um die Entwicklung und Vertiefung von Spiritualität und um das Verständnis von Kirche und diakonischem Dienst.[181]
Mit ihrer Verbindung von Liturgie, Bildungsarbeit und Dienst waren die diakonischen Gemeinschaften für viele Menschen zentrale Orte der Begegnung und Gastfreundschaft, an denen die formalen und informellen, die beruflichen und biographischen Aspekte des Diakonats sich entwickeln konnten – und sie sind es zum Teil bis heute. Die Bedeutung solcher Gastfreundschaft für die Zukunft der Kirche hat Klaus Berger[182] deutlich gemacht: Hier können niedrigschwellig und »werbewirksam« Gesprächskontakte hergestellt werden. Hier wird Kirche als Herberge neu entdeckt. So werden zurzeit aus den alten Mutterhäusern Hotels, aus Kirchen Kulturräume. Wo Kirchensteuern nicht mehr zur Verfügung stehen, um Einkehrhäuser zu unterhalten, können spirituelle Angebote in den neuen Retraiten sich durchaus rechnen. Denn viele beruflich und ehrenamtlich Engagierte suchen Wege zu einem sinnvollen Leben, Orientierung in Zeiten des Wandels und eine Berufung, die trägt. Und die Auseinandersetzung mit religiösen Texten und Traditionen kann dabei eine große Hilfe sein.[183]

10. In uns allen ist Diakonie – Unterwegs zu einer neuen Sozialkultur

In einem Kinderbuch, das mein Neffe Lukas zu seinem 11. Geburtstag bekam, wird die Geschichte von den drei Affen erzählt, die Angst vor dem Leben haben. Der eine hält sich die Augen zu – er will nichts sehen. Der nächste hält sich die Ohren zu, damit er nichts hört. Und der dritte will sich den Mund nicht verbrennen und lieber nichts sagen – er hält die Hand vors Maul. Wir saßen am Geburtstagstisch und schauten es an. Siehst du, so kann man nicht leben, sagte ich zu ihm. So taub und stumm und gleichgültig, so wenig engagiert. Wer sich nicht einmischt, der verfehlt am Ende sein Leben. »Ja, aber haben wir nicht gerade gesehen, was dabei herauskommt, wenn man sich für andere engagiert?« meinte einer der Erwachsenen. Einen Tag zuvor war Dominik Brunner in München von zwei jungen Männern totgeprügelt und -getreten worden, weil er Mädchen in der S-Bahn in Schutz genommen hatte. Stimmt, dachte ich – aber sind wir wirklich schon wieder so weit, dass wir lieber wegsehen, um uns zu schützen? Uns ducken, um nicht aufzufallen – dass wir andere im Stich lassen?

---

[181] Vgl. dazu neuerdings *Noller* u.a. 2013.
[182] *Berger* 2000.
[183] Interview mit *Thomas Platner*: »Find your vocation«, in: *Psychology today*, 3/2013.

Gott sei Dank gibt es eine starke Gegenbewegung. Menschen, die sich für eine bessere Welt einsetzen. Initiativen wie »Schüler helfen leben« oder »Better place«, Plattformen wie Claudia Langers »utopia«, Aktionen wie »Geben gibt«, bei denen Freiwilliges Engagement ausgezeichnet wird. Aber wer sich für andere einsetzt, wer sich aufmacht, um Dinge zu verändern, trifft eben auch auf Widerstände – innerhalb und außerhalb der Institutionen. Ob es um den Stellenwert und die Finanzierung der Pflege oder um gerechte Bildung geht, ob Initiativen sich gegen Armut oder für ein Stadtteilprojekt einsetzen – schnell stehen andere Interessen, Gewohnheiten und oft auch Traditionen im Weg. Wer langfristig und nachhaltig Wirkung entfalten will, der muss seine Ziele fest im Blick haben und die eigenen Kraftquellen kennen. Und er braucht Verbündete.

10.1 Die eigene Stimme zum Klingen bringen: Von Chören, Lebensmittelpunkten und gerechter Teilhabe

»Eigentlich bin ich ganz anders, nur komme ich so selten dazu«: Dieses Wort wandert seit einigen Jahren mit mir durch die Fastenzeit. Die witzig-leichte Sentenz von Ödon von Horvath schmückt die Karten von »anders leben«.[184] Mit immer neuen hübschen Bildern der spielerischen Lebensfreude, der Phantasie und des fröhlichen Regelbruchs. Der Spruch verweist auf die große Sehnsucht: zu sein, wer wir wirklich sind – jenseits gesellschaftlicher Normen und Erwartungen, jenseits der Rollenzwänge. Er erinnert aber zugleich auch an die Abhängigkeit von unserem Umfeld, an die Grenzen unserer Freiheit – er hilft, uns zu erden. Gelingendes Leben hat damit zu tun, dass wir unsere Berufung finden – und ein Umfeld, das uns hilft, uns selbst auf der Spur zu bleiben. Es macht glücklich zu sehen, wenn das gelingt.

Keine Musikgruppe hat bei unserer ökumenischen Tagung zum ehrenamtlichen Engagement so viel Begeisterung ausgelöst wie der Kölner Obdachlosenchor. Vielleicht acht oder zehn Männer waren gekommen – zusammen mit ihrem witzigen und professionellen italienischen Dirigenten. Sie sangen Popsongs und Spirituals mit Leidenschaft und Hingabe. Sie hatten keine Angst, die Bühne einzunehmen, ihren Platz zu behaupten. Es war keine Gruppe von Hilfebedürftigen, die da gekommen war, keine Randgruppe der Gesellschaft – es waren Männer, die es geschafft hatten, zu sich selbst und zu ihren Erfahrungen zu stehen. Der Auftritt endete mit Standing Ovations.
Eine Fernsehreportage über den Berliner Obdachlosenchor, der sich bis in eine der beliebten Samstag-Abendshows gesungen hat, erzählt die Hintergrundgeschichte: von dem Dirigenten, der Menschen auf der Straße anspricht und sie einlädt, die eigene Stimme zu entdecken. Von

---

[184] www.anderezeiten.de/.

den jungen Frauen und Männern, die sich trauten, zur ersten Probe zu kommen. Den zaghaften Versuchen, sich mit der eigenen Stimme einzumischen in einen Chor. Von Sentimentalität, Enttäuschung und Wut, die fast jedem auf dieser Entdeckungsreise zu schaffen machen. Den Erinnerungen an Kindheit und Jugend, die in den Liedern mitschwingen. Wir sehen Rückfälle in Verzweiflung und Alkoholexzesse und erleben, wie Chormitglieder wegbleiben, weil sie keine Kraft haben, sich zu stellen. Wir sehen, wie Familienmitglieder zum ersten Konzert kommen, ahnen die Ängste, freuen uns an der Versöhnung. Und jeder versteht, wie viel Mühe es macht, immer wieder aufzustehen und die Alltagskämpfe zu gewinnen: um frische Wäsche und ordentliche Kleidung, einen Haarschnitt und eine Zahnbehandlung, die Verhandlungen mit den Gläubigern, die Gespräche mit dem Jobcenter.

Nach und nach begreift der Zuschauer die Chorarbeit als Therapie. Das Singen als einen Weg, nicht nur die eigene Stimme zu finden, zu dem eigenen Leben zu stehen, sondern auch auf andere zu hören, aufeinander zu achten. Wie wichtig dabei dieser Saal mit dem Flügel ist, der wöchentliche Treffpunkt, die gemeinsame Zeit, eine Atmosphäre der Annahme. Ich erinnere mich gern an einen Jazz-Workshop, an dem ich in den Ferien teilgenommen habe. Auch dabei ging es darum, die eigene Stimme zu erproben. Ich weiß noch, wie wir uns unsere Geschichten erzählten und am Ende gar nicht aufhören konnten, zusammen zu singen. Noch heute gibt es ein Lied, das mich an diesen Abend erinnert: Es ist das Lied: »You've got a friend – Winter, spring, summer and fall – all you have to do is call – and I'll be there.«

»Mir haben die richtigen Menschen im richtigen Moment den nötigen Schubs gegeben«, sagt Friedrich, den die Journalistin Katrin Panier für das Buch »Die dritte Haut«, in dem sie aus dem Leben von Wohnungslosen erzählt, interviewt hat »Ich bin von den verschiedenen Stellen, wo ich Hilfe gefunden habe, so aufgebaut worden, dass ich einen Teil meiner Lebensenergie wiedergefunden habe. Dass ich wieder in der Lage bin, eigene Entscheidungen zu treffen – das ist nicht selbstverständlich. Ich kann meine Finanzen selbst verwalten, ich regle meinen Tagesablauf für mich ganz allein. Ich kann mich im Haus nützlich machen.« Alles kleine Schritte bis hin zu der Überzeugung: »Jetzt bin ich wieder jemand. Ich kann anderen Menschen wieder in die Augen gucken.«[185]

Der Titel des Buches »Die dritte Haut« erinnert daran, dass wir Menschen auf Kleidung und Wohnung angewiesen sind. Tatsächlich brauchen wir aber noch mehr Häute und Hüllen, um zu uns selbst zu kommen und ein eigenes Leben zu leben: Schulen und Bildungseinrichtungen, Arbeitsplätze und eine Gemeinschaft, zu der wir gehören. Selbst

---

[185] *Panier* 2006, S. 135.

wenn wir uns als hochgradig selbstbestimmt erleben – wir sind und bleiben zeitlebens angewiesen auf andere Menschen, auf Organisationen und Institutionen. Wenn Menschen der Zugang zu Wohnung und Arbeit, zu Bildungseinrichtungen und Gesundheitsfürsorge verwehrt wird, leidet die Menschenwürde Schaden.

Martin Schenk, der sich bei der Diakonie Österreich mit Armutspolitik beschäftigt, hat das Konzept der Lebensmittelpunkte entwickelt, um die Verbindung zwischen Befähigungs- und Verteilungsgerechtigkeit darzustellen. Er stellt uns das Bild eines Apfelbaums vor Augen. Um die Früchte zu ernten, braucht es dreierlei: einen offenen Zugang – der Baum darf nicht durch Zäune abgesperrt sein. Leiter und Korb, um hinaufklettern zu können. Und schließlich die nötige Kraft und Geschicklichkeit. Wenn immer mehr Gemeingüter privatisiert werden, wird es für ganze Bevölkerungsgruppen schwer, von den Früchten des Wohlstands zu ernten. Wo der Zugang zu Bildung und Ausbildung fehlt, werden einzelne in ein Rennen geschickt, das sie nicht gewinnen können. Kein Wunder, wenn viele aufgeben, weil sie sich abgehängt fühlen.

»Eine gerechte Gesellschaft muss so gestaltet sein, dass möglichst viele Menschen in der Lage sind, ihre Begabungen sowohl zu erkennen als auch auszubilden, um sie produktiv für sich selbst und andere einzusetzen«, heißt es dazu in der EKD-Denkschrift »Gerechte Teilhabe« (2006). In Deutschland aber bestimmen noch immer Herkunft und Bildungsabschlüsse die beruflichen Chancen. Wer nicht mithalten kann, fällt schnell raus: psychisch Kranke, ältere Arbeitnehmer, Menschen mit Behinderungen, Arme und Arbeitslose und eben Obdachlose.

10.2 Zwischen Autonomie und Angewiesenheit – Zur Bedeutung stützender Netze

Für alle, die »rausgefallen« sind, greifen im Sozialstaat die Hilfesysteme; in Alten- und Behindertenhilfe werden sie versorgt, sie finden Arbeit in Werkstätten oder auf dem zweiten Arbeitsmarkt und werden bei der Suche nach einer Wohnung unterstützt. Wer Hilfe erhalten will, muss sich allerdings auch anpassen und einfügen: als Hartz-4-Empfänger, als Patient oder Klient ist es nicht einfach, einen eigenen Weg im Umgang mit Armut und Krankheit zu finden, sich selbst zu befreien und die eigene Stimme zum Klingen zu bringen. Und doch gilt: Wer Heilung finden, in den Beruf zurückkehren, seinen Beitrag leisten will, braucht die Kraft, zu sich selbst zu stehen.

In der Geschichte der Diakonie gingen die Hilfesysteme oftmals mit einer paternalistischen Schwächung der Betroffenen und ihrer Autonomiekräfte einher. Was das im 19. Jahrhundert, in den Anfängen von Psychiatrie und Behindertenhilfe, in den ersten Erziehungsanstalten bedeuten konnte, habe ich noch 1993 bei einem Besuch des Diakonischen Werks Rheinland im russischen Partnerbezirk Wologda erleben können. Wir besuchten Anstalten, Heime, in denen alte Menschen und psychisch Kranke in großen Sälen verwahrt und allenfalls betreut wurden, und Kinderheime, in denen sich die Erzieherinnen verzweifelt bemühten, ihren Schützlingen Perspektiven zu eröffnen. In einer solchen Umgebung wird einem schockartig bewusst, wie viel wir in den vergangenen 150 Jahren dazugelernt haben. Machen wir es fruchtbar: die Diakonie der Zukunft zeichnet sich durch Respekt vor der Eigenständigkeit und Würde ihrer Kunden und ihrer Mitarbeitenden aus. Dabei geht es darum, Autonomie und Angewiesenheit in eine neue Balance zu bringen.

Die Zeitschrift Time-Magazin beschreibt in ihrer März-Ausgabe 2012 10 Trends, die unser Leben verändern. Dazu gehören die Entwicklung zur Wissens- und Mediengesellschaft, das Verschwinden der Privatsphäre und vor allem anderen das Single-Dasein. 28 % aller US-Haushalte sind heute Single-Haushalte, verglichen mit 9 % in den 50er Jahren ein enormer Anstieg. In Schweden sind es übrigens 47 Prozent, in Großbritannien 34, in Japan 31 Prozent – in Kenia nach wie vor nur 15, in Indien sogar nur 3 Prozent. Der Autor, der Soziologieprofessor Eric Klinenberg, kommt in seinem Artikel zu dem Ergebnis, dass Alleinleben die neue Norm ist, der beste Weg, die Werte einer individualistischen Gesellschaft zu leben: Freiheit, Selbstverwirklichung und Selbstkontrolle.

Und doch gibt es auch im Leben des tapfersten Einzelnen Augenblicke, in denen er seine Begrenztheit erfährt. Das kann ein Augenblick der Gewalterfahrung sein, ein Augenblick der Scham, eine Zeit des Ausgegrenztseins oder eine Zeit der körperlichen Schwäche. Jeder von uns kennt die Augenblicke, in denen wir spüren, dass wir auf andere Menschen angewiesen sind.

Einige Sätze in der Erklärung des Zentralausschusses des Ökumenischen Rates zum europäischen Jahr des behinderten Menschen, die von einer Gruppe von behinderten Menschen und ihren Betreuern geschrieben wurde, stellen uns diese Erfahrung plastisch vor Augen: »Menschen mit Behinderungen wissen, was es bedeutet, dass sich das Leben unerwartet von Grund auf verändern kann. Wir waren in jenem Grenzbereich zwischen dem Bekannten und dem Unbekannten, in dem wir nur zuhören und abwarten konnten ... Wir sind Gott in jener leeren Dunkelheit begegnet, in der uns bewusst wurde, dass wir ›die Kontrolle‹ über uns verloren haben, und wir haben gelernt, auf Gottes Gegenwart und Fürsorge zu vertrauen. Wir wissen, was es bedeutet, im Zwiespalt und inmitten von Paradoxen zu leben, und wir wissen, dass einfache Antworten und Sicherheiten uns nicht tragen.«[186]

---

[186] www.beb-einmischen.de/download/information/Zusammenfassung-OERK-Kirche-aller.pdf. Vgl. dazu auch die Veröffentlichungen von www.edan-wcc.org.

10.2 Zwischen Autonomie und Angewiesenheit

Das ist eine Lektion, die wir irgendwann alle lernen müssen. Manche von Geburt an, andere bei einem Unfall, wieder andere bei einer Krebserkrankung, einem Herzinfarkt oder eben im Alter. Wir alle leben mit Brüchen und Verletzungen, mit Wunden und Narben. Wer durch solche Erfahrungen hindurchgeht, kann sie als Stärke erleben: Plötzlich wachsen uns ungeahnte Kräfte zu, wir verstehen Zusammenhänge, die uns bis dahin verborgen blieben. Diese Erfahrung entspricht der, die in den Seligpreisungen Jesu gepriesen wird: Wir leben mit Brüchen und erfahren Ganzheit, wir spüren Schmerz und werden darin getröstet. Und dennoch versuchen wir, unsere Krisen und Verletzungen vor den Augen der Öffentlichkeit zu verbergen. Was unter die Haut geht, offenbaren wir nur denen, die unsere Bedürftigkeit nicht missbrauchen: Lebenspartnern, Freunden, unserer Familie. Die Theologin Gunda Schneider-Flume meint, unsere Gesellschaft sei so sehr von Machbarkeitsvorstellungen bestimmt, dass suggeriert werde, wir hätten auch das Gelingen unseres Lebens in der Hand. Sie spricht von der »Tyrannei des gelingenden Lebens«. Tatsächlich aber komme es eben darauf an, dass wir lernen, mit Einschränkungen, Schmerzen und Verlusten umzugehen und anzuerkennen, dass das Autonomieideal unserer Gesellschaft illusionär ist, weil wir lebenslang auf andere angewiesen bleiben – von der Kindheit bis zum Sterben, aber auch in der globalisierten Wirtschafts- und Medienwelt.

In dem Maße, in dem ein Mensch das, was ihm wichtig ist, nicht, noch nicht oder nicht mehr durch eigenes Tun verwirklichen kann, werden unterstützende Netzwerke wichtiger. Deswegen kommt es gerade in der Arbeit der Diakonie darauf an, die Teilhaberechte zu stärken – von Kindern und Jugendlichen, von Arbeitslosen, Patienten und Klienten. Das kann nur gelingen, wenn wir zuerst auf die Potenziale sehen – nicht nur bei jungen Leuten, sondern auch bei Menschen mit Behinderung; und wenn wir pflegebedürftige oder demenzkranke Menschen als gleichberechtigte Mitglieder der Gesellschaft wahrnehmen – als Mitbürgerinnen und Mitbürger, Gemeindemitglieder und nicht nur als »Hilfebedürftige« und »Versorgungsfälle« Dazu braucht es Menschen, die geschwisterlich leben wollen und anderen auf Augenhöhe begegnen. Und es braucht Orte, wo Gemeinde als gastfreundlicher Ort, als Herberge und zuhause auf Zeit erfahren werden kann. Das habe ich in Mutter- und Bruderhäusern erlebt; aber auch in einer Jugendberatungsstelle, der JUBS in Neuss, wo es nicht nur formale Beratungsangebote, sondern auch einen offenen Treffpunkt gab – mit Theke und Billardtisch, einladend und niedrigschwellig: eine offene Tür im wahrsten Sinne des Wortes, ohne Anmeldung und ohne Termine.
Auch wenn die Zahl der offenen Jugendhäuser in den Gemeinden leider zurückgeht: Heute gilt es, die Arbeit in den Wohnquartieren so weiterzuentwickeln, dass Menschen sich wechselseitig als Schwestern

und Brüder wahrnehmen. Es gilt, ambulante Pflege- und Assistenzmodelle zu stärken, Nachbarschaftshilfe und ehrenamtliches Engagement zu fördern: Gelingendes Leben braucht eine tragfähige Gemeinschaft in Familien, Schulen und Kindergärten, in Nachbarschaften, Sport- und Gemeindegruppen. Auf dieses Ziel hin gilt es die Strukturen in Kirchen, Schulen und Kommunen zu verändern.

In ihrem Werk »Vita activa oder vom tätigen Leben« (1960)[187] hat die Philosophin Hannah Arendt« drei wichtige und grundlegende Voraussetzungen für ein Leben in gerechter Teilhabe benannt: Jeder Mensch hat Zugang zum öffentlichen Raum, konkret ausgedrückt: Kein Mensch wird aus der Gemeinschaft ausgeschlossen.
Jeder Mensch wird in seiner Einzigartigkeit anerkannt und geachtet. Und jeder erhält die Gewissheit, sich in seinem Handeln und Sprechen »aus der Hand geben« zu können, das heißt, von anderen Menschen angenommen zu sein und diesen vertrauen zu können.
Selbstvertrauen und Vertrauen in andere Menschen bedingen einander. Wer sich von Familie und Freunden unterstützt fühlt, kann seine eigene Stärke entwickeln. Wer sich seiner selbst sicher ist, kann auch die Angewiesenheit auf andere ertragen, ohne sich ohnmächtig zu fühlen. Nicht jeder hat diese Erfahrung gemacht. Deshalb bleibt es eine große Herausforderung für die diakonische Arbeit, das Vertrauen anderer Menschen zu gewinnen und zu stärken. Gelingen kann das nur, wenn ihre Eigenständigkeit respektiert wird. Und wenn auch die Helferinnen und Helfer ihre Lektion gelernt haben; Verschiedenheit als Normalität akzeptieren, Verletzungen und Scheitern ertragen, immer wieder loslassen und dem Leben vertrauen.

An meinem Bett hängt ein kleiner Schutzengel, den ich vor langer Zeit von meiner Schwester bekam. Eigentlich ein kleines Mädchen mit blonden Zöpfen, wie ich sie einst hatte, und mit Flügeln. Ich mag menschliche Engel. Dieser ist besonders menschlich: Er hat nämlich unterschiedlich lange Beine. Das erinnert mich an meine Lieblingstante, die als Kind Kinderlähmung hatte und zeitlebens nur mit steifen Beinen gehen konnte. Ich habe sie immer bewundert; sie war eine unabhängige, berufstätige Frau, die erste, die ich gut kannte. Dass sie behindert war, ist mir als Kind nicht aufgefallen – ich sah vor allem ihre Stärke. In meinen Augen führte sie ein glückliches, ein gelungenes Leben. So wurde sie mir zum Vorbild in Krisensituationen. Ich wünsche uns allen einen Engel, der uns auf einen solchen Weg führt.

---

[187] *Arendt, Hannah,* Vita activa oder vom tätigen Leben, Stuttgart 1960.

10.3 Aufbruch von unten – Eine Engagement-Perspektive

Aufbrüche in der Diakonie kommen nicht von oben, sondern von unten. Von Menschenbrüdern und -schwestern, die bereit sind, sich auf den Weg zu machen – manchmal mit klopfendem Herzen. Die auch nach Enttäuschungen aufstehen und weitergehen. Für alle, die Leitungsverantwortung tragen und dafür einstehen müssen, dass Arbeitsplätze erhalten bleiben und Institutionen überleben, bedeutet das, sich der Kritik von Mitarbeitenden, Patienten und Bewohnern mit allem Ernst zu stellen und ihre Ideen aufzunehmen. In den Zerreißproben des Wettbewerbs gilt es Freiräume zu lassen für neue Wege, gemeinsam Modelle zu entwickeln und Spender und Sponsoren zu suchen.

Der Bochumer Pastoraltheologe Matthias Sellmann nimmt in diesem Zusammenhang den aktuellen betriebswirtschaftlichen Begriff der interaktiven Wertschöpfung auf, um deutlich zu machen, wie in postmodernen Gesellschaften Bindung, Motivation und Innovation zustande kommen«: »Damit ist gemeint, dass kulturelle Großanbieter (wie Unternehmen, Parteien, Verbände und eben auch Kirchen) gut beraten sind, eine andere Optik bezüglich ihrer ›Kunden‹ und ›Mitarbeiter‹ zu erlernen. Diese sind immer weniger als passive Konsumenten oder ›Mitmacher‹ und mehr und mehr als Ko-Produzenten der gemeinsam erstrebten Wertschöpfung kommerzieller, politischer, gemeinwohlorientierter oder kirchlicher Art anzusprechen«.[188]

Diese Erfahrung habe ich in der Palliative-Care-Arbeit gemacht. Dass es in Kaiserswerth gelungen ist, über Jahre eine Ethikberatung aufzubauen, in der Ärzte und Pflegende, Theologen und Juristen, aber auch Hauswirtschafterinnen und Ehrenamtliche kritische Fragen aus Krankenhaus und Altenhilfe diskutierten, war ein großes Geschenk.[189] Es war ein Weg voller Spannungen, aber auch voll überraschender Wendungen und Erfolge. Menschen lernten, ihre eigenen Werte zum Ausdruck zu bringen und dazu zu stehen: Ein Stück Weggemeinschaft entstand, ein Einverständnis, das auch in Schwierigkeiten trug. Starke Teams und Weggemeinschaften treten heute an die Stelle der alten, festgefügten Schwestern- und Bruderschaften.

Oft sind es Gemeinschaften für einen Tag! Bei einer Fortbildung oder bei einem Stammtisch für Führungskräfte, in einer Ethikberatungsrunde, an einem Einführungstag für neue Mitarbeiter und Mitarbeiterinnen

---

[188] *Matthias Sellmann*, bislang unveröffentlichter Vortrag bei der Dritten Ökumenischen Tagung für Ehrenamtliches Engagement in Kirche und Gesellschaft am 20./21. September 2013 in Köln.
[189] Wir verdanken es auch der erfolgreichen Zusammenarbeit mit Prof. Andreas Heller, Alpen-Adria Universität Klagenfurt, Fakultät für interdisziplinäre Fortbildung und Forschung, Abteilung Palliative Care und Organisationsethik, und seinem Team als Beratern.

oder auch in einer Theatergruppe. Da gibt es eine Theatergruppe in Bethel, die mit Behinderten und Nichtbehinderten wunderbar kreative Stücke aufführt. Da ist ein Team in der Altenhilfe, das sich einmal im Monat Zeit nimmt, um gemeinsam mit den alten Menschen zu essen – statt nur das vorbereitete Tablettessen aufzutragen. Da sind die Kollegen aus der Lungenklinik, die vierteljährlich Gottesdienste für die trauernden Angehörigen anbieten. Oder die Nachbarschafts- und Hausaufgabenhilfe, die Kindern gibt, was ihre Eltern nicht geben können: einen gedeckten Tisch und ein offenes Ohr. Gute Projekte kosten Kraft, aber sie können auch Energie geben. Gleichwohl darf im Blick auf solche Projekte nicht vergessen werden, dass die intensiven Erfahrungen, die sie ermöglichen, den Mangel an Stabilität in Arbeitswelt und Gesellschaft ausgleichen müssen.[190] Das Gefühl der Geborgenheit und Ganzheitlichkeit, das in solchen intensiven Begegnungen erfahren werden kann, kann nachhaltige Beziehungen, wie die alten Gemeinschaften sie stifteten, nicht ersetzen. Deshalb ist es wichtig, darüber nachzudenken, wie aus einmaligen Ereignissen und spannenden Projekten Schritte auf einem Weg werden können.

»Die Situation im Krankenhaus, das jetzt zu einem größeren Konzern gehört, ist sehr angespannt«, schreibt ein Kollege aus der Krankenhausseelsorge. »Ich staune mit Sorge, wie lange viele Mitarbeitende für Patienten so da sein können, dass sie sich wohl versorgt, fachkundig behandelt und weitgehend gut aufgehoben fühlen«. Auch er hat mit einem Team ein Projekt ins Leben gerufen und verschenkt in jeder Woche eine »Karte der Wertschätzung« an alle Mitarbeitenden. »Dich schickt der Himmel« heißt es auf einer dieser Karten; »als Ihnen das das letzte Mal gesagt wurde, haben Sie vielleicht gedacht: Naja, so groß sollte niemand von mir denken. Doch: so groß soll man denken. Die anderen tun es manchmal. Und Sie selbst könnten sich immer so sehen: Mich schickt der Himmel Seien Sie sich das wert.«
»In uns allen ist Diakonie« hieß die Jahreskampagne des DW Bayern 2010. Ist das so? Wer diese Karten liest, wird spontan zustimmen. Auch wenn in diakonischen Einrichtungen und Diensten längst Christen, Humanisten und Muslime zusammenarbeiten. In manchen Häusern wird gemeinsam um die ethische Ausrichtung, spirituelle Angebote und die Gestaltung von Ritualen gerungen. Andere unterscheiden sich kaum noch von Einrichtungen des DRK oder eines privaten Trägers. Die Ökonomisierung der Unternehmen und die Säkularisierung der Gesellschaft sind in einem solchen Maße fortgeschritten, dass Diakonie sich für viele nur noch als Arbeitgeberin darstellt. Kein Wunder, dass muslimische Mitarbeiterinnen und Mitarbeiter irritiert sind, wenn

---

[190] *Schmidbauer, Wolfgang*, Das Floß der Medusa. Was wir zum Überleben brauchen. Zur »Eventisierung« unserer Gesellschaft, Hamburg 2013, passim.

10.3 Aufbruch von unten – eine Perspektive

sie in kirchlichen Einrichtungen keinen Spitzenjob oder überhaupt keine Festanstellung als Erzieherin oder Lehrer bekommen. Und selbst viele Kirchenmitglieder verstehen es nicht, wenn vor allem katholische Einrichtungen nicht nur auf die Qualität ihrer Arbeit, sondern auch auf ihren Lebensstil und die Familienformen schauen.

Wo Rationalisierung und Modularisierung die Arbeit bestimmen, droht das diakonische Profil zu ersticken. Da werden Qualitätsstandards reduziert, ethische Fragen vernachlässigt, und für diakonische Weiterbildungen fehlt das Geld. Die Impulse aus der Gründungszeit der Diakonie haben beträchtliche Dynamik entfaltet – für die Professionalisierung der Pflege wie anderer sozialer Dienste, für die Emanzipation von Frauen, die Finanzierung sozialer Einrichtungen, die rechtliche Sicherung der Würde von Kindern und Kranken, die Entwicklung des Sozialstaats. In der Tat scheint es manchmal so, als sei die Mitte heute leer – so wie die Mutterhauskirche in Kaiserswerth, von der ich am Anfang erzählt habe.

Während meiner Arbeit an der »Wiege« der Mutterhausdiakonie hatte ich immer wieder dieses Gefühl der leeren Mitte. Inzwischen aber frage ich mich, ob die leere Wiege nicht auch ein Zeichen dafür sein könnte, dass die Kinder groß und selbständig geworden sind. In den Veränderungen des Sozialstaats hat sich ein vielfältiger Markt sozialer Dienste entwickelt. Längst arbeiten nicht nur Musliminnen und Muslime in der Diakonie, umgekehrt arbeiten viele engagierte Christinnen und Christen bei privaten Trägern – genauso selbstverständlich wie Gemeindemitglieder sich ehrenamtlich in der Schule ihrer Kinder, im Sportverein oder bei der Feuerwehr engagieren. Sie in ihrem diakonischen Handeln zu unterstützen, ihnen dabei zu helfen, ihrer religiösen Motivation auf die Spur zu kommen, ist Auftrag der Kirche. An den Fachschulen und Fachseminaren der Diakonie, in den Hochschulen der Kirchen werden deshalb Alten- und Krankenpflegekräfte, Erzieherinnen und Erzieher, Heilpädagogen und Pflegemanager nicht nur für den kirchlichen Dienst, sondern auch für andere Träger ausgebildet.

Diakonie in diesem Sinne ist die Seele des Sozialen, eine fürsorgliche Haltung, die mit Werten wie Barmherzigkeit und Nächstenliebe unsere Sozialkultur prägt – weit über den Raum der Kirche hinaus. Aus diesen Wurzeln leben Pflege und Sozialarbeit auch da, wo sie sich nicht auf biblische Texte berufen. Gerade deshalb muss es aber auch Einzelne und Gruppen geben, die sich ihre diakonische Berufung in besonderer Weise auf die Fahnen geschrieben haben und ihren Dienst als einen Dienst der Kirche verstehen. Denn in der diakonischen Tradition, bei Pflegenden, Erziehern, Diakoninnen und Diakonen gehören Beruf und Berufung, Engagement, Profession und Spiritualität in besonderer Weise zusammen. Den diakonischen Gemeinschaften ist es deshalb bis heute wichtig, ihr diakonisches Amt durch eine klare kirchliche Berufung zu stärken. Gerade Pflegende, die ihren Dienst als Handeln in der Nachfolge Jesu verstehen und dabei fast zerrissen werden im Spannungsfeld zwischen persönlicher Motivation und funktionalisierter Dienstleistung, sind auf eine solche Rückendeckung angewiesen. Viele von ihnen haben allerdings den Eindruck, dass die Kirche sich ihrer geistlichen Verantwortung für dieses Arbeitsfeld kaum noch bewusst ist. Dabei erlebe ich gerade in den östlichen Bundesländern Mitarbeiterinnen und Mitarbeiter in der Diakonie, die es als Freiheit erleben, nach Jahren der Marginalisierung von Kirche und Diakonie in der DDR nun endlich ihr christliches Profil »auf den Markt tragen« zu können.

Freilich bleibt die Frage: Gibt es heute überhaupt noch eine spezifisch kirchliche Verantwortung für soziale Berufe? Dass niemand Diakonisse werden muss, um eine gute Pflegekraft zu sein, war immerhin schon Friederike Fliedner bewusst. Ich bin dennoch überzeugt: Die Achtsamkeit, die sich mitten im diakonischen Alltag für Gottesbegegnungen offenhält, die ungeteilte Aufmerksamkeit für den Anderen, braucht auch heute spirituelle Übung und theologische Reflexion. Sie braucht den Dialog mit anderen, der zur Selbstreflektion anleitet, und spirituelle Orte. Diakonische Bildungsangebote und diakonische Gemeinschaften aber brauchen kirchliche Unterstützung.

Viele Gemeinschaften sind alt geworden, und die Zahl ihrer Mitglieder geht zurück. Die Zeit, in der diakonische Unternehmen bei der Frage nach dem Unternehmensprofil auf »ihre« Schwesternschaften verweisen konnten, ist fast überall zu Ende. Heute wird umgekehrt ein Schuh draus: Kirche und Diakonie müssen das Engagement und die Spiritualität von Haupt- und Ehrenamtlichen stärken, damit daraus gemeinschaftliches Handeln in den Unternehmen erwächst. Anknüpfungspunkte finden sich in Initiativen und Projekten, in Akademien und Häusern der Stille, in Gemeinwesenhäusern und Wohngemeinschaften – an ganz unterschiedlichen Orten. Diakonische Gemeinschaften wachsen in Netzwerken – jenseits der »Organisation« mit ihren Zielen und Gewinnen, Hierarchien und Machtkonflikten. Ein Traum aus Kaiserswerther Tagen leitet mich auf diesem Weg: Ich träumte von einer Klosterruine, von schönen, aber alten und brüchigen Mauern, in deren Mitte der Rasen grünte und blühte. Ich stand da barfuß auf einer Wiese – bereit zu einem neuen Anfang.

»Auf die Füße kommt unsere Welt erst wieder, wenn sie sich beibringen lässt, dass ihr Heil nicht in Maßnahmen, sondern in neuen Gesinnungen besteht«, hat Albert Schweitzer geschrieben. Wenn wir uns neuen Herausforderungen stellen, statt die Augen zu verschließen, wenn wir unserem Weg und unseren Zielen treu bleiben, auch durch Schmerzen und Enttäuschungen hindurch, wenn wir bereit sind, uns selbst verändern zu lassen, dann geschieht etwas an uns: Wir werden offener, vielleicht auch verletzlicher, vor allem aber demütiger. Wir werden geerdet, wir kommen selbst wieder auf die Füße und nehmen den Himmel besser wahr. Wir sind es, die wahrnehmen müssen, was wirklich nottut, was heute dran ist. Henri Nouwen, der Gründer der »Arche« meint: »Es sind die Armen, die Kleinen, die von der Gesellschaft an den Rand Gedrängten, die uns den Weg der Liebe lehren.«

10.4 Wahlverwandtschaften und Netzwerke – Auf den Spuren der Solidarität

Wann immer wir aber an die Grenzen unserer Möglichkeiten stoßen, sind wir in besonderer Weise auf Solidarität angewiesen. Eine Gesellschaft wird unmenschlich, wenn sie der Illusion aufsitzt, jeder könne für sich selbst sorgen oder sich, wo nötig, Hilfe »einkaufen«. Wenn der Markt mit Erwerbstätigkeit, Dienstleistung und Konsum zur dominierenden Größe wird, wird die Zeit für Familie, Freunde und Nachbarschaft knapp. Dabei lässt sich gerade in den Sorgetätigkeiten, in Erziehung und Pflege, in Gastfreundschaft und freundschaftlicher Begleitung entdecken, wie wichtig Zuwendung und Vertrauen, Angewiesenheit und Verbundenheit für das Gelingen unseres Lebens sind. Was Partnerschaften und Familien zusammenhält, was Gemeinschaften miteinander verbindet, sind eben nicht nur gleiche Interessen und Ziele, sondern vielfältige Interaktionen der wechselseitigen Hilfe. Wer spürt, dass es Freude macht, Teil eines Ganzen zu sein und zu seinem Gelingen beizutragen, wird im Zweifel auch einmal eigene Interessen zurückstellen, wenn es darum geht, anderen beizustehen.

Manche gehen dabei weit über Familie und Freundeskreis hinaus – und bilden Wahlverwandtschaften und soziale Netzwerke. In den neuen Senioren-Wohngemeinschaften, in den Mehrgenerationenhäusern werden Leben und Hilfe geteilt. Prominente Politiker wie Henning Scherf oder Malu Dreyer haben den Blick auf die Chancen dieser neuen Lebensformen gelenkt. Zugleich entwickeln sich neue Wohngruppen für Demenzkranke, in denen eine überschaubare Zahl von beruflich und ehrenamtlich Tätigen für Struktur und Stabilität sorgt. Überschaubarkeit, Unmittelbarkeit und die Teilhabe aller werden hier großgeschrieben, Küche und gemeinsame Mahlzeiten so wichtig genommen wie die Pflege. Und in den Häusern der »Arche« haben sich die fast vergessenen Ideen der diakonischen Glaubens-, Lebens- und Arbeitsgemeinschaft fortgesetzt: Hier leben Menschen mit und ohne Behinderung zusammen; wer erwerbstätig ist, teilt sein Einkommen mit denen, die Sorgearbeit leisten, und der gemeinsame Glaube hält Hilfebedürftige und Hilfempfänger in einer Gemeinschaft zusammen.

Aber auch Initiativen und Netzwerke wie das Projekt »Urlaub aus dem Koffer« fallen mir ein, ein Besuchsdienst für Ältere, bei dem ehrenamtlich Engagierte mit einem Koffer voller Reiseerinnerungen zu Besuch kommen – mit italienischer Musik zum Beispiel, einer Pizza und einem Glas Chianti und einem römischem Stadtplan entführen sie ihr Gegenüber nach Rom, oder mit Edelweiß und Luis Trenker in die Berge. Ich bewundere auch die Freiwilligen aus Düsseldorfer Gemeinden, die nach einer guten Schulung Tag und Nacht am Servicetelefon der Diakoniestationen zu erreichen sind und Menschen helfen, mit den Unsicherheiten der Pflege und den nächtlichen Ängsten zurechtzukommen. Die »Nachtwanderer« in Bremen, die abends mit der Straßenbahn unterwegs sind und sich einschalten, bevor es zu Konflikten kommt wie bei Dominik Brunner. Das »bunte Völkchen« in der kleinen Stadt Limbach im Erzgebirge, wo sich Menschen gegen Ausgrenzung und Rechtsextremismus zusammengeschlossen haben. Und Johanna Hofmeier, die in München-Hasenbergl das Projekt »Lichtblick« ins Leben gerufen hat, um Kindern in einer benachteiligten Siedlung Lebenschancen zu eröffnen – jenseits der üblichen Strukturen, mit viel Phantasie und Partnern aus der örtlichen Wirtschaft. Lauter Menschen, die nicht leben wollen wie die drei Affen, sondern lieber den Engel in sich hervorlocken lassen – nur für heute vielleicht. So wie die Initiative »Heute ein Engel«, die kleine Dienste in der Nachbarschaft organisiert. In dem phantasievollen Namen steckt das ganze Wissen, dass wir einander Engel werden können, wenn wir Augen und Ohren aufmachen. Diakonisches Engagement kommt zustande, wenn Menschen, wie Wichern geschrieben hat, »die Wirklichkeit mit den scharfen Augen der Liebe sehen, um sie mit den phantasievollen Taten der Liebe zu gestalten.« Auch damals waren es Einzelne, kleine Gruppen und phantasievolle Initiativen, die schließlich in einer breiten sozialen Bewegung zusammenfanden und neue Antworten auf gesellschaftliche Herausforderungen entwickelten, ihre Kirchen reformierten und sich politisch engagierten. Sie schufen Krankenhäuser und Erziehungseinrichtungen, aber auch Quartierspflege und sozialen Wohnungsbau, sie setzten sich für eine Gefängnisreform und die Gründung von Sozialversicherungen ein, bildeten Diakone und Diakonissen aus und kümmerten sich darum, dass neue Formen von Gemeinschaft entstanden, wo Familien überfordert waren. Wer auf die Erfolgsfaktoren dieser sozialen Bewegung schaut, entdeckt Phantasie, Mut zum Risiko, aber auch tragfähige politische Netzwerke, die die damaligen Herausforderungen nachhaltig anpackten. Auf solche Netzwerke kommt es auch heute an, wenn wir wollen, dass unsere Städte lebenswert bleiben, dass Kinder eine Zukunft haben, dass Pflegebedürftige gut versorgt werden. Es kommt darauf an, Familien und Sorgegemeinschaften zu stärken – »traditionelle« und Patchworkfamilien, Alleinstehende und Wohngemeinschaften, Wahlfamilien und Freundschaften, aber auch Nachbarschaften, ehren-

10.4 Wahlverwandtschaften und Netzwerke

amtlich Aktive und die Teams in den Unternehmen. Wer Gemeinschaften stärken will, muss ihre Vielfalt anerkennen und Sorgearbeit unterstützen, gesellschaftlich, aber auch im Steuer- und Sozialversicherungsrecht. Denn in dem Wandel, den wir erleben, geht es eben nicht nur um individualethische oder sozialethische, sondern um eminent politische Fragen. Um Ökonomisierung und Chancengerechtigkeit, um Demographie und Migration, um Mobilität und Zusammenhalt. Es geht aber auch darum, ob wir zur »Rüpelrepublik« werden oder ob sich Engagement und Solidarität durchsetzen.

In den Tagen nach Dominik Brunners Tod berichteten in Münchner Zeitungen zahlreiche Leser davon, wie Leute in U- oder S-Bahn, in Bussen und Straßenbahnen geschlagen, bedroht und allein gelassen wurden. Sie schrieben von Kindern und alten Menschen, von Ausländern, die Gewalterfahrungen machen – nur weil sie anders oder schwächer sind. Und von jungen Männern, die sich mit ihrer Grausamkeit brüsten. Aber auch von mutigen Passanten, Nachbarn, Polizisten, die sich einmischten und anderen zur Seite standen. In Dresden hat kurz darauf der Mord an der Apothekerin Marwa al Scharbini die Stadt verändert. Der Verein »Bürger Courage«, der sich gegen Rechtsextremismus engagiert, sensibilisierte Polizei und Bevölkerung. Bürgermeister und Oberbürgermeister beteiligen sich regelmäßig an den Demonstrationen gegen die Neonazi-Aufmärsche zum Tag des Bombenangriffs. Der Rassismus, der seit den Brandanschlägen in Solingen und Mölln nach Deutschland zurückgekehrt ist, wurde trotzdem jahrelang heruntergespielt – bis zur Aufdeckung der furchtbaren Morde der rechtsextremen, rassistischen NSU.

Es ist Krieg da draußen – und nur die Starken gewinnen. Die internationalen Konflikte, die Ängste vor dem globalen Wettbewerb, das Ringen um eine gute Migrationspolitik finden ihren Niederschlag in unseren Städten. Sind die Nachbarn mit türkischen Wurzeln Teil einer weltweiten islamischen Bewegung? Wächst mit den offenen Grenzen die Terrorgefahr? Soll unser Land nur gut Ausgebildeten offenstehen? Manche fürchten, eine Armutswanderung in die soziale Sicherungssysteme, die Einwanderer und ihre Familien in Deutschland erwarten können, würde langfristig zur Verarmung des Landes führen. In dieser Situation verfestigen sich Vorurteile und Ängste. Die Dresdner Apothekerin Marwa al Scharbini war besser ausgebildet als der Schnitt der Bevölkerung und trug erheblich zu Steuern und Sozialkosten bei – vor der Aggression, die sich breitmacht, hat sie das nicht bewahrt.

Wenn das die Welt ist, in der Kinder und Jugendliche aufwachsen, dann muss man sich nicht wundern, dass Spiele wie »world of warcraft« so beliebt sind. Ist Mitgefühl nicht naiv, Moral nur die Rüstung der Gutmenschen? Wird, wer den »Losern« beisteht, nicht am Ende selbst zum Verlierer? Christen glauben an einen, der für seine Menschenliebe gekreuzigt wurde. Ein Esel, der so etwas tut, fanden manche schon damals, und zeichneten den Esel ans Kreuz, um sich lustig zu machen über Jesus, den Gekreuzigten, den Gutmenschen und Verlierer. Aber der Spott, der über die kleine Gemeinde ausgegossen wurde, hat die Bewegung nicht aufhalten können.

Immer wieder haben Christen ihr Leben riskiert im Einsatz für andere – für Arme und Kranke, für die Opfer von Gewalt. Und sie tun es noch – im Einsatz für Flüchtlinge und politische Gefangene, in Kriegsgebieten und in Verfolgungssituationen von Darfur bis nach China. Manche Initiativen, die im 19. Jahrhundert in Europa begannen, kehren heute im Nahen Osten oder in Schwellenländern wieder: Ich denke an ehrenamtlich Engagierte aus den evangelischen Auslandsgemeinden, die Gefangene in Kairo oder Bangkok besuchen, und auch an Basisgesundheitsdienste der Kirchen in den Slums von Kapstadt. Solche Initiativen von Christinnen und Christen haben unsere Sozialkultur von Anfang an geprägt. Kirchenfenster und Pilgerwege erzählen von Elisabeth von Thüringen und ihren Werken der Barmherzigkeit – von dem Kranken, der die Gestalt des Gekreuzigten annahm, als sie ihn im eigenen Bett versorgte, von den Broten, die sich in ihrem Korb in Rosen verwandelten. Mit den Martinszügen im November erinnern die Kinder an den römischen Offizier, der die Waffen niederlegte und seinen Mantel mit einem Bettler teilte. Martin und Elisabeth, Franziskus und Clara, Dietrich Bonhoeffer, Martin Luther King und die Heiligen unserer Tage setzten ihre Hoffnung auf eine andere Welt. Eine Welt ohne Hass und Gewalt, ohne Leid und Tränen. Man muss schon sehr verletzt sein, um sich nicht mehr danach zu sehnen.

Was also geben wir unseren Kindern und Enkeln mit? World of Warcraft und die Gespräche mit meinem kleinen Neffen haben mich daran erinnert, dass im Neuen Testament einmal von der Waffenrüstung Gottes die Rede ist. »Vor allem aber ergreift den Schild des Glaubens, den Helm des Heils und das Schwert des Geistes, welches ist das Wort Gottes«, heißt es im Brief an die Epheser[191]. Den »Helm des Heils« verstehe ich als den Schutz der Liebe für Kopf und Herz, der »unkaputtbar« macht auch in Situationen, die entmutigen. Resilienz, die Kraft, sich immer wieder aufzurichten, ist nicht nur naturgegeben – wir können andere stärken, sie ermutigen und ihnen Sicherheit geben. Der »Schild des Glaubens« ist für mich Gottes Verheißung einer neuen Welt, die davor schützt, das, was wir vor Augen sehen, für die einzige Realität zu halten. Alternativen zu denken und erfahrbar zu machen,

---

191 Eph 6,16.

Menschen die Augen für andere Möglichkeiten zu öffnen – das ist eine wesentliche Aufgabe der Kirche mit ihrer weltweiten Ökumene. Das »Schwert des Geistes« schließlich, das ist die Kraft zu unterscheiden, was Menschen schadet und was ihnen dient – jenseits aller großen Worte. Wer so ausgerüstet ist, kann sich einmischen, wenn es nötig ist.

10.5 Heaven oder Das neue Jerusalem

Vor wenigen Jahren erschien in Amerika ein Buch mit dem schönen Titel »Der Himmel – oder unsere andauernde Faszination für das Leben nach dem Tod«.[192] Die Autorin, Lisa Miller, war bei *Newsweek* für Fragen der Religionswissenschaft zuständig und schreibt auch für die *New York Times*. Sie hat erlebt, wie sich das Land nach 9/11 verändert hat – und welche Bedeutung dabei Religion bekommen hat. Was kommt nach dem Tod? Wofür lohnt es sich zu leben und zu sterben? Auf den ersten Blick, so schien es ihr, beantworten Muslime diese Fragen anders als Christen, und das Judentum hatte in den Anfängen überhaupt keine Vorstellung über ein ewiges Leben. Nach dem Tod wartete die ewige Ruhe bei den Vätern. Lisa Miller selbst ist Jüdin – und so hat sie sich auf die Suche gemacht nach den Konzepten vom Himmel – in den heiligen Schriften, in der Tradition und in den Herzen der Gläubigen. Nach einer Untersuchung von 1997 glauben 61 Prozent der Amerikaner, dass sie in den Himmel kommen, wenn sie sterben.
Lisa Millers Buch erzählt vom Himmel als dem Haus Gottes, dem großen Fest, dem Paradiesgarten, dem neuen Jerusalem. Sie erzählt von Jesu Naherwartung des Reiches Gottes, von Augustins Gedanken der Weltalter, von Dantes sieben Himmeln und den mittelalterlichen Vorstellungen des Fegefeuers. Und versucht dann am Ende festzuhalten, was den Himmel ausmacht: Der Himmel ist vor allem der Ort, an dem die Liebe Gottes regiert. Sie zitiert Jeffrey Burton Russel, der ganz auf der Linie Karl Barths schreibt: Gottes Liebe verbindet uns mit Menschen, die wir nie gekannt haben, und sie versöhnt uns mit Menschen, mit denen wir uns schwergetan haben, ja, sogar mit denen, die wir gehasst haben und die uns hassen. Denn alles, was schmerzt und was Leiden verursacht, ist im Blut Jesu abgewaschen. Das Böse ist vernichtet – was bleibt, ist die reine Güte Gottes. Und der anglikanische Theologe N.T. Wright beschreibt in seinem Buch »Von Hoffnung überrascht« das himmlische Leben als intensives, pulsierendes Leben und zugleich als tiefen Frieden. Er erinnert uns daran, dass durch Geburt und Auferstehung Christi dieses neue Leben mitten in unserer Wirklichkeit erfahren werden kann. Deswegen ist es so wichtig, die Augen offenzuhalten für den Himmel – für die reale Erfahrung von

---

[192] *Miller, Lisa,* Heaven. Our Enduring Fascinatoin with the Afterlife, New York 2008.

Trost und Neuanfang, von Veränderungen, die wir nicht für möglich gehalten hätten.

Der Himmel ist ein Haus der Liebe und des Friedens: Wir werden Gott sehen – und wir werden einander und uns selbst neu erkennen und verstehen. Wir werden eins sein – miteinander versöhnt und verbunden in Liebe und Gerechtigkeit, hält Lisa Miller fest. Vielleicht ist der Himmel aber auch ein Lernhaus? Man muss wohl Jüdin sein, um auf diesen faszinierenden Gedanken zu kommen. »Der Himmel ist eine Talmud-Klasse ohne Lunch«, hat David Berger einmal gewitzelt. Und er bezieht sich dabei auf eine Passage im Talmud: »In der kommenden Welt gibt es kein Essen und Trinken, kein Kaufen und Verkaufen, keine Eifersucht und Konkurrenz – sondern die Gerechten sitzen und freuen sich am Glanz der Gegenwart Gottes.« David Berger interpretiert diese Stelle als Lernort: Weil Gott unendlich ist, gibt es in seiner Nähe auch Unendliches zu lernen. Was mich daran fasziniert, ist der Gedanke, dass der Himmel nicht statisch und langweilig ist! Keine Wolke, auf der wir ewig Halleluja singen und uns in der Wiederkehr des immer Gleichen verfangen, sondern ein Platz voller Schönheit und Entdeckungen, an dem wir Gottes Größe und Liebe immer besser verstehen.

Das neue Jerusalem, von dem die Offenbarung des Johannes erzählt, ist so ein Ort. Tränen werden abgewischt, Schmerzen gestillt, blutige Kleider ausgewaschen, der Lebensdurst wird gestillt, das beschädigte Leben wird neu[193]. Wir sehen die Völker von Osten und Westen, von Norden und Süden zu dieser Stadt pilgern, wir sehen sie durch die Tore gehen und durch die Straßen wandern – in dem Licht, das von Gottes Thron ausstrahlt. Vieles von dem, was wir da lesen, ist die Erfüllung alter prophetischer Visionen: die Völkerwallfahrt zum Zion, die Erneuerung des Paradieses mit seinem Lebensstrom und den Bäumen, die Früchte tragen. Eindringlich wird geschildert, dass diese Stadt keinen Tempel mehr braucht – hier wohnt Gott mitten unter den Menschen.

Was für eine Verheißung: Als dieser Text geschrieben wurde, da war das alte Jerusalem schon zweimal zerstört worden – und auch der zweite Tempel war geplündert und niedergerissen. Die Wunden aber blieben – und bis in die Gegenwart gehört die Hoffnung auf den Neuaufbau, auf die Vereinigung der geteilten Stadt, ja sogar auf den Wiederaufbau des Tempels zu den Triebkräften der Geschichte Israels: der religiösen, aber auch der säkularen Geschichte. Zugleich aber ist im Christentum das Bewusstsein gewachsen, dass die Stadt Gottes nicht von Menschen gebaut wird. Schließlich spricht die Offenbarung des Johannes von der Stadt, die aus dem Himmel herabkommt. Und spätestens nach den furchtbaren Erfahrungen der Kreuzzüge hat sich in unseren Köpfen das himmlische vom irdischen Jerusalem getrennt. Wir singen: »Zion hört die Wächter singen« und denken nicht mehr

---

[193] Joh 21,1–7.

an den realen Ort in Israel/Palästina. Bei Theodor Fliedner und seinen Zeitgenossen war das noch anders: Fliedner fuhr mit vier Diakonissen nach Jerusalem, um dort ein Krankenhaus und eine Schule aufzubauen. Die Schule Talitha Kumi hat ihre Wurzeln in Jerusalem. Die Heilige Stadt, das verheißene Land blieb sein Sehnsuchtsort; die Landschaft der Bibel prägte seine diakonische Landkarte. Von dort brachte er die Namen der Häuser, der Gruppen und Einsatzorte mit.

Wir aber denken heute an die Verheißung, die jeder Stadt gilt – für uns ist New York genauso das neue Jerusalem wie einst Konstantinopel, Rom oder Aachen. Anthony Pilla, der katholische Bischof von Cleveland, hielt 1993 eine Rede über die Kirche in der Stadt, die Lisa Miller in ihrem Buch zitiert: »Das neue Jerusalem ist ein Versprechen, eine Herausforderung und eine Einladung, sich jetzt schon einzulassen auf das Leben in der himmlischen Welt, indem wir Barmherzigkeit leben und der Gerechtigkeit zum Durchbruch verhelfen und damit dafür sorgen, dass unsere irdischen Städte etwas vom Glanz der himmlischen spiegeln. Auch wenn wir noch auf den neuen Himmel und die neue Erde warten – lasst uns anfangen, die neue Stadt zu bauen, die Stadt von Frieden und Gerechtigkeit.

Schluss: Fangen wir also an!

»Wie viele Krankenhäuser haben Sie denn noch?« Ich kann mir vorstellen, dass das die Frage ist, die in fünfzehn oder zwanzig Jahren den Bischöfen und Bischöfinnen gestellt wird. Vielleicht geht es denen dann ganz ähnlich wie mir als Vorstand in Kaiserswerth – denn die Zahl der kirchlichen Krankenhäuser könnte deutlich zurückgehen; während die Zahl der privaten steigt. Schon jetzt haben viele den Eindruck, dass Diakonie und Caritas überproportional am Markt vertreten sind. Das muss nicht bedeuten, dass es in zehn oder zwanzig Jahren keine christlichen Häuser mehr gibt – ich halte es vielmehr für sehr wahrscheinlich, dass christliche Krankenhausträger auf dem Gesundheitsmarkt auch weiterhin erfolgreich arbeiten, weil Spiritualität und Ethik, weil gute Teams gefragt sind. Ob diese Häuser aber auf Dauer Kirche im staatskirchenrechtlichen Sinne sein können, das wird zurzeit schon heiß diskutiert. Und vielleicht kommt es auch gar nicht darauf an, ob die Kirche Krankenhäuser »hat«. Denn in der Diakonie ist das Sein auf Dauer wichtiger als das Haben, die Bewegung muss die Organisationsstruktur tragen und füllen, es sind die Menschen und nicht die Gebäude, in die es zu investieren gilt. Wann immer Gesellschaft, Politik und Organisationen sich entscheidend ändern, gilt es auf diese diakonische Bewegung zu schauen: auf die gesellschaftlichen Herausforderungen, die neuen Initiativen, die Spannungen und Brüche.

Wer das tut, kann auch heute Aufbrüche entdecken, die nicht weniger spannend sind als die im 19. Jahrhundert:

- Die Bürgergesellschaft lebt! Überall in der Zivilgesellschaft entstehen gemeinnützige Bewegungen, Selbsthilfe- und Angehörigengruppen für Menschen mit Behinderung, für Demenzerkrankte, Nachbarschaftsarbeit für Familien und ältere Menschen. Nicht zuletzt die Flutkatastrophen des Jahres 2013 haben gezeigt, wie groß die Bereitschaft zur Hilfe ist und dass die sozialen Netze dabei eine entscheidende Rolle spielen.
- Kirchengemeinden, Diakonische Werke und Unternehmen tun sich zusammen und entwickeln Gemeinwesendiakonieprojekte und Quartiersarbeit – bei »Kirche findet Stadt«, in der Quartierspflege, in Familienzentren und Armutsquartieren.
- Wirtschaftsunternehmen unterstützen ihre Mitarbeitenden bei ihrem freiwilligen Engagement im In- und Ausland, andere sponsern Projekte der Gemeinwesendiakonie. Vereine und runde Tische mit Kirche und Diakonie, mit Sportvereinen und Schulen, mit Kommunen und Unternehmen werden gegründet: Auf regionaler Ebene entwickelt sich eine neue Subsidiarität. Es gilt, die Kommunen zu stärken – vom Finanzausgleich bis zu den Budgets.
- Manche Kommunen haben verstanden, worauf es ankommt: Sie werden Bürgerkommune – wie Arnsberg, Nürtingen oder Augsburg. Sie investieren in ehrenamtliches Engagement, bilden runde Tische, öffnen die Schulen, gewinnen auch Kirchengemeinden.
- Aber auch Kirchengemeinden, Kirchenkreise und Landeskirchen setzen einen neuen Schwerpunkt bei Freiwilligenmanagement und Bildungsangeboten für Ehrenamtliche. Und manche entdecken, welche Aufgabe noch ansteht: Es geht darum, diakonische Bildungswege zu erschließen – von der Konfirmandenarbeit über Schülerprogramme bis zu Freiwiligendiensten und ehrenamtlichem Engagement – und Kirche als zentralen Akteur in der Bürgergesellschaft zu profilieren.
- Kirchliche Bildungs- und Beratungsangebote für Fachkräfte in Pflege und Sozialarbeit sowie für Führungskräfte sind eine Zukunftsaufgabe der Kirche: Das zeigt die forcierte Gründung von Hochschulen und Weiterbildungsinstituten in Kirche und Diakonie. Solche Angebote sind nicht nur in diakonischen Häusern gefragt; überall im Gesundheitswesen – auch in privaten Pflegediensten – fragen Christinnen und Christen nach Spiritualität, Ethik und Gemeinschaft.
- Und überall, auch in privaten und städtischen Einrichtungen, entstehen Initiativen, die internationale Projekte fördern – Gesundheits- und Sozialprojekte, Hilfe für Flüchtlinge und Migranten, interkulturelle Gärten und offene Werkstätten.

Schluss: Fangen wir also an!

– In den alten Klöstern und Mutterhäusern aber, und auch in ganz neuen Hotels entstehen Einkehrhäuser, in denen sich die Erfahrung von Gemeinschaft kristallisiert: neue Kommunitäten, diakonische Pilgerwege.

So viel Neues hat begonnen, so viel Ermutigendes. Aber noch immer und seit 160 Jahren steht die Aufgabe an, den Diakonat der Kirche weiterzuentwickeln und sein Verhältnis zu anderen Diensten zu klären. Es geht darum, Spiritualität als Kraftquelle sozialer Arbeit in ein neues Verhältnis zur Fachlichkeit zu setzen und Freiwilligkeit in ein neues Verhältnis zu staatlich-hoheitlichen Aufgaben. Es ist notwendig, die interkulturelle Zusammenarbeit und den interreligiösen Dialog in der sozialen Arbeit zu stärken und unser Verständnis von Subsidiarität, aber auch unsere Religionsverfassung so zu gestalten, dass sie der pluralen Wirklichkeit unserer Wohlfahrtsgesellschaft entsprechen. Das alles ist eine große Herausforderung für Kirche und Diakonie. Es geht um Bildung und Zusammenleben, um Mission und Dialog, aber auch um das politische Engagement für eine geschlechter- und generationengerechte Wohlfahrtsgesellschaft.

Erinnern Sie sich an meinen Kaiserswerther Traum, von dem ich oben erzählt habe? Ich stand in den Ruinen des Mutterhauses wie in einer Klosterruine – barfuß auf dem Rasen. Und um mich herum blühten bunte Frühlingsblumen. Aus den alten Wurzeln wächst neues Leben. Fangen wir also noch einmal an! Es wird nicht darauf ankommen, wie viele Krankenhäuser, Altenheime, Tageseinrichtungen der Kirche »gehören«, sondern welche Initiativen wir starten und was sie bewirken. Unterwegs in Gottes neue Stadt hängt alles davon ab, wie wir uns selbst verändern und was wir in Bewegung setzen. »Brains before bricks« – diese Parole gilt auch und erst recht für die Kirche. Darum wünsche ich mir viele bewusste und engagierte Christinnen und Christen als Ferment für die neue Bürgergesellschaft. Trotz vieler Enttäuschungen, trotz stressiger Umbrüche, trotz wirtschaftlichen Drucks – es gibt schon viel mehr, als viele denken – in Kirche und Diakonie, in Initiativen, Netzwerken und Einrichtungen. Sie sind die Seele des Sozialen.

Literatur und Lesehinweise

1. Im Text erwähnte oder verwendete Literatur[194]

Adloff, Frank, Zivilgesellschaft. Theorie und politische Praxis, Frankfurt a.M. 2005
Ahrens, Petra-Angela / Wegner, Gerhard, »Hier ist nicht Jude noch Grieche, hier ist nicht Sklave noch Freier.« Erkundungen der Affinität sozialer Milieus zu Kirche und Religion in der Evangelisch-lutherischen Landeskirche Hannovers, Hannover 2008
– Soziokulturelle Milieus und Kirche. Lebensstile – Sozialstrukturen – kirchliche Angebote, Stuttgart 2013
Ahrens, Petra-Angela, »Uns geht's gut«. Die jungen Alten und die Kirche, Studie des sozialwissenschaftlichen Instituts der EKD, www.ekd.de/si/projekte/laufend/15174.html (zuletzt 5.6.2013)
Allmendinger, Jutta, Verschenkte Potenziale? Lebensverläufe nicht erwerbstätiger Frauen, Frankfurt a.M. 2010
Aly, Götz (Hg.) Aktion T4 – 1939–1945. Die »Euthanasie«-Zentrale in der Tiergartenstr. 4, Berlin 1989
– Die Belasteten. ›Euthanasie‹ 1939–1945, Frankfurt a.M. 2013
Arendt, Hannah, Vita activa oder vom tätigen Leben, Stuttgart 1960

Baldas, Eugen (Hg.), Freiwillig. Etwas bewegen! Impulse aus 2001 und 2010 = Volunteer! Make a Difference!, Freiburg 2012
Bartosch, Hans / Coenen-Marx, Cornelia / Erkenbrecht, Joachim F. / Heller, Andreas, Leben ist kostbar, Der Palliative Care-und Ethikprozess in der Kaiserswerther Diakonie, Freiburg 2005
Bauerkämper, Arnd / Nautz, Jürgen, Zwischen Fürsorge und Seelsorge. Christliche Kirchen in den europäischen Zivilgesellschaften seit dem 18. Jahrhundert, Frankfurt a.M. / New York 2009
Bauman, Zygmunt, Flüchtige Moderne, Frankfurt a.M. 2003
Bedford-Strohm, Heinrich, Position beziehen. Perspektiven einer öffentlichen Theologie, München 2012
– u.a. (Hg.), Kontinuität und Umbruch des deutschen Wirtschafts- und Sozialmodells, Jahrbuch Sozialer Protestantismus Bd. 1, Gütersloh 2007
Berger, Alexandra, Liebe aus dem Koffer. Lust und Frust in der Wochenendbeziehung, Stuttgart 2003
Berger, Klaus, Kann man auch ohne Kirche glauben, Gütersloh 2000
Berlin Institut für Bevölkerung und Entwicklung / Generali Zukunftsfonds: Die demografische Lage der Nation. Was freiwilliges Engagement für die Regionen leistet, Berlin 2011
Bertelsmann Stiftung (Hg.), Grenzgänger, Pfadfinder, Arrangeure: Mittlerorganisationen zwischen Unternehmen und Gemeinwohlagenturen, Gütersloh 2008
– Religionsmonitor 2008, Gütersloh 2008
Birg, Herwig, Die demographische Zeitenwende. Der Bevölkerungsrückgang in Deutschland und Europa, München ⁴2005
Bobert, Sabine, Mystik und Coaching mit MTP – Mental Turning Point, Münsterschwarzach 2011

---

[194] Dieses Verzeichnis enthält die vollen Angaben zu allen in den Fußnoten des Textes aufgeführten Titeln, mit Ausnahme derjenigen von der Autorin.

1. Im Text erwähnte oder verwendete Literatur

Boeck, Jürgen / Huster, Ernst-Ulrich / Benz, Benjamin, Sozialpolitik in Deutschland, Weinheim 2004
Boff, Leonardo, Die Erde ist uns anvertraut, Kevelaer 2010
Bonhoeffer, Dietrich, Widerstand und Ergebung. Briefe und Aufzeichnungen aus der Haft, Gütersloh 1998
Braam, Stella, Ich habe Alzheimer. Wie die Krankheit sich anfühlt, München 2008
Braun, Sebastian / Backhaus-Maul, Holger, Gesellschaftliches Engagement von Unternehmen in Deutschland. Eine sozialwissenschaftliche Sekundäranalyse, Wiesbaden 2010
Bucher, Anton A., Psychologie der Spiritualität, Weinheim 2007
Bundesministerium für Arbeit und Sozialordnung, Dritter Armuts- und Reichtumsbericht der Bundesregierung, Berlin 2008
Bundesministerium für Familie, Frauen, Senioren und Jugend (BMFSFJ), Familienreport 2011. Leistungen, Wirkungen, Trends, Berlin 2012
– Altern im Wandel. Zentrale Ergebnisse des Deutschen Alterssurveys, Berlin 2010b
Burkart, Günter, Familiensoziologie, Konstanz 2008

Chittister, Joan, Unter der Asche ein heimliches Feuer. Spiritueller Aufbruch heute, München 2000
Cordes, Paul Josef / Lütz, Manfred, Benedikts Vermächtnis und Franziskus' Auftrag – Entweltlichung. Eine Streitschrift, Freiburg 2013

Dabrock, Peter / Keil, Siegfried, Kreativität verantworten. Festschrift für Wolfgang Nethöfel, Neukirchen-Vluyn 2011
Dabrock, Peter, Befähigungsgerechtigkeit. Ein Grundkonzept konkreter Ethik in fundamentaltheologischer Perspektive, Gütersloh 2012
Das Prinzip der Solidarität steht auf dem Spiel. Eine Orientierungshilfe des Rates der EKD zu den aktuellen Herausforderungen im Gesundheitswesen, Oktober 2011
Diakonie Bayern, Diakonie-Gütesiegel Familienorientierung – Praxisleitfaden, Nürnberg 2010
Dörner, Klaus, Leben und sterben, wo ich hingehöre: Dritter Sozialraum und neues Hilfesystem, Neumünster 2012

Echter, Dorothee, Rituale im Management. Strategisches Stimmungsmanagement für die Business Elite, München 2003
Ederer, Peer / Schuller Philipp, Geschäftsbericht Deutschland AG, Stuttgart 1999
Eurich, Johannes u.a. (Hg.), Kirchen aktiv gegen Armut und Ausgrenzung. Theologische Grundlagen und praktische Ansätze für Diakonie und Gemeinde, Stuttgart 2011
Eurich, Johannes / Lob-Hüdepohl, Andreas (Hg.), Inklusive Kirche, Stuttgart 2011
Eurich, Johannes, Gerechtigkeit im Gesundheitswesen, Berlin 2006
– Soziale Institutionen zwischen Markt und Moral. Führungs- und Handlungskontexte, Wiesbaden 2005
Evangelische Aktionsgemeinschaft für Familienfragen: Familienpolitische Leitlinien, Berlin 2009

Familie und Familienpolitik: Studie zur familienbezogenen Arbeit, Bericht SI-Fachtagung Eisenach 2012
Familienorientierte Personalpolitik in Kirche und Diakonie, Studie im Auftrag des Rates der EKD, Hannover 2012

Farhat-Naser, Sumaya, »Erinnerungen an meine Schulzeit in Talitha Kumi«, in: Seht, wir gehen hinauf nach Jerusalem. Festschrift zum 150-jährigen Jubiläum von Talitha Kumi, Leipzig 2000
Farkas, Peter, Acht Minuten, München 2011
Faulkner, Mary, Women's Spirituality. Power and Grace, USA 2011 (2. erw. Auflage des Complete Idiot's Guide to Women's Spirituality von 2011, Verlagsort für beide Bücher online nicht auffindbar)
Feiter, Reinhard / Müller, Hadwig, Frei geben, Pastoraltheologische Impulse aus Frankreich, Freiburg 2012
Feldtkeller, Andreas, Warum denn Religion – eine Begründung, Gütersloh 2006
Felgentreff, Ruth, in: Mitteilungen aus Ökumene und Auslandsarbeit, hg. vom *Kirchenamt der Evangelischen Kirche in Deutschland* (EKD), Hauptabteilung III, Ausgabe 2002
– Das Diakoniewerk Kaiserswerth, 1836 – 1998, Düsseldorf-Kaiserswerth 1998
Fischer, Ralph, Ehrenamtliche Arbeit, Zivilgesellschaft und Kirche. Bedeutung und Nutzen unbezahlten Engagements für Gesellschaft und Staat, Stuttgart 2004
Foerster, Frank, Mission im Heiligen Land. Der Jerusalems-Verein zu Berlin 1852–1945, Gütersloh 1991
Friedrich, Norbert / Wolff, Martin (Hg.), Diakonie in Gemeinschaft. Perspektiven gelingender Mutterhausdiakonie, Neukirchen-Vluyn 2011
Friedrich, Norbert, Der Kaiserswerther. Wie Theodor Fliedner Frauen einen Beruf gab, Berlin 2010
Friedrichs, Jürgen / Triemer, Sascha, Gespaltene Städte? Soziale und ethnische Segregation in deutschen Großstädten, Wiesbaden 2008
Fussek, Claus / Loerzer, Sven, Alt und abgeschoben. Der Pflegenotstand und die Würde des Menschen, Freiburg 2007

Gause, Ute / Lissner, Cordula (Hg.) Kosmos Diakonissenmutterhaus. Geschichte und Gedächtnis einer protestantischen Frauengemeinschaft, Leipzig 2005
Gebhard, Dörte, Menschenfreundliche Diakonie. Exemplarische Auseinandersetzungen um ein theologisches Menschenverständnis und um Leitbilder, Neukirchen-Vluyn 2000
Gerechte Teilhabe. Eine Denkschrift des Rates der EKD, Hannover 2006
Gerhard, Ute, »Die neue Geschlechter(un)ordnung. Eine feministische Perspektive auf die Familie«, in: Feministische Studien, 28. Jg., Nr. 2, 194–213, Hannover 2010
Gill, David (Hg.), »Gathered for life«. Official report of the 6th Assembly of the WCC, Vancouver, Canada, 1983, Grand Rapids 1983
Goller, Wilhelm, »Ein Netzwerk von Brücken«, in: Seht wir gehen hinauf nach Jerusalem. Festschrift zum 150-jährigen Jubiläum von Talitha Kumi, Leipzig 2000
Grosse, Heinrich W., Freiwilliges Engagement in der Evangelischen Kirche hat Zukunft – Ergebnisse einer neuen empirischen Studie, 2. Auflage, Hannover 2006

Hanusa, Barbara / Hess, Gerhard / Roß, Paul-Stefan (Hg.), Engagiert in der Kirche. Ehrenamtsförderung durch Freiwilligenmanagement, Stuttgart 2010
Hasse, Jürgen, Unbedachtes Wohnen. Lebensformen an verdeckten Rändern der Gesellschaft, Bielefeld 2009
Heetderks, Gerrit (Hg.), Aktiv dabei: Ältere Menschen in der Kirchen, Göttingen 2011

Heetdercks, Gerrit / Wasserloos-Strunk, Martina, Freiwilliges Engagement in der Gemeinde, Reihe Zukunftswissen, Düsseldorf 2013
Heinemann, Stefan, Interkulturalität. Eine aktuelle Herausforderung für Kirche und Diakonie, Neukirchen-Vluyn 2013
Helferich, Silke / Heinrich-Böll-Stiftung (Hg.), Wem gehört die Welt? Zur Wiederentdeckung der Gemeingüter, München und Berlin 2009
Heller, Andreas / Krobath, Thomas (Hg.), Organisationsethik, Freiburg 2003
– */ Heimerl, Katharina / Husebö, Stein* (Hg.), Wenn nichts mehr zu machen ist, ist noch viel zu tun. Wie alte Menschen würdig sterben können, 3. aktualisierte Auflage, Freiburg 2007
Hendriks, Jan, Gemeinde als Herberge – Kirche im 21. Jahrhundert, eine konkrete Utopie, Gütersloh 2001
Hermann, Volker / Schmidt, Heinz (Hg.), Erinnern und Gedenken, Eugenik, Zwangssterilisation und »Euthanasie« in Hephata/Treysa, Boppard und Sinsheim, Heidelberg 2009
Herz und Mund und Tat und Leben. Grundlagen, Aufgaben und Zukunftsperspektiven der Diakonie. Eine evangelische Denkschrift, Gütersloh 1998
Hofmann, Beate / Schibilsky, Michael (Hg.), Anstöße zur Erneuerung christlicher Kernkompetenz, Stuttgart 2001
Hofmann, Beate, »Und was ist der Unterschied? Kompetenzerwerb im religiös geprägten Engagement«. Vortrag bei der 2. Ökumenischen Ehrenamtstagung am 30.9.2011 in Erfurt
Höhler, Gertrud, »Die Sinn-Macher«, Wer siegen will, muss führen, München 2002
Höppner, Reinhard, Versucht es doch! 3 % reichen, die Gesellschaft zu verändern, Gütersloh 2007
Horstmann, Martin / Giesler, Renate, Studie zu ehrenamtlichen Tätigkeiten, www.ekd.de/si/projekte/abgeschlossen/21575.html
Huber, Wolfgang, Die wirkliche Kirche. Das Verhältnis von Botschaft und Ordnung als Grundproblem evangelischen Kirchenverständnisses im Anschluß an die 3. Barmer These; in: Kirche als »Gemeinde von Brüdern«. Barmen III, Band I. Vorträge aus dem Theologischen Ausschuß der Evangelischen Kirche der Union, hg. von Alfred Burgsmüller, Gütersloh 1980, 249–277
– Kirche in der Zeitenwende. Gesellschaftlicher Wandel und Erneuerung der Kirche, Gütersloh 1998
Hurrelmann, Klaus / Andresen, Sabine, Kinder in Deutschland 2010. World Vision Studie, Frankfurt a.M. 2010
Huster, Ernst-Ulrich / Boeckh, Jürgen / Mogge-Grotjahn, Hildegard (Hg.), Handbuch Armut und Soziale Ausgrenzung, Wiesbaden 2012

Im Alter neu werden können. Evangelische Perspektiven für Individuum, Gesellschaft und Kirche. Eine Orientierungshilfe des Rates der EKD, Gütersloh 2009

Jähnichen, Traugott u.a. (Hg.), Arbeitswelten, Jahrbuch Sozialer Protestantismus Bd. 5, Gütersloh 2011
– Von der Barmherzigkeit zum Sozial-Markt. Zur Ökonomisierung der sozialdiakonischen Dienste, Jahrbuch Sozialer Protestantismus Bd. 2, Gütersloh 2008
– Alternde Gesellschaft, Jahrbuch Sozialer Protestantismus Bd. 6, Gütersloh 2013
Jahrbuch Gerechtigkeit, »Zerrissenes Land. Perspektiven der deutschen Einheit«, Verlag Publik-Forum 2007
Jensen, Annette, Wir steigern das Brutto-Sozial-Glück. Von Menschen, die anders wirtschaften und leben, Freiburg 2012
Joas, Hans, Die Entstehung der Werte, Frankfurt a.M. 1999

Jörns, Klaus-Peter, Die neuen Gesichter Gottes. Was Menschen heute wirklich glauben, München 1999

Johann, Sabrina, Auftrag Familie. Projekt des sozialwissenschaftlichen Instituts der EKD, Hannover 2012

July, Frank Otfried, »Kirche und Diakonie – eine Erinnerung an Wichern in gegenwärtiger Absicht«, in: *Hermann, Volker* (Hg.), Johann Hinrich Wichern – Erbe und Auftrag, Heidelberg 2007

Jurczyk, Karin / Lange, Andreas / Thiessen, Barbara (Hg.), Doing family – Familienalltag heute: Warum Familienleben nicht mehr selbstverständlich ist, Weinheim und München 2013

Kaiserswerther Verband Deutscher Diakonissen-Mutterhäuser (Hg.), Diakonissenbuch, Düsseldorf-Kaiserswerth 1934

Kaminsky, Uwe, Zwangssterilisation und ›Euthanasie‹ im Rheinland. Evangelische Erziehungsanstalten sowie Heil- und Pflegeanstalten 1933–1945, Köln 1995

Käppeli, Silvia (Hg.), Pflegekonzepte. Phänomene im Erleben von Krankheit und Umfeld, Bd. 3, Zürich 2001

– Vom Glaubenswerk zur Pflegewissenschaft. Geschichte des Mit-Leidens in der christlichen, jüdischen und freiberuflichen Krankenpflege, Bern 2004

Keen, Sam, Es lohnt sich nur der Weg nach innen, Hamburg 1992

Kirche und Bildung. Herausforderungen, Grundsätze und Perspektiven evangelischer Bildungsverantwortung und kirchlichen Bildungshandelns – Eine Orientierungshilfe, Rat der EKD, Hannover, November 2009

Kirchlicher Herausgeberkreis Jahrbuch Gerechtigkeit: Zerrissenes Land. Perspektiven der deutschen Einheit, Jahrbuch Gerechtigkeit III, Oberursel 2007

Kitsch, Anne (Hg.), Wir sind so frei. Biographische Skizzen von Diakonissen, Bielefeld 2001

Kleinschmidt, Hans-Peter / Unger, Carola, Bevor der Job krank macht, München 2006

Klie, Thomas u.a. (Hg.), Entwicklungslinien im Gesundheits- und Pflegewesen. Die Pflege älterer Menschen aus system- und sektorenübergreifender Perspektive, Frankfurt a.M. 2003

Knopp, Reinhold / Nell, Karin (Hg.), Keywork. Neue Wege in der Kultur- und Bildungsarbeit mit Älteren, Bielefeld 2007

Köser, Silke, Denn eine Diakonisse darf kein Alltagsmensch sein. Kollektive Identitäten Kaiserswerther Diakonissen, 1836–1014, Leipzig 2007

Koll, Julia, Körper beten. Religiöse Praxis und Körpererleben, Stuttgart 2007

Kottnik, Klaus Dieter / Giebel, Astrid (Hg.), Spiritualität in der Pflege, Neukirchen-Vluyn 2009

Kramer, Anja / Schirrmacher, Freimut (Hg.), Seelsorgliche Kirche im 21. Jahrhundert – Modelle –Konzepte – Perspektiven, Neukirchen-Vluyn 2005

Krüger, Roland / Sittler, Loring, Wir brauchen euch! Wie sich die Generation 50 plus engagieren und verwirklichen kann, Hamburg 2012

Kruse, Andreas / Wahl, Hans-Werner, Zukunft Altern. Individuelle und gesellschaftliche Weichenstellungen, Heidelberg 2010

Kühnert, Sabine / Wittrahm, Andreas, Psychologie in der Altenpflege, Bochum 2006

Kühnert, Sabine, »Pflegewissenschaft am Puls der Zeit«, in: *Klie, Thomas* u.a. (Hg.), Entwicklungslinien im Gesundheits- und Pflegewesen, Frankfurt a.M. 2003

Kumbruck, Christel / Rumpf, Mechthild / Senghaas-Knobloch, Eva, Unsichtbare Pflegearbeit. Fürsorgliche Praxis auf der Suche nach Anerkennung, Protestantische Impulse für Kirche und Gesellschaft Bd. 10, Münster 2010

Kumbruck, Christel, Diakonische Pflege im Wandel. Nächstenliebe unter Zeitdruck, Protestantische Impulse für Kirche und Gesellschaft, Bd. 8, Münster 2009

Lange, Ernst, Weiterdenken. Impulse für die Kirche des 21. Jahrhunderts, Berlin 2007

Lantermann, Ernst-Dieter / Döring-Seipel, Elke u.a. (Hg.), Selbstsorge in unsicheren Zeiten. Resignieren oder Gestalten, Weinheim 2009

Lauterer, Heide-Marie, Liebestätigkeit für die Volksgemeinschaft. Der Kaiserswerther Verband deutscher Diakonissenmutterhäuser in den ersten Jahren des NS-Regimes, Göttingen 1994

Lissner, Cordula, »Alles konnten wir ihnen natürlich nicht erzählen«, in: *Kaiser, Jochen Christoph / Scheepers, Rajah* (Hg.), »Dienerinnen des Herrn«. Beiträge zur weiblichen Diakonie im 19. und 20. Jahrhundert, Leipzig 2010

Lubatsch, Heike, Führung macht den Unterschied. Arbeitsbedingungen diakonischer Pflege im Krankenhaus, SI konkret, 5, Berlin u.a. 2012

Malyssek, Jürgen / Störch, Klaus, Wohnungslose Menschen. Ausgrenzung und Stigmatisierung, Freiburg 2009

Mandry, Christoph, Europa als Wertegemeinschaft, Baden-Baden 2009

Manke, Monika / Engels, Werner, Grenzen leben – für einen anderen Umgang mit MS, Frankfurt a.M. 1997

Manow, Philip, Religion und Sozialstaat. Die konfessionellen Grundlagen europäischer Wohlfahrtsregime, Frankfurt a.M. 2008

Maschwitz, Rüdiger, Das Herzensgebet. Ein Meditationsweg, München 1999

May, Hans, Religion und die Zukunft der Demokratie, Protestantische Impulse für Gesellschaft und Kirche Bd. 7, Münster 2008

Metz, Johann Baptist, Memoria passionis. Ein provozierendes Gedächtnis in pluralistischer Gesellschaft, Freiburg 2006

Mikich, Sonja, Enteignet. Warum uns der Medizinbetrieb krank macht, Bielefeld 2013

Miller, Lisa, Heaven. Our Enduring Fascinatoin with the Afterlife, New York 2008

Möhring-Hesse, Matthias (Hg.), Streit um die Gerechtigkeit. Themen und Kontroversen im gegenwärtigen Gerechtigkeitsdiskurs, Schwalbach 2006

Möllering, Klaus (Hg.), Die Kunst des Alterns – eine Lebensaufgabe, Leipzig 2005

Müller, Thomas, Innere Armut. Kinder und Jugendliche zwischen Mangel und Überfluss, Wiesbaden 2008

Naurath, Elisabeth, Seelsorge als Leibsorge, Stuttgart 2000

Nefiodow, Leo A., Der sechste Kontratieff, St. Augustin 2006

Noller, Annette / Eidt, Ellen / Schmit, Heinz (Hg.), Diakonat. Theologische und sozialwissenschaftliche Perspektiven auf ein kirchliches Amt, Stuttgart 2013

Nolte, Paul, Religion und Bürgergesellschaft. Brauchen wir einen religionsfreundlichen Staat?, Berlin 2009

Nothnagle, Almut u.a. (Hg.), Seht, wir gehen hinauf nach Jerusalem. Festschrift zum 150jährigen Jubiläum von Talitha Kumi und des Jerusalemsvereins, Leipzig 2000

Nussbaum, Martha C., Die Grenzen der Gerechtigkeit, Behinderung, Nationalität und Spezieszugehörigkeit, Berlin 2011

Ökumenisches Wort zur wirtschaftlichen und sozialen Lage, Rat der EKD und Deutsche Bischofskonferenz, 1997

Opaschowski, Horst W., Der Generationenpakt, Das soziale Netz der Zukunft, Darmstadt 2004
Ortgies, Lisa, Heimspiel. Plädoyer für die emanzipierte Familie, München 2009

Pacek, A. / Radcliff, B., »Assessing the Welfare State. The Politics of Happiness«, in: Perspectives on Politics, Band 6, 2008, 267–277
Panier, Katrin, Die Dritte Haut. Geschichten von Wohnungslosigkeit in Deutschland, Berlin 2006
Peters, Veronika, Was in zwei Koffer passt. Klosterjahre, München 2007
Pfäfflin, Georg Friedrich / Ruppel, Helmut, Ernst Lange Lesebuch. Von der Utopie einer verbesserlichen Welt, Berlin 1999
Pfäfflin, Sigrid, »Geistesgegenwärtig leben – Gründung einer Kommunität zur Förderung christlicher Spiritualität im Gesundheits- und Sozialwesen«, in: Stockmeier/Giebel/Lubatsch 2013, S. x–y
Pohl-Patalong, Uta, Von der Ortskirche zu kirchlichen Orten. Ein Zukunftsmodell, Göttingen 2004

Raheb, Mitri, Das reformatorische Erbe unter den Palästinensern, Gütersloh 1990
Ratschow, Carl Heinz, Von der Frömmigkeit, in: *ders.* (Hg.), Ethik der Religionen. Ein Handbuch, Stuttgart u.a. 1980
Rawls, John, Gerechtigkeit als Fairneß. Ein Neuentwurf, Frankfurt a.M. 2003
Reitinger, Elisabeth u.a., Leitkategorie Menschenwürde. Zum Sterben in stationären Einrichtungen, Freiburg 2004
Richo, David, Fünf Dinge, die wir nicht ändern können, und das Glück, das daraus entsteht, Oberstdorf 2010
Richter, Horst-Eberhard, Das Ende der Egomanie. Die Krise des westlichen Bewusstseins, Köln 2002
Riffkin, Jeremy, Der europäische Traum, Frankfurt a.M. 2004
Rinderspacher, Jürgen u.a., Zeiten der Pflege. Eine explorative Studie über individuelles Zeitverhalten und gesellschaftliche Zeitstrukturen in der häuslichen Pflege, Studien zur Pflege 2, Münster u.a. 2009
Rohr, Richard, Hoffnung und Achtsamkeit. Der spirituelle Weg für das 21. Jahrhundert, Freiburg 2010
– Zwölf Schritte zur Heilung, Gesundheit und Spiritualität, Freiburg 2013

Sackmann, Sonja A., Erfolgsfaktor Unternehmenskultur. Mit kulturbewusstem Management Unternehmensziele erreichen und Identifikation schaffen, Gütersloh 2004
Sandel, Michael J., Was man für Geld nicht kaufen kann, Berlin 2012
Scharffenorth, Gerta, Schwestern. Leben und Arbeit evangelischer Schwesternschaften, Offenbach 1984
Scherhorn, Gerhard, »Die Politik entkam der Wachstumsfalle. Ein Bericht aus dem Jahr 2050«, in: *Welzer, Harald* (Hg.), Perspektiven einer nachhaltigen Entwicklung: Wie sieht die Welt im Jahr 2050 aus? Frankfurt a.M. 2011, 64–102
Schibilsky, Michael / Zitt, Renate (Hg.), Theologie und Diakonie, Gütersloh 2004
Schirrmacher, Frank, Das Methusalem-Komplott, München 2004
Schlehuber, Elke / Molzahn, Rainer, Die heiligen Kühe und die Wölfe des Wandels. Warum wir ohne kulturelle Kompetenz nicht mit Veränderungen klarkommen, Offenbach 2007
Schmidbauer, Wolfgang, Das Floß der Medusa. Was wir zum Überleben brauchen. Zur »Eventisierung« unserer Gesellschaft, Hamburg 2013
Schmidt, Bettina, Eigenverantwortung haben immer die anderen. Der Verantwortungsdiskurs im Gesundheitswesen, Berlin 2008

Schmidt, Jutta, Beruf: Schwester, Frankfurt a.M. 1998
Schmidt, Roland, »Angehörigenarbeit von Menschen mit Demenz«, in: *Klie, Thomas* u.a. (Hg.), Entwicklungslinien im Gesundheits- und Pflegewesen, Frankfurt a.M. 2003
Schmitt, Carl, Die Tyrannei der Werte, Berlin 2011
Schneider-Flume, Gunda, Realismus der Barmherzigkeit. Über den christlichen Glauben, Stuttgart 2012
Schoenauer, Hermann (Hg.), Spiritualität und innovative Unternehmensführung, Stuttgart 2012
Schreiber, Monika, Kirche und Europa. Protestantische Ekklesiologie im Horizont europäischer Zivilgesellschaft, Berlin 2012
Sennett, Richard, Der flexible Mensch. Die Kultur des neuen Kapitalismus, Berlin 1998
– Zusammenarbeit. Was unsere Gesellschaft zusammenhält, Berlin 2012
Shell-Jugendstudie, Shell-Jugendstudie 2010. Eine pragmatische Generation behauptet sich, Frankfurt a.M. 2010
Silberberg, Hermann-Josef, Spirituelle Insel. Gott im Alltag begegnen, München 1990
Simpfendörfer, Werner, Ernst Lange. Versuch eines Porträts, Berlin, 2. durchges. Auflage 1997
Sölle, Dorothee, Den Rhythmus des Lebens spüren. Inspirierter Alltag, 4. Auflage, Freiburg 2001
Sozialwissenschaftliches Institut der EKD (SI), Armut überwinden – an vielen Orten. Projekte von Kirchengemeinden und diakonische Initiativen, Hannover 2010
Spiritualität und Spiritual Care – Das Jahresheft, Wien 2009
Steffensky, Fulbert, »Wenn Hoffnung in die Welt tritt – Diakonie im Spannungsfeld zwischen christlicher Hoffnung und säkularer Gesellschaft«; Vortrag auf dem Brüder- und Schwesterntag des Rauhen Hauses am 11.9.2010
Sticker, Anna, Friederike Fliedner und die Anfänge der Frauendiakonie – Ein Quellenbuch, 2. Aufl. Neukirchen-Vluyn 1963
Stiglitz, Joseph, Der Preis der Ungleichheit. Wie die Spaltung der Gesellschaft unsere Zukunft bedroht, München 2012
Stockmeier, Johannes / Giebel, Astrid / Lubatsch, Heike (Hg.),Geistesgegenwärtig pflegen. Existenzielle Kommunikation und spirituelle Ressourcen in Pflegeberufen, Bd. 1, Grundlegungen und Werkstattberichte, Neukirchen-Vluyn 2012
– Geistesgegenwärtig pflegen. Existenzielle Kommunikation und spirituelle Ressourcen in Pflegeberufen, Bd. 2, Studien und Projektergebnisse, Neukirchen-Vluyn 2013
Strohm, Theodor, Diakonie an der Schwelle zum neuen Jahrtausend, Heidelberg 2000

Thiele, Friedrich, Diakonissenhäuser im Umbruch der Zeit. Strukturprobleme im Kaiserswerther Verband deutscher Diakonissenmutterhäuser als Beitrag zur institutionellen Diakonie, Stuttgart 1963
Thiessen, Barbara, Re-Formulierung des Privaten. Professionalisierung personenbezogener, haushaltsnaher Dienstleistung, Wiesbaden 2004
Thompsen, Marjorie, Christliche Spiritualität entdecken. Einübung in ein bewusstes Leben, Freiburg 2002

Umkehr zum Leben. Nachhaltige Entwicklung im Zeichen des Klimawandels. Eine Denkschrift des Rates der EKD, Hannover 2009

Und unsern kranken Nachbarn auch. Eine Denkschrift des Rates der EKD zu den aktuellen Herausforderungen im Gesundheitswesen, Oktober 2011
Unger, Hans-Peter / Kleinschmidt, Carola, Bevor der Job krank macht, München 2007
Unternehmerisches Handeln in evangelischer Perspektive, Denkschrift der EKD, Gütersloh 2008

Vannier, Jean, In Gemeinschaft leben. Meine Erfahrungen, Freiburg 1993
Vasold, Manfred, Florence Nightingale. Eine Frau im Kampf für die Menschlichkeit, Regensburg 2003
Vieregge, Henning von, Der Ruhestand kommt später. Wie Manager das Beste aus den silbernen Jahren machen, Frankfurt a.M. 2011
Voss, Huberta von, Arme Kinder, reiches Land, Hamburg 2008
Vossen, Carl, Florence Nightingale. Geliebtes Kaiserswerth, Düsseldorf 1986

Wegner, Gerhard, Teilhabe fördern – christliche Impulse für eine gerechte Gesellschaft, Frankfurt a.M. 2010
Werner, Götz, Einkommen für alle, Köln 2007
Wichern, Johann Hinrich, »Die Kirche und ihr soziales Handeln«, in: *Johann Hinrich Wichern,* Sämtliche Werke III/1, hg. v. *Peter Meinhold,* Berlin/Hamburg 1968
Wichern, Johann Hinrich, »Gutachten über die Diakonie und den Diakonat«, in: *Johann Hinrich Wichern,* Sämtliche Werke III/1, hg. v. *Peter Meinhold,* Berlin/Hamburg 1968, 130–184
Wichern, Johann Hinrich, »Über Armenpflege. Der Anteil der freiwilligen oder Privatwohltätigkeit an der christlichen Armenpflege«, 1856, in: Sämtliche Werke, III/1, 61–78
Wichterich, Christa, Die globalisierte Frau. Berichte aus der Zukunft der Ungleichheit, Hamburg 1998
Wilkinson, Richard / Pickett, Kate, Gleichheit ist Glück. Warum gerechte Gesellschaften für alle besser sind, Berlin 2009
Winkler, Marlis, Nähe, die beschämt. Armut auf dem Lande, Hannover 2010
Winter, Thomas von, »Demographischer Wandel und Pflegebedürftigkeit«, in: *Klie, Thomas* u.a. (Hg.): Entwicklungslinien im Gesundheits- und Pflegewesen, Frankfurt a.M. 2003
Witzer, Brigitte, Die Zeit der Helden ist vorbei. Persönlichkeit, Führungskunst und Karriere, Anleitung für ein postheroisches Management, (Managermagazin Edition) München 2006
Wolf, Christa, Leibhaftig, München 2002

Zulehner, Paul M., Samariter – Prophet – Levit. Diakone im deutschsprachigen Raum. Eine empirische Studie, Ostfildern 2003
Zwischen Autonomie und Angewiesenheit. Familien als verlässliche Gemeinschaft stärken. Eine Orientierungshilfe des Rates der EKD, Gütersloh 2013

2. Texte von Cornelia Coenen-Marx[195]

2.1 Mit anderen gemeinsam herausgegebene Texte

Bartosch, Hans / Coenen-Marx, Cornelia / Erkenbrecht, Joachim F. / Heller, Andreas, Leben ist kostbar, Der Palliative Care- und Ethikprozess in der Kaiserswerther Diakonie, Freiburg 2005
Kaiserswerther Diakonie (Cornelia Coenen-Marx u.a. [Hg.]), Ökonomie der Hoffnung. Impulse zum 200. Geburtstag von Theodor und Friederike Fliedner, Düsseldorf-Kaiserswerth 2001

2.2 Beiträge zu Sammelwerken und Zeitschriften

»Anknüpfung und Widerspruch – Diakonische Erfahrungen mit der pluralen Wirklichkeit«, in: *»Wie viel Glaube darf es sein«,* Hamburg 2008
»Dem Geist Raum geben; Spiritualität als diakonische praxis pietatis«, in: *Hofmann, Beate / Schibilsky, Michael* (Hg.), Spiritualität in der Diakonie, Anstöße zur Erneuerung christlicher Kernkompetenz, Stuttgart 2001
»Der Glutkern aller Wohlfahrt – Ehrenamtliches Engagement«, in: *Diakonie konkret* zum Europäischen Jahr des Freiwilligen Engagements 2011
»Die Bedeutung religiöser Bindung für das bürgerschaftliche Engagement«, in: *Stimme der Familie,* 3/2010
»Engagement und Spiritualität. Diakoninnen und Diakone in der Kirche der Zukunft«, in: *»Der Geist Gottes wirkt in den Fugen«. Diakon/innen, Mitarbeitende im Diakonat in der Kirche der Zukunft,* VEED-Impulse 3/2011
»›Erfolgsfaktor Werteorientierung‹ – worin der Mehrwert kirchlicher Krankenhäuser liegt«, in: *epd-sozial,* 13.8.2010
»Freiwilliges Engagement als Kern des zivilgesellschaftlichen Beitrags der Kirche«, in: *Herrmann, Volker / Horstmann, Martin,* Wichern drei – gemeinwesendiakonische Impulse, Neukirchen-Vluyn 2010
»Kirche, Kommune und Zivilgesellschaft. Neue Allianzen für die Stadt«, in: *König, Volker / Sommer-Löffen, Karen* (Hg.), Gemeinde – aktiv im Stadtteil, Düsseldorf 2011
»Selbstsorge als zentrale Säule des Gesundheitssystems«, in: *»Gesunde Verhältnisse«,* Themenheft zur Woche für das Leben 2010, Bonn/Hannover
»Spiritualität als Aufgabe diakonischer Bildung«, in: *Schoenauer, Gerhard* (Hg.), Spiritualität und innovative Unternehmensführung, Stuttgart 2011
»Spirituelle Angebote als gesundheitliche Ressource«, in: *Kottnik, Klaus Dieter / Giebel, Astrid* (Hg.), Spiritualität in der Pflege, Neukirchen-Vluyn 2010
»Teilen und teilhaben – Gemeinden im Quartier«, in: *Kirche als zivilgesellschaftlicher Akteur in Netzwerken der Stadtentwicklung. Erfahrungen – Handlungsempfehlungen – Perspektiven,* epd-Dokumentation Kirche findet Stadt, 2010
»Überlegungen für eine Strategie der Gemeinwesendiakonie als Teil der kirchlichen Reformprozesse«, in: *Kirche in der Mitte der Gesellschaft, epd-Dokumentation 39/2011*

---

[195] Dieses Verzeichnis enthält die Titel derjenigen Texte von Cornelia Coenen-Marx, aus denen Teile in das Gesamtwerk eingegangen sind, und weitere Lesehinweise.

»*Unternehmerische Innovation und ethische Verantwortung*. Das Arbeitsplatzsiegel der EKD als Detektor in gesellschaftlichen Konfliktfeldern unternehmerischer Entwicklung«, in: *Dabrock, Peter / Keil, Siegfried*, Kreativität verantworten. Festschrift für Wolfgang Nethöfel, Neukirchen-Vluyn 2011

»Was muss drin sein, wenn Diakonie drauf steht«, in: *Die Kirche und ›ihre‹ Diakonie zwischen Anspruch und Systemzwängen*, Tagungsdokumentation Loccumer Protokolle 13/2009

»Weibliche Diakonische Spiritualität. Beobachtungen und Reflexionen zur Pflegediakonie«, in: *Kaiser, Jochen-Christoph / Rajah Scheepers* (Hg.), »Dienerinnen des Herrn«. Beiträge zur weiblichen Diakonie im 19. und 20. Jahrhundert, Leipzig 2010

»Zerbrechliches Geschenk«, in: *Themenheft Taufe und Freiheit 2011 zur Reformationsdekade der EKD*

»Zu teuer für Solidarität?«, in: *Zur Kostenentwicklung im deutschen Gesundheitssystem*, Arbeitshilfe zum Weitergeben der EFiD, 4/2010

»Zum Wert der Pflege in DEVAP«, *Impulse*, Februar 2011

2.3 Mitarbeit an Schriften der EKD zu den Themen dieses Buches

Das Prinzip der Solidarität steht auf dem Spiel, 2011
Herz und Mund und Tat und Leben. Grundlagen, Aufgaben und Zukunftsperspektiven der Diakonie, 1998
Im Alter neu werden können, 2009
Ökumenisches Wort zur wirtschaftlichen und sozialen Lage, Rat der EKD und Deutsche Bischofskonferenz, 1997
Und unsern kranken Nachbarn auch, Oktober 2011
Unternehmerisches Handeln in evangelischer Perspektive, 2008
Zwischen Autonomie und Angewiesenheit, 2013

Weitere Publikationen unter www.coenen-marx.de

Anhang: Anfänger und Impulsgeber

Diakonische »Leuchtturm«-Projekte

Alternativforen für Wege aus der Krise, Diakonie Österreich: www.alternativenforen.at
Diakoniezentrum und Kirche Flingern: www.diakonie-duesseldorf.de/Wichern-Haus-Flingern-Pflegeheim-Altenheim-Altersheim-Senioren.162.0.html
Ehrenamtsprojekte: www. gemeindemenschen.de
Gemeinde aktiv im Stadtteil-Essen: www.ekir.de/essen/r_stadtteilservice.htm
Gemeindeladen Wickrath: www.kirche-wickrathberg.de/wickrath/gdl.htm
Heilig-Kreuz-Kirche, Berlin-Kreuzberg: www.heiligkreuzpassion.de
Hephata, Mönchengladbach: www.hephata-mg.de
Hövi-Land, Köln (Kath. Gemeinde Höhenberg-Vingst): www.hoevi.de
Kinderprojekt »Die Arche« www.kinderprojekt-arche.de
Leihoma-Projekt« München, www.caritas-f-net.de
Mach-was-draus@evkirche-essen.de (Kirchenkreis Essen, Kontaktstelle für inklusives Ehrenamt)
Malteser Migranten Medizin: www.malteser-migranten-medizin.de
MargaretaS: http://gemeinden.erzbistum-koeln.de/seelsorgebereich_bruehl/margaretas/index.html
Patenmodell »Arbeit durch Management«: www.patenmodell.de
Stadtteilprojekte: www.kirche-findet-stadt.de
Wellcome-Initiativen für junge Familien: www.wellcome-online.de

Social Entrepreneurs

Arbeiterkind: www.arbeiterkind.de
Bundesverband Tafeln: www.tafel.de
Haus Schöneweide für Wohnungslose, gestaltet von Miriam Kilali: www.gebewo.de/angebote-berlin/eingliederungshilfe/haus-schoeneweide.html
Interkulturelle Gärten: www.stiftung-interkultur.de
Kinder- und Jugendhilfeprojekt München Hasenbergl, www.diakonie-hasenbergl.de
Schüler helfen leben: www.schueler-helfen-leben.de/de/home.html
SONG-Projekt der Bertelsmann Stiftung: www.bertelsmann-stiftung.de/cps/rde/xchg/bst/hs.xsl/72947.htm
Sozialhelden: http://sozialhelden.de
Teach First: www.teachfirst.de

Ökumenische und internationale Projekte

»Pflegenest« Projekt in Cluij/Klausenburg: www.diakonie-niesky.de/rumaenien.html und: kozmandras@yahoo.com
Auguste-Victoria-Hospital Jerusalem: www.avh.org
Diakonissengemeinschaft Porto Alegre, Brasilien, nähere Informationen über: www.gaw-sachsen.de/index.php?url=projekte&cont=prj_frauenprojekt.php

Frauenhaus der Evangelischen Gemeinde in Beirut: Informationen durch direkten Kontakt mit der Gemeinde, www.evangelische-gemeinde-beirut.org/seiten/impr.html
Fritz-Fliedner-Fundacion Madrid: www.fliedner-stiftung-madrid.de/fff-in-madrid.php
Jugendbauhütte in Pretai: www.evang.ro/lk/news/news/2/27/654e0fd12c/
Pflegeschule der Diakonie Neuendettelsau in Bukarest: www.altenpflege-online.net/Infopool/Nachrichten/Altenpflegeausbildung-in-Hermannstadt-Diakonie-Neuendettelsau-erweitert-ihr-Angebot-in-Rumaenien
Schwesternschaft Ikadiba, Indonesien. Kurze Info hier: www.diakonia-world.org/dnews/news-de-94-200902.pdf, Postadresse: HKBP Balige Il. Gereja No. 17, ID-Balige
Talitha Kumi, Beit Jala: www.talithakumi.org
Verein für internationale Jugendarbeit: www.vij.de

Preise für hervorragende Projekte

Arbeit-Plus: www.arbeit-plus.de
Geben gibt: www.deutscher-engagementpreis.de
Innovatio-Preise: www.innovatio-sozialpreis.de
Phineo: www.phineo.org

Bildung, Beratung, Organisationsentwicklung

Christine-de-Pizan-Mentoring-Programm der Uni Mainz: www.frauenbuero.uni-mainz.de/2143.php
Projekt Debora, Frauen in Führungspositionen, Diakonisches Werk Württemberg: www.diakonie-wuerttemberg.de/debora/
Führungsakademie Neuendettelsau: www.evangelischer-bildungsserver.de/src/einrichtungen.php?id=1366
Institut Palliative Care und Organisationsethik / IFF Wien: www.uni-klu.ac.at/pallorg/inhalt/1.htm
SeitenWechsel, www.symposion.de/kapitel24900201_WERK7001006.html
Führungsakademie für Kirche und Diakonie, Berlin
www.72stunden.de (Sozialaktion des BDKJ)
www.diakonie.de/kurse-zum-glauben (Glaubenskursmodelle für Diakoniemitarbeitende)

Retraiten, Einkehrhäuser

»Das Mutterhaus«-Hotel, Kaiserswerth, Geschwister-Aufricht-Str. 1, 40489 Düsseldorf, www.hotel-mutterhaus.de/anreise-und-duesseldorf-information/duesseldorfmesseinformation/kaiserswerth.html
»Heimathaus« Berlin-Zehlendorf: www.ev-diakonieverein.de/index.php3?t=diakonieverein%2Fheimathaus.html
Augustinerkloster Erfurt: www.augustinerkloster.de
Dialog-Hotel Neuendettelsau: www.dialog-hotel.de
Kloster Chorin: www.kloster-chorin.org
Kloster Drübeck (Harz): www.kloster-druebeck.de
Kloster Kirchberg (Nähe Stuttgart): www.klosterkirchberg.de

Anhang: Anfänger und Impulsgeber

Kloster Mariensee (Nähe Hannover): www.kloster-mariensee.de
Kloster Wennigsen (Nähe Hannover): www.kloster-wennigsen.de
Kloster Wülfinghausen (Nähe Hannover): www.kloster-wuelfinghausen.de/start.html
Zentrum für Spiritualität und gesundes Leben, www.christian-jensen-kolleg.de

Gemeinschaften und Netzwerke

Arche-Gemeinschaften von Menschen mit und ohne Behinderungen: www.arche-deutschland.de/index.php
Basisgemeinschaft »Brot und Rosen«, Hamburg: www.brot-und-rosen.de
Brüder- und Schwesternschaft Bethel: www.nazareth.de
Communität Geistesgegenwärtig Leben und Arbeiten
GemeindeSchwestern der Diakoniegemeinschaft Witten: www.dwr.de/startseite/spendenprojekte/gemeindeschwester
Kaiserswerther Schwesternschaft: www.kaiserswerther-diakonie.de/die_kaiserswerther_diakonie/Kaiserswerther_Schwesternschaft.htm
Netzwerk Christen im Gesundheitswesen
Ordo Pacis: www.ordo-pacis.de
Verband Evangelischer Diakoninnen und Diakone (VEDD): www.vedd.de

Diakonie-Museen, Geschichtswerkstätten und Archive

Das ZeitFenster Henriettenstiftung: www.henriettenstiftung.de/cfscripts/main_zeitfenster2.cfm?auswahl=01.15
Hermann-Löhe-Museum, Neuendettelsau: www.loehe-zeit-museum-neuendettelsau.de/kontakt.html
Pflegemuseum Kaiserswerth: http://pflegemuseum-kaiserswerth.de

Interessante Websites zu Bürgergesellschaft, Sozialpolitik und Nachhaltigkeit

www.utopia.de
www.aktive-buergergesellschaft.de
www.bagfa.de (Bundesarbeitsgemeinschaft der Freiwilligenagenturen)
www.erbarmen-als-soziale-Form.de (Kunstprojekt des Diözesan-Caritasverbands, Köln)
www.lohas.de
www.sozialethik-online.de